Martina Sauer · Dirk Halm

Erfolge und Defizite der Integration
türkeistämmiger Einwanderer

Martina Sauer · Dirk Halm
Stiftung Zentrum für Türkeistudien (Hrsg.)

Erfolge und Defizite der Integration türkeistämmiger Einwanderer

Entwicklung der Lebenssituation
1999 bis 2008

VS VERLAG FÜR SOZIALWISSENSCHAFTEN

Bibliografische Information der Deutschen Nationalbibliothek
Die Deutsche Nationalbibliothek verzeichnet diese Publikation in der
Deutschen Nationalbibliografie; detaillierte bibliografische Daten sind im Internet über
<http://dnb.d-nb.de> abrufbar.

1. Auflage 2009

Alle Rechte vorbehalten
© VS Verlag für Sozialwissenschaften | GWV Fachverlage GmbH, Wiesbaden 2009

Lektorat: Frank Engelhardt

VS Verlag für Sozialwissenschaften ist Teil der Fachverlagsgruppe Springer Science+Business Media.
www.vs-verlag.de

Umschlaggestaltung: KünkelLopka Medienentwicklung, Heidelberg
Druck und buchbinderische Verarbeitung: Krips b.v., Meppel
Gedruckt auf säurefreiem und chlorfrei gebleichtem Papier
Printed in the Netherlands

ISBN 978-3-531-16691-9

Inhalt

Tabellen- und Abbildungsverzeichnis

Tabellen im Anhang

Vorwort

Zehn Jahre ZfT-Mehrthemenbefragung – das sind zehn Jahre Forschung auf einem Feld, das für die Integration besonders wichtig ist: die Lebenswirklichkeit türkeistämmiger Zuwanderinnen und Zuwanderer, der größten Einwanderergruppe nicht nur in Nordrhein-Westfalen, sondern in ganz Deutschland.

Ich gratuliere dem Zentrum für Türkeistudien sehr herzlich zu diesem Jubiläum.

Durchgeführt im Auftrag des Ministeriums für Generationen, Familie, Frauen und Integration, liefern die Befragungen der Wissenschaft, Politik und Öffentlichkeit Jahr für Jahr ein differenziertes Bild über die Integration der türkeistämmigen Zuwanderinnen und Zuwanderer. Dabei nehmen sie nicht nur das Zusammenleben der Türkeistämmigen unter die Lupe, sondern untersuchen auch ihre wirtschaftliche und politische Teilhabe. So machen die Untersuchungen deutlich, auf welche Faktoren es bei der Gestaltung von Integrationsprozessen besonders ankommt.

Der vorliegende Übersichtsband fasst die wichtigsten Untersuchungsergebnisse der vergangenen zehn Jahre zusammen. Erfolge und Misserfolge der Integration werden auf diese Weise sichtbar. Es zeigt sich, dass in der Integration türkeistämmiger Zuwanderinnen und Zuwanderer manches erreicht, viel aber auch nachgeholt werden muss. Das gilt besonders für die Bildung und die Einbindung in den Arbeitsmarkt. Gerade hier gibt es nur geringe Fortschritte. Das wiegt umso mehr, da es sich um zwei für die Integration immens wichtige Bereiche handelt. So sank der Anteil der türkeistämmigen Zugewanderten ohne Schulausbildung in diesen zehn Jahren lediglich um vier Prozent, außerdem ist der Anteil der Menschen ohne Berufsausbildung nahezu gleich geblieben. Die Beteiligung am Arbeitsmarkt ist sogar rückläufig. Sie ist zwischen 1999 und 2008 um sechs Prozent gesunken. Diese Zahlen machen deutlich, dass wir in unseren Anstrengungen zur Verbesserung der Situation nicht nachlassen dürfen.

Ein Ergebnis stimmt mich als Integrationsminister des bevölkerungsreichsten Bundeslandes dagegen hoffnungsfroh: Dass nämlich ein wachsender Anteil der türkeistämmigen Menschen in Nordrhein-Westfalen sich mit Deutschland heimatlich verbunden fühlt. Mit anderen Worten: Der Anteil jener türkeistämmigen Zuwanderinnen und Zuwanderer, die unser gemeinsames Land auch als ihre Heimat annehmen, wächst langsam. Das ist eine gute Nachricht für die Integration in unserem Land.

Und auch die gesellschaftliche Einbindung hat sich verbessert – entgegen mancher Prophezeiungen einer zunehmenden Tendenz zur Abschottung: Deutlich mehr türkeistämmige Zuwanderinnen und Zuwanderer haben heute freundschaftliche Beziehungen zu Einheimischen als noch 1999. Auch der Anteil jener, die in deutschen Vereinen organisiert sind, hat zugenommen. So lautet die Botschaft aus zehn Jahren ZfT-Studien auch: Integration wird von immer mehr Menschen türkischer Herkunft tagtäglich gelebt. Sie ist ein Teil der Lebenswirklichkeit in unserer gemeinsamen Heimat Nordrhein-Westfalen. Darüber können auch die Schwierigkeiten und Probleme in der Integration nicht hinwegtäuschen.

Und noch etwas macht die vorliegende Übersichtsanalyse mit großer Klarheit deutlich: Dass nämlich in der Integration beides wichtig ist, die Schaffung neuer gesellschaftlicher Chancen und Teilhabemöglichkeiten und eigene, selbstständige Integrationsanstrengungen durch die Zuwanderinnen und Zuwanderer. Unser Land muss zum Land der neuen Chancen, zu einer Aufsteigerrepublik werden, in der jeder unabhängig von der Herkunft seiner Eltern jede Chance auf gesellschaftlichen und sozialen Aufstieg hat.

Ich hoffe, dass der vorliegende Band eine weite Verbreitung findet und so dazu beiträgt, die Debatte über die richtigen Wege in der Integration zu vertiefen. Das Zentrum für Türkeistudien ist und bleibt ein wichtiger Akteur in der Integrationspolitik Nordrhein-Westfalens.

Armin Laschet
Minister für Generationen, Familie, Frauen und Integration des Landes Nordrhein-Westfalen und Vorsitzender des Kuratoriums der Stiftung Zentrum für Türkeistudien

1 Zu diesem Band

Die repräsentative Mehrthemenbefragung der türkeistämmigen Bevölkerung in Nordrhein-Westfalen durch die Stiftung Zentrum für Türkeistudien im Auftrag des Ministeriums für Generationen, Frauen, Familie und Integration des Landes Nordrhein-Westfalen wurde zwischen 1999 und 2008 jährlich durchgeführt.[1] Der vorliegende Bericht dokumentiert diese zweisprachigen computerunterstützten telefonischen Befragungen (CATI) unter jeweils 1.000 volljährigen Migranten. Anlässlich des zehnten Jahres des Projektes wurde 2008 zusätzlich mit dem gleichen Erhebungsinstrument eine repräsentative Befragung in den anderen 15 deutschen Ländern durchgeführt, um zu untersuchen, ob und inwieweit sich die türkeistämmigen knapp 1 Mio. Einwanderer in Nordrhein-Westfalen von den knapp 2,6 Mio. türkeistämmigen Migranten im Bundesgebiet insgesamt unterscheiden. Damit ergeben sich Hinweise auch auf die Übertragbarkeit der NRW-Längsschnittbetrachtung auf die bundesweite Situation.[2]

Die Daten bieten – über soziodemographische und sozioökonomische Informationen hinaus – Einblicke in die Wahrnehmungen, Interessen und Einstellungen der Migranten und gehen damit weit über den Rahmen der amtlichen Statistiken hinaus. Die Besonderheit der Mehrthemenbefragung liegt neben dem Zeitvergleich in der Möglichkeit der Verknüpfung unterschiedlichster Themenfelder und Indikatoren. Darüber hinaus können Integrationskonzepte und -theorien auf ihre Bedeutung für verschiedene Zuwanderergenerationen hin geprüft werden.

Die ZfT-Mehrthemenbefragungen bestanden in jedem Jahr aus einem Standarderhebungsteil, der, über die Jahre zwar leicht erweitert, in immer gleicher Form abgefragt wurde, und aus einem variablen Erhebungsteil, der in jeder Befragung bestimmte Themenschwerpunkte einmalig vertiefte. Der vorliegende Band bezieht sich nur auf die Darstellung des Standarderhebungsteils und legt auch hier den Schwerpunkt auf diejenigen Befragungsteile, die in besonderer Weise an die sozialwissenschaftliche Integrationsforschung anschlussfähig sind und einen Beitrag zur Debatte um unterschiedliche Modelle der Sozialintegration leisten können. Speziell geht es darum, anhand der Daten der Mehrthemenbefragung die kognitive, strukturelle, gesellschaftliche und identifikative Integration herauszuarbeiten, um daran anschließend auf empirischer Grundlage die Zusammenhänge zwischen diesen unterschiedlichen Dimensionen der Sozialintegration zu analysieren. Entsprechend gliedert sich der Hauptteil dieses Bandes. Aufgegriffen werden nicht nur die Frage der gescheiterten oder gelungenen Integration und ihrer Bedingungen, sondern auch die Diskussionen um wirtschaftliche Segregation und gleichberechtigte Teilhabechancen, Unterschichtung und partielle Integration, um Parallelgesellschaften und gesellschaftliche Abschottung, um Identität, ethnische Koloniebildung und mediale Ghettoisierung, Einbürgerung und politische Partizipation, Islamisierung und die Einbindung in die Zivilgesellschaft.

---

1 Mit einer Ausnahme im Jahr 2007, in dem keine Mehrthemenbefragung durchgeführt wurde. Der Datenbestand bis 2008 umfasst damit neun Umfragen.

2 Die 655 zusätzlichen Befragten der bundesweiten Erhebung spiegeln in ihrer Zusammensetzung die Verteilung nach Bundesländern wieder und sind ebenso wie die Befragten in NRW nach Geschlecht und Alter repräsentativ für die türkeistämmige Bevölkerung ab 18 Jahren.

Vorangestellt ist dem Hauptteil ein Überblick über Erkenntnisse zur Sozialintegration von Einwanderern, der zentrale theoretische und empirische Befunde herausarbeitet und auf Desiderate und Streitpunkte verweist, an denen die hier vorliegende empirische Analyse mit Blick auf die türkeistämmige Bevölkerungsgruppe in Deutschland ansetzt. Die Methodenbeschreibung im Anhang dient dazu, die Qualität der Daten und damit der Ergebnisse bewerten zu können.

Die ZfT-Mehrthemenbefragung ist innerhalb der ersten zehn Jahre bereits Gegenstand zahlreicher Auswertungen und wissenschaftlicher Beiträge aus unterschiedlichen thematischen Blickwinkeln geworden. Im Anhang findet sich ein Verzeichnis der bisherigen Veröffentlichungen, die auf der Auswertung der Mehrthemenbefragungen beruhen. Der vorliegende Band erhebt den Anspruch, die wichtigsten Fragestellungen noch einmal aufzugreifen, zu erweitern und auf aktueller Datengrundlage zusammenzuführen. Der Tabellenteil im Anhang ermöglicht es dem Leser, die im Text dargestellten Datenauswertungen und Argumentationen detailliert nachzuvollziehen.

2   Theorie und Empirie der Einwandererintegration[3]

Die Frage nach der Integration von Gesellschaft stellt sich immer wieder neu, weil sich Gemeinschaft immer wieder verändert, differenziert, heterogenisiert und sich die verschiedenen, manchmal neu entstehenden Teile und Untergruppen immer wieder neu formieren. Die Integration von Gesellschaftsstrukturen (Systemintegration) und von Individuen und Gruppen in die Gesellschaft (Sozialintegration) ist ein ständiger Prozess.[4] Mit Blick auf die Zuwanderer wird die Frage nach Integration jedoch oft so gestellt, als ob es Integration entweder gibt oder nicht.[5] Anlass der Diskussionen insbesondere über die „gescheiterte Integration" sind häufig Medienberichte über anomische Handlungen auf Zuwandererseite, die die Stabilität von Gesellschaft in Frage zu stellen scheinen – so genannte Ehrenmorde, durch Schülergewalt und Disziplinlosigkeit überforderte Lehrer, extremer Islamismus oder Fälle von Jugendgewalt.[6] Deutlich wird bereits hier, dass Integration nicht nur ein wissenschaftlich-analytisches, sondern auch ein politisch-normatives Konzept ist, das ein bestimmtes Ziel bzw. eine Vorstellung der gewünschten Gesellschaft transportiert.[7]

Auch die Sozialintegration von Zuwanderern ist ein Prozess, und zwar einer, der von unterschiedlichen und interdependenten Bedingungen und Strukturen abhängt: Von gesellschaftlichen Bedingungen ebenso wie von individuellen Ressourcen und Orientierungen. Die Sozialintegration von Zuwanderern funktioniert entgegen der sich lange und hartnäckig haltenden Vorstellung nicht quasi automatisch, indem sie sich – gleichmäßig – über jede Generation ein Stück weiter an die Kultur der Aufnahmegesellschaft anpassen und ihre Herkunftskultur in entsprechendem Maße aufgeben (Assimilation), wie die aus den

---

3 Aus Gründen der einfacheren Lesbarkeit beschränkt sich der vorliegende Text auf die Verwendung der männlichen Form bei der Rede von Individuen und Gruppen. Die weiblichen Individuen und Gruppen sind dabei immer mit gemeint. Strittig ist mitunter die Verwendung der Begriffe „türkischstämmig" oder „türkeistämmig". Wir verstehen unter Türkeistämmigen Menschen mit familiären Wurzeln in der Türkei, unabhängig von der ethnischen Identität und persönlichen Wanderungserfahrung, die sich der türkischen Sprache bedienen oder deren Familien sich ihrer bedient haben.
4 Vgl. hierzu Imbusch, Peter/Rucht, Dieter: Integration und Desintegration in modernen Gesellschaften. In: Heitmeyer, Wilhelm/Imbusch, Peter (Hrsg.): Integrationspotenziale einer modernen Gesellschaft. Wiesbaden 2005, S. 13-71. Im selben Sinn: Bommes, Michael: Integration – gesellschaftliches Risiko und politisches Symbol. In: Aus Politik und Zeitgeschichte 22-23/2007, S. 3-5; Heitmeyer, Wilhelm: Gibt es eine Radikalisierung des Integrationsproblems? In: Heitmeyer, Wilhelm (Hrsg.): Was hält die Gesellschaft zusammen? Frankfurt/Main 2007, S. 23-65. Zur Unterscheidung von Sozial- und Systemintegration siehe Lockwood, David: Social Integration and System Integration. In: Zollschan, Georg L./Hirsch, Walter (Hrsg.): Explorations in Social Change. London 1964, S. 244-257.
5 Ausführlich zu dieser Diskussion: Friedrichs, Jürgen/Jagodzinski, Wolfgang: Theorien sozialer Integration. In: Friedrichs, Jürgen/Jagodzinski, Wolfgang (Hrsg.): Soziale Integration. Opladen/Wiesbaden 1999, S. 9-43.
6 Zur Medienberichterstattung in diesem Zusammenhang: Weber-Menges, Sonja: Die Wirkungen der Präsentation ethnischer Minderheiten in deutschen Medien. In: Geißler, Rainer/Pöttker, Horst (Hrsg.): Massenmedien und die Integration ethnischer Minderheiten in Deutschland: Problemaufriss – Forschungsstand – Bibliographie. Bielefeld 2005, S. 127-184.
7 So auch Geißler, Rainer: Interkulturelle Integration von Migranten – ein humaner Mittelweg zwischen Assimilation und Segregation. In: Geißler, Rainer/Pöttker, Horst (Hrsg.): Massenmedien und die Integration ethnischer Minderheiten in Deutschland. Bielefeld 2005, S. 46.

1920/1930er Jahren stammenden, ersten amerikanischen Integrationsmodelle suggerieren.[8] Jens Dangschat kommentiert:

> Park hat die Barrieren, die durch Rassismus und Zuschreibungen entstehen, für die letzte, die intensivste Form des „Zusammenwachsens" einzelner Ethnien und Rassen zu einer einheitlichen Gesellschaft unterschätzt [...] Ein Grund mag darin liegen, dass Park aufgrund seines biotischen Ansatzes die Konkurrenz um knappe Ressourcen ausschließlich als eine um begehrte Standorte angesehen hat und die Exklusionen über den Arbeits- und Wohnungsmarkt, durch staatliche Regulation wie Bürgerrechte, den Zugang zum Finanzmarkt, über Re-Ethnisierungen und rassistische Schuldzuweisungen sowie das Ausgrenzen von „Fremden" aus privaten Beziehungen unterschätzt hat.[9]

Darüber hinaus steht in der jüngeren Migrationsforschung immer stärker in Zweifel, ob Vorstellungen der Sozialintegration von Einwanderern in nationalstaatlich gedachte Verhältnisse im 21. Jahrhundert noch zutreffen können. Migranten sind Protagonisten eines Prozesses, der in den letzten Jahren als Entstehung „transnationaler Räume" beschrieben wird.[10] Die Wahrnehmung von Migration in Politik und Öffentlichkeit scheint diesem Umstand allerdings insofern hinterherzuhinken, als tradierte Vorstellungen von Ein- bzw. Auswanderung und damit verbundene Annahmen über Sozialintegration, eventuelle Loyalitätskonflikte zwischen Ankunfts- und Herkunftsland und Ähnliches noch immer vorherrschen. Nimmt man an, dass gerade für Migranten die Transnationalität ganz andere Handlungsräume eröffnet, die nationalstaatliche Grenzen überlagern, ergeben sich eine ganze Reihe neuer Fragen: Wie können angemessene integrationspolitische Leitbilder aussehen? Welche Steuerungsprobleme ergeben sich, etc.? Und ganz wichtig: In welchem Zusammenhang steht Transnationalisierung mit der Sozialstruktur der Migrantencommunities? Wie verteilen sich Chancen und Risiken in transnationalen Räumen auf unterschiedliche Subgruppen?

Folgerichtig nehmen neuere Integrations- bzw. Akkulturationsmodelle – neben der strukturellen Integration – daher sowohl die Einstellung der Migranten zur Aufnahmegesellschaft als auch ihre Einstellung zur Herkunftsgesellschaft in den Blick.[11] Von (kultureller) Integration wird danach dann gesprochen, wenn sich sowohl Elemente der Aufnahmekultur als auch solche der Herkunftskultur in den Einstellungen und Orientierungen zeigen (interkulturelle oder Mehrfachintegration).[12] Aufgabe der Herkunftskultur und Annahme der Aufnahmelandkultur müssen nicht reziprok proportional verlaufen, um von kultureller Integration sprechen zu können. Vor allem ist die Übernahme der Kultur der Aufnahmegesellschaft nicht nur von den Zuwanderern abhängig, die sich ihr entweder anpassen oder verweigern, sondern auch von der Offenheit der Gesellschaft, der Gewährung von Chan-

---

8 Vgl. Bogardus, Emory S.: A Race-Relations-Cycle. In: American Journal of Sociology 1930, S. 612-617; Park, Robert E.: Race and Culture. Clencoe 1950.
9 Dangschat, Jens S.: Segregation – Indikator für Desintegration? In: Journal für Konflikt- und Gewaltforschung 2/2004, S. 11.
10 Siehe hierzu ausführlich Pries, Ludger: Die Transnationalisierung der sozialen Welt. Frankfurt/Main 2008.
11 So beispielsweise Berry, John W.: Acculturation as Varieties of Adaption. In: Padilla, Amado (Hrsg.): Acculturation, Theories, Models and Spome Findings. New York 1980, S. 9-26.
12 In diesem Sinn Geißler, Rainer: Einheit-in-Verschiedenheit. Interkulturelle Integration von Migranten – ein Mittelweg zwischen Assimilation und Segregation. In: Berliner Journal für Soziologie, 14/2004, S. 287-298; Sackmann, Rosemarie: Zuwanderung und Integration. Theorien und empirische Befunde aus Frankreich, den Niederlanden und Deutschland. Wiesbaden 2004.

cengleichheit und gleichberechtigter Teilhabe an gesellschaftlichen Ressourcen (systemische Integration, Inklusion).[13] Die kulturalistische Sicht des Integrationsprozesses, die nur dann von erfolgreicher Integration spricht, wenn Zuwanderer ihre Herkunftskultur zugunsten der Aufnahmekultur aufgeben, sich also kulturell assimilieren, lässt jedoch die systemischen Bedingungen, die die Teilhabechancen definieren, aus dem Blick.[14]

Die Migrationsforschung hat herausgearbeitet, dass (kulturelle) Assimilation nur dann wahrscheinlich ist, wenn in der Aufnahmegesellschaft keine soziale Schließung zu finden ist, wenn also die Zugehörigkeit zur Minorität keinen Einfluss auf die sozialen Chancen und den Statuserwerb hat. Bestehen jedoch hohe Zugangsbarrieren zur Aufnahmegesellschaft und geringe Teilhabemöglichkeiten, ist auch die (kulturelle) Segregation wahrscheinlicher, jedoch nicht zwangsläufig.[15]

Neben diesen beiden Möglichkeiten Assimilation und Segregation werden zwei weitere Verläufe des Integrationsprozesses von der Migrationsforschung beschrieben: Die Marginalisierung und die Mehrfachintegration (oder auch interkulturelle Integration). Marginalisierung liegt dann vor, wenn die Herkunftskultur (z.B. aus Mangel an Gelegenheiten zur Aufrechterhaltung) aufgegeben oder verloren wurde, ohne dass es im Gegenzug zu gesellschaftlicher Teilhabe in der Aufnahmekultur gekommen ist. Sie wird dann wahrscheinlich, wenn hohe Zugangsbarrieren zu Bildung, Arbeit oder sozialer Partizipation bestehen und keine Anreize oder Möglichkeiten gegeben sind, die Herkunftskultur aufrechtzuerhalten. Mehrfachintegration oder interkulturelle Integration liegt dann vor, wenn beide Kulturen nebeneinander bestehen bleiben und je nach situativen Erfordernissen zwischen beiden gewechselt wird und sie in einen Gesamtzusammenhang gebracht werden. In diesem Fall stünde die Beibehaltung der Herkunftskultur oder die Entwicklung einer Subkultur nicht im Widerspruch zu einer erfolgreichen (kulturellen) Integration, da sie nicht mit einer Distanzierung von der Aufnahmegesellschaft verknüpft ist.[16] Die beiden letztgenannten Möglichkeiten werden in der öffentlichen Diskussion selten beachtet,[17] dabei zeigt die Integrationsforschung, dass Mehrfachintegration wie auch Marginalisierung durchaus anzutreffende Phä-

---

13 Vgl. Esser, Hartmut: Integration und ethnische Schichtung. Arbeitspapier Mannheimer Zentrum für Europäische Sozialforschung Nr. 40. Mannheim 2001, S. 8; Esser, Hartmut: Soziologie. Spezielle Grundlagen Bd. 2: Die Konstruktion der Gesellschaft. Frankfurt/Main 2000, S. 287. Vgl. auch Bade, Klaus J./Bommes, Michael: Einleitung. In: IMIS-Beiträge 23/2004, S. 7-20.
14 Vgl. Schiffauer, Werner: Parallelgesellschaften. Wie viel Wertekonsens braucht unsere Gesellschaft? Für eine kluge Politik der Differenz. Bielefeld 2008.
15 Vgl. Esser, Hartmut: Integration und ethnische Schichtung. Arbeitspapier Mannheimer Zentrum für Europäische Sozialforschung Nr. 40. Mannheim 2001, S.18ff. Siehe hierzu ausführlicher auch Sauer, Martina/Şen, Faruk: Junge Türken und Türkinnen in Deutschland – Re-Ethnisierung? In: Keim, Wolfgang/Gatzemann, Thomas/Uhlig, Christa (Hrsg.): Jahrbuch für Pädagogik 2005 „Religion – kulturelle Identität – Bildung". Berlin 2006, S. 117-133 sowie Halm, Dirk/Sauer, Martina: Parallelgesellschaft und ethnische Schichtung. In Aus Politik und Zeitgeschichte, 1-2/2006, S. 18-24.
16 Zu den theoretischen Verläufen des Integrationsprozesses siehe Esser, Hartmut: Integration und ethnische Schichtung. Arbeitspapier Mannheimer Zentrum für Europäische Sozialforschung Nr. 40. Mannheim 2001, S. 8f. Vgl. zum Konzept der interkulturellen Integration im Unterschied zu Esser auch Geißler, Rainer/Pöttker, Horst: Mediale Integration von Migranten. In: Geißler, Rainer/Pöttker, Horst (Hrsg.): Integration durch Massenmedien. Bielefeld 2006, S. 18.
17 In diesem Sinn vgl. Geißler, Rainer/Pöttker, Horst: Mediale Integration von Migranten. In: Geißler, Rainer/Pöttker, Horst (Hrsg.): Integration durch Massenmedien. Bielefeld 2006, S. 18; Sackmann, Rosemarie: Zuwanderung und Integration. Theorien und empirische Befunde aus Frankreich, den Niederlanden und Deutschland. Wiesbaden 2004.

nomene sind.[18] Speziell mit Blick auf die Mehrfachintegration ist dieser Befund bemerkenswert, denn grundsätzlich ist die Aufmerksamkeit für die Bedeutung transnationaler Räume in der Sozialwissenschaft in den letzten Jahren gewachsen, und eben diese transnationalen Räume sollten Mehrfachintegration begünstigen. In der öffentlichen Wahrnehmung werden Migranten inzwischen tatsächlich als Brücken in die Herkunftsländer verstanden, von denen man sich mitunter auch die Förderung der zwischenstaatlichen Wirtschaftsbeziehungen und Know-How-Transfer verspricht. Die Integrationsdebatte wird aber nach wie vor primär unter nationalstaatlichen Vorzeichen geführt. Symptomatisch dafür ist etwa die Ablehnung der Möglichkeit der doppelten Staatsbürgerschaft durch die deutsche Politik. Aus eben diesem Grund ist auch die Forschung zum Zusammenhang von Migration und der Entwicklung der Herkunftsländer jahrelang in Deutschland unterbelichtet geblieben.[19] Mit Mehrfachintegration verbundene Phänomene werden weniger als Chancen denn als Anlass für Loyalitätskonflikte und Hemmnisse für das konfliktfreie Zusammenleben und die Stabilität von Gesellschaft gedeutet.

Auch in der Migrationsforschung werden Herkunftslandkontakte von Migranten oft als Merkmal defizitärer Sozialintegration im Ankunftsland analysiert, wobei die Existenz solcher Zusammenhänge nachgewiesen wurde.[20] Die Folgen dieser Herkunftslandorientierung oder der Orientierung auf die eigene Herkunftsgruppe (was nicht zwangsläufig mit der Herkunftslandorientierung identisch sein muss) werden dabei unterschiedlich eingeschätzt. Dies wird etwa klar am Vergleich der Positionen von Norbert Wiley, der die Gefahr der Entstehung ethnischer Mobilitätsfallen durchdenkt[21] und auf der anderen Seite Georg Elwerts, der die sozialen Chancen einer Strategie der Binnenintegration betont.[22] Beide denken Mehrfachintegration aber nicht als mögliches Endergebnis des Integrationsprozesses in transnationalen Räumen. Zwar hat sich in den letzten Jahren eine Richtung der Transnationalismusforschung entwickelt, die ausführlich grenzüberschreitende Kontakte von Migranten und speziell ihren Organisationen qualifiziert und analysiert, aber wenig anschlussfähig an die auf eine nationalstaatliche Betrachtungsweise zielende Frage der Sozialintegration in

---

18 Celik, Semra: Grenzen und Grenzgänger: Diskursive Positionierungen im Kontext türkischer Einwanderung. Münster 2006; Reiff, Gesa: Identitätskonstruktionen in Deutschland lebender Türken der 2. Generation. Stuttgart 2006; Zimmermann, Klaus F.: Migrant ethnic identity: Concept and policy implications. Discussion Paper / Forschungsinstitut zur Zukunft der Arbeit GmbH, No. 3056, 2007. Schubert, Hans-Joachim/Stölting, Erhard: Ethnische Identität und Staatsbürgerschaft: Die Bedeutung türkischer und kurdischer Herkunft und Identität für Studierende (Bildungsinländer) bei der Wahl ihrer Staatsbürgerschaft. In: Rehberg, Karl-Siegbert (Hrsg.): Soziale Ungleichheit, kulturelle Unterschiede. Verhandlungen des 32. Kongresses der Deutschen Gesellschaft für Soziologie in München. Frankfurt/Main 2006; Yildiz, Erol: Umgang mit Differenz: Die Migrationsgesellschaft im Kontext globaler Öffnungsprozesse. In: Tschernokoshewa, Elka/Gransow, Volker (Hrsg.): Beziehungsgeschichten: Minderheiten – Mehrheiten in europäischer Perspektive. Bautzen 2007, S. 49-62; Sackmann, Rosemarie/Schultz, Tanjev/Prümm, Kathrin/Peters, Bernhard: Kollektive Identitäten: Selbstverortungen türkischer MigrantInnen und ihrer Kinder. Frankfurt/Main 2005.
19 Siehe zu einer Analyse des diesbezüglichen Diskurses und zu Grundlinien eines entsprechenden Forschungsprogramms Thränhardt, Dietrich: Entwicklung durch Migration – ein neuer Forschungs- und Politikansatz. In: ders. (Hrsg.): Entwicklung und Migration. Jahrbuch Migration 2006/2007. Münster/Berlin 2008, S. 102-127.
20 Siehe Koopmans, Ruud/Statham, Paul: How national citizenship shapes transnationalism: A comparative analysis of migrant claims-making in Germany, Great Britain and the Netherlands. Transnational Communities Working Paper Series, WPTC-01-10. Oxford 2001, S. 1ff.
21 Wiley, Norbert. F.: The Ethnic Mobility Trap and Stratification Theory. In: Peter I. Rose (Hrsg.): The Study of Society. An Integrated Anthology. 3. Aufl. New York 1973, S. 400-411.
22 Elwert, Georg: Probleme der Ausländerintegration – Gesellschaftliche Integration durch Binnenintegration? In: Kölner Zeitschrift für Soziologie und Sozialpsychologie 4/1982, S. 717-731.

den Ankunftsländern der Migration ist.[23] Hiermit ist ein wichtiges Dilemma angesprochen, das sich in den letzten Jahren zu einer bedeutenden Herausforderung für die Forschung zur Integration von Einwanderern entwickelt. Es ist auch denkbar, dass nicht Herkunfts-, aber transnationale Orientierungen von Migrantenselbstorganisationen auf andere Länder eine Integrationsperspektive für Zuwanderer eröffnen können oder aber auch desintegrativ wirken. Generell gilt, dass in einer sich globalisierenden Welt mit Migration als einem der wichtigsten Elemente dieser Entwicklung, in der Aufenthalte nicht immer stetig sind, Pendelmigration auftritt und mediale Netzwerke immer weiter geknüpft werden, der transnationalen Zivilgesellschaft wachsende Bedeutung zukommen sollte. Inwiefern sind klassische Modelle der Sozialintegration geeignet, die Lebenswirklichkeit von Migranten in transnationalen Räumen zu beschreiben? Es scheint nahe liegend, dass die von Hartmut Esser als seltener Fall beschriebene Mehrfachintegration in unterschiedliche Gesellschaften[24] empirisch bedeutender werden kann als bisher angenommen. Nichtsdestotrotz wird aber der Nationalstaat auch in der transnationalen Welt ein dominierender Rahmen für die gesellschaftliche Integration von Migranten bleiben, so dass die etablierten Modelle von Sozialintegration aktuell bleiben werden. Es gilt aber, ihr Verhältnis zu Transnationalisierung genauer zu bestimmen, da sich die Vorstellung von Herkunftslandorientierung als desintegrativ und Ankunftslandorientierung als integrativ als unterkomplex erweisen kann.

Unter Bezug auf Hartmut Esser[25] ist wissenschaftlicher Konsens[26], dass es verschiedene Bereiche der Integration gibt, die anhand der vorliegenden Studie untersucht werden: Die kognitive Integration oder Akkulturation bezeichnet den Erwerb von Kenntnissen und Fähigkeiten, die zumeist über Sozialisations- und Bildungsinstanzen übermittelt werden. Die strukturelle Integration bezieht sich auf die soziale Platzierung, d.h. Beruf und Einkommen, aber auch Akzeptanz. Die soziale Integration oder Interaktion umfasst die Kontakte zur einheimischen Bevölkerung einschließlich der Teilhabe an gesellschaftlichen Organisationen. Die identifikative Integration bezieht sich auf das Zugehörigkeitsgefühl und die Verinnerlichung von Werten und Normen als selbstverständliche Handlungsregulative – letztendlich das, was gemeinhin als kulturelle Assimilation verstanden wird.

Die Bereiche sind nicht unabhängig voneinander, insbesondere eine Entkoppelung von Akkulturation und Platzierung ist bei Esser nur bedingt und in ethnischen Enklaven vorstellbar, die nach Esser aber leicht zu Mobilitätsfallen werden können.[27] Letztlich ist nach seiner Theorie Chancengleichheit nur bei kognitiver Assimilation möglich, kulturelle Pluralisierung führt demgegenüber zu ethnischer Schichtung.[28]

---

23 Eine wichtige Arbeit ist hier etwa Faist, Thomas: The Volume and Dynamics of International Migration and Transnational Social Spaces. Oxford 2000.
24 Siehe Esser, Hartmut: Welche Alternative zur „Assimilation" gibt es eigentlich? In: IMIS-Beiträge 24/2004, S. 41-59. Hier wird auch die Anschlussfähigkeit seiner Theorie an die Transnationalismusdebatte diskutiert.
25 Esser, Hartmut: Integration und ethnische Schichtung. Arbeitspapier Mannheimer Zentrum für Europäische Sozialforschung Nr. 40. Mannheim 2001, S. 18.
26 So in der Übersicht von Filsinger, Dieter: Bedingungen erfolgreicher Integration – Integrationsmonitoring und Evaluation. Expertise im Auftrag der Friedrich-Ebert-Stiftung. Bonn 2008, S. 8.
27 Ausführlich hierzu: Esser, Hartmut: Integration und ethnische Schichtung. Arbeitspapier Mannheimer Zentrum für Europäische Sozialforschung Nr. 40. Mannheim 2001, S. 20.
28 Esser, Hartmut: Integration und ethnische Schichtung. Arbeitspapier Mannheimer Zentrum für Europäische Sozialforschung Nr. 40. Mannheim 2001, S. 36.

Abbildung 1: Integrationsbereiche nach Esser[29]

Dimension	Akkulturation	Platzierung	Interaktion	Identifikation
Integrations-bereiche	Kognitive Integration	Strukturelle Integration	Gesellschaftliche Integration	Identifikative Integration
Indikatoren	Sprache, Bildung, Kenntnisse über Normen	Berufliche Stellung, Einkommen, soziale Akzeptanz	Interethnische Kontakte, gesellschaftliche Einbindung	Zugehörigkeit, Verinnerlichung von Werten und Normen
	$\longrightarrow$	$\longrightarrow$	$\longrightarrow$	$\longrightarrow$

Die Integration sowohl von Individuen als auch von Teilgruppen der Gesellschaft kann in den verschiedenen Bereichen ungleichmäßig verlaufen. Sowohl Individuen als auch die Zuwanderergruppe insgesamt können in einen Bereich intensiv eingebunden sein, in einen anderen hingegen kaum (partielle Integration).[30]

Die wirtschaftliche und strukturelle Teilhabe der Zuwanderer – ihre Platzierung in der Gesellschaft – gilt in der wissenschaftlich-analytischen Betrachtung der Integration neben der Akkulturation (die für die strukturelle Integration eine zentrale Voraussetzung ist) als Schlüsselbereich der Integration. Über die Notwendigkeit der wirtschaftlichen und strukturellen Teilhabe von Migranten besteht wenig Dissens.[31] Ob und inwieweit gesellschaftliche Integration und Identifikation eher Folge einer positiv erlebten wirtschaftlichen Integration oder ob im Gegenteil soziale und identifikative Integration Voraussetzung und Bedingung für die strukturelle Integration ist, ist jedoch wissenschaftlich kontrovers.[32] Ebenso kontrovers – und letztlich der zentrale Aspekt der Integrationsproblematik – ist die Frage nach dem Maß an notwendiger kultureller Anpassung oder möglicher kultureller Differenz. Dies verweist auf die bereits bei Emile Durkheim diskutierte Frage nach Heterogenität und Homogenität von Gesellschaft.[33] Inwieweit braucht eine funktionierende, aber pluralistische Gesellschaft gemeinsam geteilte Werte – und welche? Als Minimalkonsens gelten hier in Deutschland wohl die Akzeptanz des Grundgesetzes und des Rechtssystems sowie das Erlernen der deutschen Sprache. Über weitergehende Anpassungsnotwendigkeiten oder

---

29 Esser, Hartmut: Integration und ethnische Schichtung. Arbeitspapier Mannheimer Zentrum für Europäische Sozialforschung Nr. 40. Mannheim 2001, S.18.

30 Vgl. hierzu auch Ministerium für Generationen, Familie, Frauen und Integration des Landes Nordrhein-Westfalen: Nordrhein-Westfalen: Land der neuen Integrationschancen. 1. Integrationsbericht der Landesregierung. Düsseldorf 2008, S. 120.

31 So die Übersicht in Filsinger, Dieter: Bedingungen erfolgreicher Integration – Integrationsmonitoring und Evaluation. Expertise im Auftrag der Friedrich-Ebert-Stiftung. Bonn 2008, S. 8.

32 Vgl. Filsinger, Dieter: Bedingungen erfolgreicher Integration – Integrationsmonitoring und Evaluation. Expertise im Auftrag der Friedrich-Ebert-Stiftung. Bonn 2008, S. 9.

33 Für den assimilativen Ansatz: Esser, Hartmut: Integration und ethnische Schichtung. Arbeitspapier Mannheimer Zentrum für Europäische Sozialforschung Nr. 40. Mannheim 2001. Für den interkulturellen Ansatz: Schiffauer, Werner: Parallelgesellschaften. Wie viel Wertekonsens braucht unsere Gesellschaft? Für eine kluge Politik der Differenz. Bielefeld 2008; Pöttker, Horst: Soziale Integration: Ein Schlüsselbegriff für die Forschung über Medien und ethnische Minderheiten. In: Geißler, Rainer/Pöttker, Horst (Hrsg.): Massenmedien und die Integration ethnischer Minderheiten in Deutschland: Problemaufriss – Forschungsstand – Bibliographie. Bielefeld 2005. Vgl. grundsätzlich: Durkheim, Emile: Über die Teilung der sozialen Arbeit. Frankfurt/Main 1986 (Original: De la division du travail social, Paris 1893).

Rechte auf kulturelle Eigenständigkeit herrscht jedoch keine Einigkeit, hier reicht die Spannweite von der Idee der multikulturellen über die interkulturelle zur monokulturellen Gesellschaft, letztere in Form einer umfassenden – deutschen – Wertegemeinschaft.[34]

Der Diskurs um die Integration von Einwanderern wird in der Regel von solchen Fragen überwölbt, womit der Integrationsbegriff mit Bedeutungen aufgeladen werden kann, die sich einer effektiven wissenschaftlichen Operationalisierung entziehen. Christoph Weischer bemerkt:

> Innerhalb der Diskurse über das Soziale kommt den Konzepten der Solidarität oder der Integration eine zentrale Rolle zu. […] Der weit gefasste Gebrauch des Solidaritäts- und des Integrationskonzepts im alltagsweltlichen, politischen aber auch im wissenschaftlichen Raum ist als mehr oder weniger reflektierter Versuch der Komplexitätsreduktion zu begreifen; Solidarität wird als ein universelles soziales Bindemittel begriffen, das vielfältige Kooperations- und Kohäsionseffekte erklären kann, bzw. das beschworen werden kann, wenn diese ausbleiben oder defizitär sind. […] Die Konstruktion einer allgemeinen Bindekraft, die als Eigenschaft von Individuen erscheint, befördert eine naturalistische Perspektive auf gesellschaftliche Beziehungen; darüber werden Kontingenzen und Unwägbarkeiten, die sich in komplexen sozialen Systemen einstellen, tendenziell ausgeblendet.[35]

Zu diesen Unwägbarkeiten gehört nicht zuletzt, wie sich Orientierungen von Einwanderern zu tatsächlichen Teilhabechancen verhalten. Die Orientierungen der Zuwanderer und ihre Teilhabechancen in der Mehrheitsgesellschaft stehen zwar im Zusammenhang, müssen aber nicht parallel verlaufen. Die enge Anbindung an die Aufnahmegesellschaft, Akkulturationsleistungen und rege Kontakte sind keine schlechte Voraussetzung für Chancengleichheit, aber auch keine Garantie.[36] So gibt es Hinweise, dass es auch gut qualifizierten Zuwanderern nicht in gleichem Maße wie entsprechenden Deutschen gelingt, im Arbeitsleben Fuß zu fassen, oder dass ausländische Hauptschulabsolventen wesentlich seltener einen Ausbildungsplatz als ihre deutschen Altersgenossen finden.[37] Die Ursachen für diese fehlende Übersetzung der kognitiven Integration in adäquate gesellschaftliche Platzierungen können zahlreich sein und reichen von rechtlichen Problemen bei der Anerkennung von Bildungsabschlüssen über fehlende soziale Netzwerke der Migranten bis hin zu aktiver Diskriminierung auf dem Arbeitsmarkt.[38] Allerdings sollte diese Diskrepanz an Bedeutung verlieren. Eine Auswertung des Mikrozensus bis zum Jahr 1996 durch Frank Kalter und Nadia Grana-

---

34 Vgl. Schiffauer, Werner: Parallelgesellschaften. Wie viel Wertekonsens braucht unsere Gesellschaft? Für eine kluge Politik der Differenz. Bielefeld 2008.

35 Weischer, Christoph: Risiken sozialer Polarisierung in der Bundesrepublik Deutschland – Forschungsbericht im Auftrag des Ministeriums für Wissenschaft und Forschung des Landes Nordrhein-Westfalen. Bochum 2003, S. 28.

36 Vgl. OECD: Arbeitsmarktintegration von Zuwanderern in Deutschland. Paris. OECD 2005. (www.oecd.org/dataoecd/62/12/35796774.pdf); Bundesministerium für Bildung und Forschung: Berufsbildungsbericht 2005. Berlin 2005; Halm, Dirk/Sauer, Martina: Parallelgesellschaft und Integration. In: Politische Bildung, Heft 3/2006, S. 46-65.

37 Quelle: Die Beauftragte der Bundesregierung für Migration, Flüchtlinge und Integration: 7. Bericht zur Lage der Ausländerinnen und Ausländer in Deutschland. Berlin 2007, S. 63. In diesem Sinn auch Seifert, Wolfgang: Integration und Arbeit. In: Aus Politik und Zeitgeschichte 22-23/2007, S. 12-18; Seibert, Holger/Solga, Heike: Gleiche Chancen dank einer abgeschlossenen Ausbildung? Zum Signalwert von Ausbildungsabschlüssen bei ausländischen und deutschen jungen Erwachsenen. In: Zeitschrift für Soziologie. Jg. 34/2005, H. 5, S. 364-382.

38 Siehe zu diesen Mechanismen ausführlich Philipps, Axel: Die Perspektive der Mainstream-Soziologie zu Migranten und Arbeitsmarkt. In: Flam, Helena (Hrsg.): Migranten in Deutschland. Statistiken – Fakten – Diskurse. Konstanz 2007, S. 101-132.

to ergibt, dass sich bei Kontrolle des Merkmals Bildung die Erwerbsbeteiligung und die berufliche Stellung von Migranten an die Verhältnisse in der Aufnahmegesellschaft angleichen – bei gleichen Bildungsabschlüssen sinkt über die Zeit die Ungleichheit in der gesellschaftlichen Platzierung. Dieser Trend ist in Wirklichkeit aber nicht sichtbar, weil im betrachteten Zeitraum zugleich die Bildungsungleichheit gewachsen ist, speziell mit Blick auf die türkische Gruppe.[39]

In der Datenanalyse von Kalter und Granato zeigen sich nur noch geringe Unterschiede zwischen der Platzierung von Deutschen und Migranten im Jahr 1996 bei der Kontrolle der Bildung – ein Befund, dem andere, aktuellere Studien widersprechen. In einer späteren Auswertung von Daten des Sozioökonomischen Panels (SOEP) arbeitet Kalter selbst heraus, dass mit Blick auf türkische Jugendliche auch bei Kontrolle des Merkmals der formalen Bildungsqualifikation erhebliche Nachteile für türkische Jugendliche bei der Arbeitsmarktintegration verbleiben.[40] Die Frage der Übersetzung von Bildungserfolg in gesellschaftliche Platzierung ist damit von herausragender Bedeutung, weil für Deutschland empirisch noch undeutlich. Es ist nicht klar, in welchem Ausmaß in der bundesdeutschen Gesellschaft jenseits sozialer auch explizit ethnisch-kulturell bedingte Schließungsmechanismen zu finden sind. Die Beantwortung dieser Frage ist auch deshalb schwierig, weil die ausgeprägte Bildungsbenachteiligung von Einwanderern, insbesondere der türkischen Gruppe, diese Problematik bisher zu einer eher theoretischen macht. Als Problem wird bisher eben eher wahrgenommen, dass Bildungserfolge gering sind, und weniger, dass Bildungserfolge sich nicht in Platzierungen ummünzen lassen.[41] Möglicherweise ist die Beantwortung dieser Frage mit Blick auf Unterschiede zwischen „Einheimischen" und „Einwanderern" aber auch von minderem Interesse, da gesellschaftliche Schließung in Form von fehlendem Sozialkapital u. Ä. nicht unbedingt ein spezifisches Einwandererproblem sein muss, sondern deutsche mit vergleichbaren Sozialmerkmalen in gleicher Weise betreffen kann – nur dass die Einwanderer solche ungünstigen Platzierungsvoraussetzungen eben überproportional auf sich vereinigen. Der von Kalter und Granato festgestellte Trend zur Vereinheitlichung von Deutschen und Einwanderern ist also nicht gleichbedeutend mit der Verbesserung der Integrationsperspektive.

Die Frage nach der Existenz einer ethnischen Schichtung nimmt im gesellschaftlichen Integrationsdiskurs keine zentrale Position ein. Gesellschaftliche und identifikative Integration sind vielmehr die Bereiche, die in der Öffentlichkeit zumeist als Maßstab für Integration und Assimilation herangezogen werden.[42] Debatten um Desintegration haben selten

---

39 Kalter, Frank/Granato, Nadia: Sozialer Wandel und strukturelle Assimilation in der Bundesrepublik. Empirische Befunde mit Mikrodaten der amtlichen Statistik. In: IMIS-Beiträge 2/2004, S. 61-81.
40 Kalter, Frank: Auf der Suche nach einer Erklärung für die spezifischen Arbeitsmarktnachteile von Jugendlichen türkischer Herkunft. In: Zeitschrift für Soziologie 2/2006, S. 144-160.
41 Vgl. z.B. Diefenbach, Heike: Kinder und Jugendliche aus Migrantenfamilien im deutschen Bildungssystem. Wiesbaden 2007; Die Beauftragte der Bundesregierung für Migration, Flüchtlinge und Integration: 7. Bericht der Beauftragten der Bundesregierung für Migration, Flüchtlinge und Integration über die Lage der Ausländerinnen und Ausländer in Deutschland. Berlin 2007, S. 73; Seifert, Wolfgang: Integration und Arbeit. In: Aus Politik und Zeitgeschichte, 22-23/2007, S. 12-18; Stanat, Petra: Heranwachsende mit Migrationshintergrund im deutschen Bildungswesen. In: Cortina, Kai/Baumert, Jürgen/Leschinski, Achim/Mayer, Karl-Ulrich/Tromme, Luitgard (Hrsg.): Das Bildungswesen in der Bundesrepublik Deutschland. Hamburg 2008, S. 685-744; Granato, Mona: Berufliche Ausbildung und Lehrstellenmarkt: Chancengerechtigkeit für Jugendliche mit Migrationshintergrund verwirklichen. WISO-direkt, hrsgg. von der Friedrich-Ebert-Stiftung. Bonn 2007.
42 So vor allem bei der Diskussion um Parallelgesellschaften, siehe hierzu Meyer, Thomas: Parallelgesellschaft und Demokratie. In: Meyer, Thomas/Weil, Reinhard (Hrsg.): Die Bürgergesellschaft. Perspektiven für Bürgerbe-

schlechte Arbeitsmarktchancen, hohe Arbeitslosigkeit, Diskriminierung oder mangelnde politische Partizipationsmöglichkeiten von Zuwanderern zum Thema, sondern beziehen sich häufig unter dem Schlagwort der Parallelgesellschaft auf die Bildung von eigenethnischen Organisationen, das Wohnen in ethnisch verdichteten Stadtteilen oder geringe Kontakte zu Einheimischen.[43] Dabei geraten insbesondere die türkeistämmigen und/oder muslimischen Migranten in den Blick. Ihre Integration gilt beim Vergleich verschiedener Zuwandererherkünfte als am stärksten defizitär. Wenn andererseits einmal Befunde über die mangelnde strukturelle Integration eine breitere Öffentlichkeit finden, so werden diese in der öffentlichen Interpretation nicht selten wiederum mit kulturalistischen Erklärungsmustern versehen, die Komplexität des Sachverhaltes vernachlässigend.[44]

Diese hier zumindest angedeutete Komplexität des Integrationsprozesses nimmt noch weiter zu, wenn man auf individueller Ebene unterschiedliche Handlungsorientierungen ins Kalkül zieht, die sich aus dem Erleben der sozialen Chancensituation ergeben. Hier kommen sozialpsychologische Faktoren zum Tragen, wenn es etwa darum geht, wie von den Migranten empfundene Blockaden bei der gesellschaftlichen Teilhabe auf die Integrationsorientierung der Community zurückwirken. Jedenfalls ist davon auszugehen, dass für die Integrationsbereitschaft von Migranten das Gefühl der Deprivation – also der unangemessenen Beteiligung an gesellschaftlichen Chancen – von maßgeblicher Bedeutung ist.[45] Das Zugehörigkeitsgefühl – und damit die Identifikation und die Integrationsbereitschaft – von Migranten wird neben den wirtschaftlichen und sozialen Teilhabechancen in hohem Maße vom Verhältnis zur Mehrheitsgesellschaft beeinflusst. Dieses Verhältnis wird geprägt durch die alltägliche Erfahrung im Umgang mit den Menschen, umfasst aber auch Behörden, Politik, die Gesetzeslage und das allgemeine politische und gesellschaftliche Klima usw.[46] Akzeptanz durch das Aufnahmeland und Identifikation mit ihm gehen Hand in Hand. Die subjektive Wahrnehmung von Akzeptanz oder Ablehnung, beispielsweise in Form von Diskriminierung, muss dabei jedoch nicht immer mit objektiv nachweisbaren Gegebenheiten oder Erlebnissen übereinstimmen, sondern wird beeinflusst von Erwartungshaltungen

---

teilung und Bürgerkommunikation. Bonn 2002, S. 343-372. Ähnlich auch Janssen, Andrea/Polat, Ayça: Soziale Netzwerke türkischer Migranten. In: Aus Politik und Zeitgeschichte 1-2/2006, S. 11-17.

43 Vgl. hierzu Halm, Dirk/Sauer, Martina: Parallelgesellschaft und ethnische Schichtung – Zur empirischen Bedeutung unterschiedlicher Konzepte des Zusammenlebens von Deutschen und Türken. In: Aus Politik und Zeitgeschichte 1-2/2006, S. 18-24.

44 Ein gutes Beispiel hierfür ist die Rezeption der auf der Auswertung des Mikrozensus 2005 beruhenden Studie des „Berlin-Instituts für Bevölkerung und Entwicklung" zur (strukturellen) Integrationsbilanz unterschiedlicher Bevölkerungsgruppen in Deutschland (Woellert, Franziska/Kröhmer, Steffen/Sippel, Lilli/Klingholz, Reiner: Ungenutzte Potenziale. Zur Lage der Integration in Deutschland. Hrsgg. vom Berlin-Institut für Bevölkerung und Entwicklung. Berlin 2009). Die türkische Gruppe schnitt in dieser Auswertung schlecht ab, was durch einen Teil der Medien auf fehlende Integrationswilligkeit und kulturelle Differenz zurückgeführt wurde (siehe etwa Franz Solms-Laubach in der „Welt am Sonntag" vom 25.01.2009 mit seinem Artikel mit der Überschrift: „Integration gescheitert. Deutschland ist ein Einwanderungsland. Doch viele der 15 Millionen Migranten schotten sich ab, leben in Parallelgesellschaften. Das betrifft vor allem die Türken").

45 Siehe zu einer ausführlichen Analyse dieser Thematik Sauer, Martina/Halm, Dirk: Integration vs. Segregation bei türkischen Migranten. In: Hans-Jörg Assion (Hrsg.): Mensch. Migration. Mental Health. Dokumentation der Fachtagung des Westfälischen Zentrums für Psychiatrie und Psychotherapie der Ruhr-Universität Bochum am 2. und 3. Mai in Bochum. Heidelberg 2005, S. 67-82. Dieser Beitrag beruht auf der Auswertung des variablen Teils der ZfT-Mehrthemenbefragung 2001.

46 Öztoprak, Ümit: Identitäts- und Akkulturationsstile türkischer Jugendlicher. Frankfurt/Main 2007; Sackmann, Rosemarie/Schultz, Tanjev/Prümm, Kathrin/Peters, Bernhard: Kollektive Identitäten: Selbstverortungen türkischer MigrantInnen und ihrer Kinder. Frankfurt/Main 2005; Reiff, Gesa: Identitätskonstruktionen in Deutschland lebender Türken der 2. Generation. Stuttgart 2006.

sowie kollektiven und individuellen Stimmungen. Die Migranten der Nachfolgegeneration entwickeln ein anderes Verständnis von ihrem Platz in der deutschen Gesellschaft. Sie stellen andere Ansprüche an die Akzeptanz und Toleranz gegenüber ihrer Kultur.[47] Diesen Anspruch hatten die Erstgenerationsangehörigen in weit geringerem Maß, da sie glaubten, nur vorübergehend in der Fremde zu leben. So machen die Internalisierung von Gleichheitsgrundsätzen und die partielle Annäherung an die deutsche Kultur Zweit- und Drittgenerationsangehörige gegenüber Diskriminierung und Benachteiligung möglicherweise sensibler.

Die bisherige Forschung zeigt für Untergruppen der türkeistämmigen Migranten unterschiedliche Integrationsstadien oder Grade der Integration. Im Generationenvergleich zeigen sich in allen Dimensionen deutliche Integrationszuwächse in der Nachfolgegeneration, aber auch die Integrationsleistung der ersten Generation ist erheblich, bedenkt man, dass vierzig Jahre lang keine Integrationspolitik in Deutschland betrieben wurde. Trebbe und Weiß zeigen in ihrer Untersuchung zu Integrationstypen bei türkeistämmigen Migranten im Alter zwischen 14 und 49 Jahren in NRW, dass die Mehrheit der Erwachsenen türkischer Herkunft in vielerlei Hinsicht gut integriert ist. Mehr als drei Viertel sind sprachlich, sozial und politisch gut in den deutschen gesellschaftlichen Kontext eingebunden. Sie weisen jedoch darauf hin, dass unterschiedliche Strategien vorhanden sind, sich mit der Herkunfts- und Aufnahmekultur auseinanderzusetzen. Die Einbindung in deutsche Kontexte geht allgemein nicht mit dem Aufgeben oder Zurücklassen der türkischen Kultur einher.[48] Auch Kalter verweist darauf, dass Integrationsprozesse stark mit intergenerativem Wandel verknüpft sind.[49]

Dennoch bestehen insbesondere in der kognitiven und strukturellen Integration der türkeistämmigen Zuwanderer insgesamt nach wie vor erhebliche Defizite zur Mehrheitsbevölkerung, die in den vergangenen Jahren kaum abgebaut werden konnten, auch wenn durchaus sehr erfolgreiche Untergruppen ausgemacht werden können. Zwar ist das Bildungs- und Ausbildungsniveau auch der jungen Migranten erheblich gestiegen, doch konnte diese Zunahme nicht mit der Bildungsexpansion, die in den letzten dreißig Jahren in der deutschen Bevölkerung stattgefunden hat, Schritt halten.[50] Die gesellschaftliche und identifikative Integration stieg jedoch in den vergangenen Jahren langsam an.

---

47 Vgl. dazu Hansen, Georg: Die Deutschmachung. Ethnizität und Ethnisierung im Prozess von Ein- und Ausgrenzung. Münster 2001; Kecskes, Robert: Die starken Gründe unter sich zu bleiben. Zur Begründung und Entstehung ethnisch homogener sozialer Netzwerke unter türkischen Jugendlichen. In: Zeitschrift für Türkeistudien 1/2 2001, S. 161-185; Gestring, Norbert/Janssen, Andrea/Polat, Ayça: Integrationspfade – Die zweite Generation in den USA und in Deutschland. In: Siebel, Walter (Hrsg.): Die europäische Stadt. Frankfurt/Main 2004, S. 230-243.
48 Vgl. Trebbe, Joachim/Weiß, Hans-Jürgen: Integration und Mediennutzung – Eine Typologie junger Erwachsener mit türkischer Herkunft in NRW. In: Westdeutscher Rundfunk (Hrsg.): Zwischen den Kulturen. Fernsehen, Einstellungen und Integration junger Erwachsener mit türkischer Herkunft in Nordrhein-Westfalen. Köln 2006, S. 41. In die Bildung der Integrationstypen flossen folgende Faktoren ein: Soziale Integration (Umgang mit deutschen Freunden und bikulturelle Heirat), Vertrauen in deutsche Institutionen, politische Integration (Vertretung der türkischen Bevölkerung und Berücksichtigung durch deutsche Politiker), Menge der deutschen Informationsquellen, Besitz deutscher Staatsbürgerschaft oder diese gewünscht, Bleibeabsicht, deutsche Sprachkompetenz, Politikinteresse.
49 Kalter, Frank/Granato, Nadia: Sozialer Wandel und strukturelle Assimilation in der Bundesrepublik. Empirische Befunde mit Mikrodaten der amtlichen Statistik. In: IMIS-Beiträge 2/2004, S. 80.
50 Vgl. Konsortium Bildungsberichterstattung (Hrsg.): Bildung in Deutschland: Ein indikatorengestützter Bericht mit einer Analyse zu Bildung und Migration; http://www.bildungsbericht.de/daten/gesamtbericht.pdf (2006). Ähnlich auch Riphahn, Regina T.: Are there diverging time trends in the educational attainment of nationals and second generation immigrants? In: Jahrbücher für Nationalökonomie und Statistik; Band 225/3 2005, S. 325-346;

Zu beachten ist, dass sich die Zuwanderer nicht nur – bedingt durch die gesellschaftlichen Rahmen- und Migrationsbedingungen – an den Generationsgrenzen deutlich unterscheiden, sondern auch die jüngere Gruppe der türkeistämmigen Zuwanderer sehr heterogen zusammengesetzt ist: Neben den Kindern und Enkeln der ehemaligen „Gastarbeiter", die in Deutschland geboren wurden oder hier aufgewachsen sind, besteht ein nicht unerheblicher Teil der jungen Migranten aus nachgereisten Ehepartnern, die in der Türkei aufgewachsen sind, dort die Schule besucht haben und erst wenige Jahre in Deutschland leben. Ihre Integration ist weit weniger vorangeschritten als die der „echten" zweiten und dritten Generation. Sie haben große Schwierigkeiten auf dem Arbeitsmarkt, da sie häufig über nur geringe Deutschkenntnisse verfügen und ihre Schul- und Ausbildungsabschlüsse nicht anerkannt werden.

Die Anerkennung Deutschlands als Einwanderungsland durch die Politik begann erst Ende der 1990er Jahre. Bis vor wenigen Jahren existierte auf Bundesebene kein Integrationskonzept und keine Integrations- und Zuwanderungspolitik. Bade (2008) spricht in diesem Zusammenhang von einem Einwanderungsland wider Willen, das als nationaler Wohlfahrtsstaat im behördlichen Alltag pragmatisch die soziale Eingliederung von Zuwanderern vor allem mit Hilfe der Wohlfahrtsverbände, zivilgesellschaftlicher Organisationen und in den Kommunen sowie durch die Ausländerbeauftragten auf Länder- und Bundesebene gestaltete.[51]

Inzwischen ist das Fehlen einer konzeptionellen Integrationspolitik zum Teil korrigiert worden, nun findet eine „nachholende Integrationspolitik" (Bade[52]) statt. Der Status als Einwanderungsland wurde politisch und durch das Zuwanderungsgesetz faktisch anerkannt, durch den Nationalen Integrationsplan ist zumindest die politische Debatte angestoßen worden, Vielfalt wird nun auch als Chance gesehen und die Notwendigkeit der Integrationsförderung auch durch die Mehrheitsgesellschaft steht nicht mehr grundsätzlich in Frage.[53] Erkannt wurde, so Michael Bommes,[54] dass es keine Alternative zur Integration der Zuwanderer gibt und Integration sowohl im Interesse der Mehrheitsgesellschaft als auch im Interesse der Zuwanderer liegt: Die Mehrheitsgesellschaft brauche nicht zuletzt angesichts des demographischen Wandels die Ressourcen der Zuwanderer, die Zuwanderer ihrerseits seien am Zugang zu Bildung, Arbeit, Gesundheit, Wohnen, Recht und Sicherheit interessiert.

Zwar wurden Einwanderung und Integration rechtlich und politisch ausgestaltet und mit dem Integrations- und Islamgipfel und dem Nationalen Integrationsplan ein politisches Zeichen gesetzt, doch muss sich erst zeigen, inwieweit die Aktivitäten der nachholenden Integrationspolitik über das politische Symbol hinausgehen. So warnt Bommes vor über-

Woellert, Franziska/Kröhmer, Steffen/Sippel, Lilli/Klingholz, Reiner: Ungenutzte Potenziale. Zur Lage der Integration in Deutschland. Hrsgg. vom Berlin-Institut für Bevölkerung und Entwicklung. Berlin 2009.

51 Vgl. Bade, Klaus J.: Zehn Jahre Gemeinsames Wort der Kirchen zu den Herausforderungen durch Migration und Flucht. In: Goldberg, Andreas/Halm, Dirk (Hrsg.): Integration des Fremden als politisches Handlungsfeld. Essen 2008, S. 14. In ähnlichem Sinn: Bommes, Michael: Integration – gesellschaftliches Risiko und politisches Symbol. In: Aus Politik und Zeitgeschichte 22-23/2007, S. 3-5. Zum deutschen Integrationsregime im Vergleich mit anderen Einwanderungsländern vgl. Niessen, Jan/Huddleston, Thomas/Citron, Laura: Migrant Integration Policy Index. Brussels 2007.

52 Bade, Klaus, J. Integration: Versäumte Chancen und nachholende Politik. In: Aus Politik und Zeitgeschichte 22-23/2007, S. 32-38.

53 Siehe hierzu Die Bundesregierung: Der Nationale Integrationsplan. Neue Wege – neue Chancen. Berlin 2007.

54 Bommes, Michael: Integration – gesellschaftliches Risiko und politisches Symbol. In: Aus Politik und Zeitgeschichte. Heft 22-23/2007, S. 3.

höhten Erwartungen und darin eingeschlossenen Enttäuschungen und plädiert dafür, Integrationspolitik zu einer dauerhaften und langfristigen Aufgabe werden zu lassen und nicht durch ein „Sonderprogramm" ad hoc schnelle Lösungen zu propagieren. Dies bereite den Boden dafür, misslingende Integration erneut einseitig auf die Verweigerung der Migranten zurückzuführen. Integration ist aber ein gesamtgesellschaftlicher, systemischer Prozess, der durch Politik nur begrenzt gesteuert werden kann.[55]

Mit der Mehrthemenbefragung türkeistämmiger Migranten durch das ZfT werden der Stand und die Entwicklung der Integration in den zentralen Lebensbereichen untersucht. Dabei bezieht sich die Untersuchung auf die Perspektive der Migranten selbst. Die Darstellung der Ergebnisse der letzten zehn Jahre im vorliegenden Band nimmt insbesondere auf die oben dargestellten Fragestellungen der Migrationsforschung Bezug und versteht sich als Beitrag zu einer empirisch fundierten Antwort. Im Vordergrund steht dabei die Analyse des Zusammenhangs der unterschiedlichen Aspekte von Sozialintegration. Von speziellem Interesse ist in diesem Kontext die vertiefte Analyse der Bedeutung der von Politik und Gesellschaft immer wieder eingeforderten indentifikativen und gesellschaftlichen Annäherung an Deutschland für das Gelingen des Integrationsprozesses insgesamt. Die Ergebnisse sind durchaus von praktischer Relevanz für die politische Steuerung von Integrationsprozessen, indem herausgearbeitet wird, wie unterschiedliche Aspekte der Sozialintegration sich gegenseitig bedingen und inwiefern systemische Rahmenbedingungen Prozesse der Sozialintegration befördern oder blockieren. Damit wird die oft gebrauchte Formel, Integration sei Aufgabe für Einwanderer und aufnehmende Gesellschaft gleichermaßen, differenziert und eine informationelle Grundlage für eine gesellschaftliche Auseinandersetzung darüber angeboten, was im Lichte der Empirie von den Einwanderern zu verfolgende effektive Integrationsstrategien sein und wie Politik und Gesellschaft diese flankieren können. Erklärtes Ziel des vorliegenden Bandes und Voraussetzung für eine solche Debatte ist die Dekonstruktion unterkomplexer Vorstellungen über das Funktionieren gesellschaftlicher Integration, die allzu oft einem sachgerechten, pragmatischen und nachhaltigen Zugang zur Thematik im Wege stehen.

---

55 Vgl. Butterwegge, Christoph/Hentges, Gudrun (Hrsg.): Massenmedien, Migration und Integration. Herausforderungen für Journalismus und politische Bildung. Wiesbaden 2006; Geißler, Rainer/Pöttker, Horst (Hrsg.): Massenmedien und die Integration ethnischer Minderheiten in Deutschland. Bielefeld 2005.

3 Die Lebenssituation türkeistämmiger Einwanderer in Deutschland

Die Analyse der Befragungsergebnisse[56] im folgenden Hauptteil gliedert sich in sechs Kapitel: Das erste Kapitel stellt die soziodemographische Struktur der Befragten dar. Neben Geschlecht, Alter und Familiensituation sind die Aufenthaltsdauer, die Religiosität und der Zuwanderungsgrund Faktoren, die die allgemeine Lebenssituation und die mentale Disposition beeinflussen können und die von daher Erklärungswert für den Stand der Integration in den vier Bereichen bieten, die in den daran anschließenden Kapiteln analysiert werden. Im zweiten Kapitel werden die Ergebnisse zur kognitiven Integration mit Blick auf den Bildungsstatus und die Sprachkenntnisse dargelegt. Im dritten Kapitel wird die strukturelle Integration über die Erwerbsbeteiligung, die berufliche Stellung und das Einkommen sowie die Einschätzung der wirtschaftlichen Lage beschrieben. Das vierte Kapitel widmet sich der identifikativen Integration bzw. der kulturellen Identität, die anhand der Staatsangehörigkeit, der Einbürgerungsabsicht, der Heimatverbundenheit, der Mediennutzung, des Interesses an Politik und der Rückkehrabsicht untersucht wird. Die gesellschaftliche Integration wird im fünften Kapitel analysiert. Kontakte zu Deutschen, Wohnumfeld und Vergemeinschaftung sollen hierzu Auskunft geben und werden vor dem Hintergrund der Debatte um die Existenz so genannter „Parallelgesellschaften" diskutiert. Der sechste Teil analysiert den Zusammenhang der Integrationsbereiche. Die Darstellung legt den Fokus auf die Ergebnisse für Deutschland 2008, für Zeitvergleiche wird auf die Daten zu Nordrhein-Westfalen zurückgegriffen.[57]

3.1 Soziodemographische Merkmale und Religiosität

Die Zuwanderung von Menschen aus der Türkei erfolgte in nennenswertem Umfang seit dem Anwerbeabkommen zwischen der Türkei und Deutschland 1961. Sie war gedacht als vorübergehende Arbeitsmigration und unterlag Bedingungen, die die deutsche Wirtschaft und Politik an Arbeitskräfte stellte, die man zur Überbrückung des wirtschaftsboombedingten Arbeitskräftemangels im Ausland insbesondere für unqualifizierte Tätigkeiten im produzierenden Gewerbe brauchte. Als 1973 die Arbeitsmigration eingestellt und der Familiennachzug rechtlich geregelt wurde, folgten den meist männlichen Arbeitern die Frauen und Kinder – doch nach wie vor unter der Maßgabe des zeitlich befristeten Arbeitsaufenthaltes in Deutschland, der sich allerdings verstetigte, nicht zuletzt, da aufgrund der ökonomischen Bedingungen in der Türkei eine Rückkehr immer wieder verschoben wurde. Diese

---

56 Zur Methodik der Erhebung und der Repräsentativität siehe Kapitel „Methodik" im Anhang.
57 Diese Vorgehensweise ist alternativlos, da die bundesweite Befragung nur einmalig im Jahr 2008 durchgeführt wurde. Wo Zahlen für NRW und Bund dargestellt werden, werden die Abweichungen zwischen den Ergebnissen 2008 dargestellt. Zur Übertragbarkeit der NRW-Zeitreihe auf die bundesweite Situation kann keine statistisch exakte Aussage gemacht werden. Die durchweg geringen Abweichungen zwischen NRW und Bund 2008 machen die Übertragbarkeit der wesentlichen Trends 1999-2008 auf die bundesweite Situation dessen ungeachtet wahrscheinlich.

Migrationsgeschichte prägt bis heute sowohl die mentale Disposition als auch die sozial-
strukturelle Zusammensetzung der türkeistämmigen Zuwanderer.[58]

Sozialstruktur

Die Sozialstruktur der befragten türkeistämmigen Migranten unterscheidet sich deutlich
von der Struktur der Deutschen, insbesondere in Bezug auf die Alterszusammensetzung
und die Familiensituation. Der durch die Migrationsgeschichte bedingte Männerüberschuss
ist nach wie vor vorhanden, wenngleich in sehr abgeschwächter Form: 52% der Befragten
in Deutschland sind männlich, 48% weiblich.

Das durchschnittliche Alter der erwachsenen türkeistämmigen Migranten in Deutschland liegt bei 40,4 Jahren und ist in den letzten Jahren kontinuierlich gestiegen. Die größte
Gruppe (46%) ist zwischen 30 und 44 Jahre, knapp ein Viertel (22%) ist zwischen 18 und
29 Jahre alt. Der Anteil der Befragten ab 60 Jahre beträgt 12% und liegt noch immer weit
unter dem Seniorenanteil in der deutschen Bevölkerung.[59]

Die Haushaltsstruktur unterscheidet sich, zum Teil bedingt durch die Altersstruktur
und unterstützt durch kulturelle Faktoren, ebenfalls deutlich von der deutschen Bevölkerung und ist relativ stabil. Türkeistämmige Migranten sind sehr viel stärker als Einheimi-
sche in familiäre Strukturen eingebunden: Im Durchschnitt leben in den türkischen Haushalten 3,8 Personen, in den deutschen Haushalten sind dies nur 2,1 Personen[60]. In 60% der
Haushalte leben Kinder unter 18 Jahren, im Durchschnitt aller Haushalte 1,2. 76% der Befragten haben eigene, auch erwachsene Kinder, im Durchschnitt 2,1.

Die durchschnittliche Aufenthaltsdauer liegt bei 25 Jahren. Lediglich 1% der Befragten leben weniger als drei Jahre und weitere 6% zwischen vier und neun Jahre in Deutschland. Zwei Drittel der Migranten leben 20 Jahre und länger hier. Der Anteil derer, die aufgrund einer eigenen Arbeitsmigration nach Deutschland kamen, liegt jedoch nur noch bei
11%. Gut ein Drittel (38%) reiste als Ehepartner nach, ein Viertel kam im Zuge der Familienzusammenführung als Kind nach Deutschland. Gut ein Fünftel der erwachsenen Befragten ist bereits in Deutschland geboren.

Die Migrationsforschung schreibt der Zuwanderergenerationszugehörigkeit von Migranten aufgrund der unterschiedlichen Sozialisationsbedingungen eine wichtige Rolle zur
Erklärung von Assimilations- und Akkulturationsprozessen zu: So trafen diejenigen
Migranten, die in der Zeit des Anwerbeabkommens zwischen 1961 und 1973 im erwachsenen Alter als „Gastarbeiter" und als deren Ehepartner zum kurz- oder mittelfristigen Ar-
beitsaufenthalt nach Deutschland kamen, auf eine geschlossene deutsche Gesellschaft, die
sie sozial unterschichteten, da sie in der Regel als an- und ungelernte Arbeiter in der verar-
beitenden Industrie eingesetzt wurden. Ziel des Aufenthaltes war es, möglichst viel Geld zu
verdienen und zu sparen, nicht jedoch, sozial aufzusteigen oder sich beruflich weiterzuent-
wickeln – dies sollte nach der Rückkehr in der Türkei erfolgen. Es gab keine türkische
Infrastruktur, keine „Community". Der Aufenthalt war scheinbar zeitlich begrenzt, von
Integration oder auch nur dem Erlernen der deutschen Sprache war keine Rede. Für die
Nachfolgegenerationen gelten ganz andere Rahmenbedingungen: Sie wurden in Deutsch-

---

58 Vgl. hierzu ausführlich Goldberg, Andreas/Halm, Dirk/Şen, Faruk: Die deutschen Türken. Münster 2005.
59 Laut Mikrozensus 2007 sind 20% der Bevölkerung in Deutschland 65 Jahre und älter.
60 Siehe Mikrozensus 2007.

Tabelle 1: Soziodemographische Merkmale 2008 (Spaltenprozent)

	NRW		Deutschland	
	Anzahl	**Prozent**	**Anzahl**	**Prozent**
Geschlecht				
Männlich	513	51,3	520	52,0
Weiblich	487	48,7	480	48,0
Alter				
Unter 30 Jahre	234	23,4	220	22,0
30 bis 44 Jahre	483	48,3	458	45,8
45 bis 59 Jahre	173	17,3	206	20,6
60 Jahre und älter	110	11,0	117	11,7
Mittelwert[61] (Jahre)	39,5		40,4	
Haushaltsgröße (Mittelwert)	3,8		3,8	
Kinder pro Haushalt (Mittelwert)	1,2		1,2	
Anzahl eigener Kinder (Mittelwert)	2,0		2,1	
Familienstand				
Ledig	178	17,8	167	16,7
Verheiratet	775	77,6	793	79,3
Verwitwet/Geschieden	46	4,6	38	3,8
Aufenthaltsdauer in Deutschland				
Bis 3 Jahre	16	1,6	12	1,2
4 bis 9 Jahre	70	7,0	61	6,2
10 bis 19 Jahre	257	25,7	258	26,0
20 und mehr Jahre	657	65,7	660	66,6
Mittelwert (Jahre)	25,1		25,1	
Zuwanderungsgrund				
Gastarbeiter	118	11,8	110	11,0
Flüchtling/Asylbewerber	12	1,2	10	1,0
Familienzusammenführung als Ehepartner	341	34,1	375	37,5
Familienzusammenführung als Kind	260	26,0	264	26,4
Studium oder Ausbildung	18	1,8	26	2,6
In Deutschland geboren	251	25,1	216	21,6
Zuwanderergenerationszugehörigkeit				
Erste Generation	189	18,9	189	18,9
Nachfolgegeneration	511	51,1	481	48,1
Heiratsmigranten der Nachfolgegeneration	270	27,0	295	29,5
Nicht zuordenbar	30	3,0	34	3,4
Gesamt	1.000	100	1.000	100

land sozialisiert, treffen auf eine zunehmend ausgebaute türkische Infrastruktur, ihre Bleibeabsicht hat sich verstetigt und die „Rückkehr" ist eher eine mentale Option denn ein konkreter Plan. Der Anspruch auf soziale und wirtschaftliche, aber auch politische Teilhabe ist gewachsen, ebenso wie die Erwartungen der Mehrheitsgesellschaft hinsichtlich ihrer Assimilierung.[62] Daher ist es für die weitere Analyse hilfreich, die Befragten anhand der Angaben zu Alter, Aufenthaltsdauer, Zuzugsalter und Zuwanderungsgrund einer Zuwande-

---

61 Mittelwert = arithmetisches Mittel.
62 Vgl. Esser, Hartmut: Nur eine Frage der Zeit? Zur Frage der Eingliederung von Migranten im Generationen-Zyklus und zu einer Möglichkeit, Unterschiede hierin theoretisch zu erklären. In: Esser, Hartmut/Friedrichs, Jürgen (Hrsg.): Generation und Identität. Theoretische und empirische Beiträge zur Migrationssoziologie. Opladen 1990, S. 73-100; Nauck, Bernhard/Steinbach, Anja: Intergeneratives Verhalten und Selbstethnisierung von Zuwanderern. Gutachten für die Unabhängige Kommission „Zuwanderung". Chemnitz 2001.

rergeneration zuzuweisen. Ziel dieser Einteilung ist auch, diejenigen Migranten, die als Ehepartner der zweiten und dritten Generation als so genannte Heiratsmigranten nach Deutschland eingereist sind, von den in Deutschland aufgewachsenen oder geborenen Nachfolgegenerationsangehörigen zu unterscheiden, da zwischen diesen Gruppen erhebliche Unterschiede im Grad der Integration erwartet werden. Es wurde unterschieden in die erste Generation (Zuwanderer, die als Arbeitsmigranten oder deren Ehegatten einreisten), die Nachfolgegeneration[63] (in Deutschland geborene oder aufgewachsene Kinder von Arbeitsmigranten) und Heiratsmigranten (als Erwachsene im Zuge des Ehegattennachzugs nach 1973 eingereiste Zuwanderer).[64]

Legt man diese Einteilung zugrunde, sind in Deutschland 19% der ersten Zuwanderergeneration zuzuordnen, die Hälfte (48%) der erwachsenen Migranten zählt zu den Nachfolgegenerationen, und 30% werden als nachgereiste Ehepartner der zweiten Generation (Heiratsmigranten) definiert. Nicht zugeordnet werden konnten 34 Befragte (3%).

Türkeistämmige Migranten in Nordrhein-Westfalen unterscheiden sich in den soziodemographischen Merkmalen nur wenig von den türkeistämmigen Migranten in ganz Deutschland. Unter den Befragten auf Bundesebene sind etwas mehr Migranten der Altersgruppe 45 bis 59 Jahre und etwas weniger der Altersgruppe 30 bis 44 Jahre. Dadurch ist der Altersdurchschnitt der erwachsenen Befragten auf Bundesebene um knapp ein Jahr höher. Dieser Unterschied ergibt sich auch aus dem Mikrozensus (siehe Methodenteil im Anhang). Weitere nennenswerte Unterschiede ergeben sich beim Zuwanderungsgrund und damit auch bei der Generationszugehörigkeit: In Nordrhein-Westfalen liegt die Quote der in Deutschland Geborenen um 3,5 Prozentpunkte höher als auf Bundesebene, dort sind die türkeistämmigen Zuwanderer entsprechend häufiger als Ehepartner nachgereist. Somit ist der Anteil der nachgereisten Ehepartner der zweiten Generation in Deutschland höher (+2,5 Prozentpunkte) und der Anteil der Nachfolgegeneration niedriger (-3 Prozentpunkte) als in

---

63 Es ist nicht möglich, die über den Familiennachzug nach Deutschland eingereisten Ehepartner eindeutig als erste Generation oder als Ehepartner der zweiten Generation zu identifizieren. Der notwendigerweise zu ziehende Schnitt bei heute 50 Jahren wurde gewählt, da „Gastarbeiter" heute mindestens 55 Jahre alt sein müssen und von einer ähnlichen Altersstruktur (+/- 5 Jahre) der Ehepartner ausgegangen wird, Ehepartner der ersten Generation also 50 Jahre oder älter sein müssen, Ehepartner der zweiten Generation jedoch jünger als 50 Jahre.

64 Die Zuwanderergenerationszugehörigkeit wurde wie folgt definiert: Diejenigen Migranten, die 2008 mindestens 55 Jahre alt sein müssen, wenn sie 1973 volljährig waren, und ihre – möglicherweise auch nach 1973 über den Familiennachzug eingereisten Ehefrauen, die 50 Jahre und älter (bei Unterstellung einer ähnlichen Altersstruktur der Ehepartner +/- 5 Jahre) sind –, werden als erste Generation bezeichnet: Beide Ehepartner sind in der Türkei sozialisiert, als Erwachsene immigriert, unter Maßgabe eines zeitlich befristeten Aufenthaltes, der sich dann unbeabsichtigt verstetigt und zur Herausbildung einer eigenen Infrastruktur und Kultur („Community") geführt hat, die sich von der Kultur in der Türkei inzwischen unterscheidet. Als Nachfolgegeneration werden die Kinder dieser Gastarbeiter definiert, also solche Befragte, die angaben, im Zuge des Familiennachzugs als Kind nach Deutschland gereist oder hier geboren zu sein, und deren Einreisealter unter 18 Jahre liegt. Sie haben im Unterschied zu ihren Eltern zumindest einen Teil ihrer Sozialisation in Deutschland erfahren und unterscheiden sich daher von der ersten Generation. Als gesonderte Gruppe wurden diejenigen Personen betrachtet, die als erwachsene Ehepartner nachreisten, aber heute jünger als 50 Jahre sind. Hier ist davon auszugehen, dass es sich überwiegend um Ehepartner der zweiten Generation handelt. Ihre Lebenssituation passt weder zu der der ersten noch der zweiten Generation, denn sie wurden zwar in der Türkei sozialisiert und migrierten selbst, doch trafen und treffen sie auf völlig andere Umstände als die erste Generation. Seit Mitte der 1980er Jahre hat sich die türkische Community mit ihrer Infrastruktur herausgebildet, zugleich hat sich jedoch die Kultur der türkeistämmigen Migranten in Deutschland weiterentwickelt und stimmt nicht mehr mit der in der Türkei überein. Die in Deutschland aufgewachsenen Ehepartner der Heiratsmigranten haben eine andere Sozialisation erfahren als sie selbst. Der Aufenthalt der Migranten hat sich verstetigt, die Ehepartner der zweiten Generation migrieren also von vornherein auf Dauer.

NRW. Weder die Zusammensetzung nach Geschlecht noch die Haushaltsstruktur, der Familienstand oder die Aufenthaltsdauer lassen nennenswerte Unterschiede erkennen.

Die soziodemographischen Merkmale der türkischen Community in NRW zeigen seit 1999 leichte Veränderungen in Richtung einer vorsichtigen Angleichung an die Struktur der deutschen Bevölkerung, wenngleich noch zahlreiche Besonderheiten, die zum Teil aus der Migrationsgeschichte resultieren, sichtbar sind.[65] Der aus der Gastarbeiterzeit stammende Männerüberschuss hat sich abgeschwächt. Der geringe Anteil an Senioren, ebenfalls bedingt durch die Migrationsgeschichte, steigt nun deutlich an. Die ehemaligen Arbeitsmigranten kommen zunehmend ins Rentenalter.

Zugleich verändert sich das Verhältnis von erster und Nachfolgegeneration weiter. Der Anteil der ehemaligen Gastarbeiter sinkt immer stärker, der Anteil der hier Geborenen und der als Kind Nachgereisten steigt, ebenso wie der Anteil der in der Türkei aufgewachsenen Heiratsmigranten der zweiten Generation. Die alters- und möglicherweise kulturell bedingte starke Einbindung in familiäre Strukturen verändert sich nur wenig, weist aber dabei eine leichte Angleichung an die deutschen Verhältnisse auf, die jedoch von der Verteilung unter den Deutschen noch weit entfernt ist. Zugleich nimmt der Anteil der Unter-30-Jährigen ab. Dies ist wohl einerseits auf eine gesunkene Geburtenrate der türkeistämmigen Zuwanderer und andererseits auf den stark zurückgegangenen Nachzug von Kindern und jungen Erwachsenen zurückzuführen.

Religiosität

In der Diskussion um die Integration eines Teils der Zuwanderer in Deutschland – nämlich der muslimischen – wird der Religion eine bedeutende Rolle zugeschrieben. Nicht selten gilt sie als Grund für Integrationsdefizite und die Herausbildung von Parallelgesellschaften, wobei Kultur und Religion in der Wahrnehmung häufig vermischt werden.[66] Zu beobachten ist ein Begriffswandel weg von der nationalen hin zur religiösen Klassifizierung von Zuwanderern – aus den Türken wurden Muslime, aus türkischer oder ausländischer Kultur wurde muslimische Kultur. Bis zur Jahrtausendwende wurde weder dem Islam noch seinen Organisationen in Deutschland besondere Aufmerksamkeit zuteil, der Religiosität der Zuwanderer schien keine besondere Rolle zuzukommen. Erst seitdem mit den Terroranschlägen in den USA von 2001 der islamische Fundamentalismus zu einem zentralen Sicherheitsrisiko für die westlichen Industrienationen wurde, wird dem Islam, seiner Institutionalisierung und seinen Ausprägungen in Deutschland zunehmend Aufmerksamkeit geschenkt, und dies verstärkt unter sicherheitspolitischen Vorzeichen.[67] Mit dem Islam wird häufig Fanatismus bis hin zu Terrorismus verknüpft, die Angst vor einer islamischen Radikalisierung verbunden und die muslimische Religion nicht selbstverständlich als vereinbar mit der pluralen westlichen Gesellschaft gesehen.[68] Dabei hat die Religiosität der Muslime in

---

65 Siehe Anhang Tabelle 22.
66 Vgl. hierzu ausführlicher Schiffauer, Werner: Parallelgesellschaften: Wie viel Wertekonsens braucht unsere Gesellschaft? Für eine kluge Politik der Differenz. Bielefeld 2008, S. 15.
67 Siehe zur Analyse der entsprechenden Diskurse Halm, Dirk/Liakova, Marina/Yetik, Zeliha: Zur Wahrnehmung des Islams und der Muslime in der deutschen Öffentlichkeit 2000-2005. In: Zeitschrift für Ausländerrecht und Ausländerpolitik 5-6/2006, S. 199-206 und Hafez, Kai/Richter, Carola: Das Islambild von ARD und ZDF. In: Aus Politik und Zeitgeschichte 26-27/2007, S. 40-46.
68 Dies legt beispielsweise das Vorwort von Innenminister Wolfgang Schäuble zur Islamstudie des Innenministeriums nahe, das das Studienthema und die Studienergebnisse klar in diese eine Richtung interpretiert; vgl. Schäub-

Deutschland nach den Ergebnissen einer Bertelsmann-Studie nur für eine kleine Minderheit von 16% überhaupt Einfluss auf die politischen Einstellungen.[69] Die groß angelegte Studie von Katrin Brettfeld und Peter Wetzels zu Einstellungen von Muslimen in Deutschland weist mit einem Radikalisierungspotenzial von 14% der Befragten[70] einen Wert auf, der der Größendimension radikaler Einstellungen in anderen Bevölkerungsgruppen in Deutschland entspricht.[71]

Erwartungsgemäß gehört die überwiegende Mehrheit der türkeistämmigen Migranten in Deutschland mit 95% dem muslimischen Glauben an. Unter diesen wiederum definieren sich 87% als Sunniten, 12% als Aleviten und 1% als Schiiten. Christen und andere Glaubensrichtungen machen insgesamt 1% aus. 2% der Befragten gaben an, keiner Glaubensgemeinschaft anzugehören.

Tabelle 2: Religionszugehörigkeit (Spaltenprozent) 2008

	NRW	Deutschland
Religionszugehörigkeit		
Muslime	95,4	95,2
Davon: Sunnitisch	90,0	87,3
Alevitisch	9,3	11,6
Schiitisch	0,7	1,1
Christen	0,1	0,2
Andere Glaubensgemeinschaft	0,4	0,7
Keine Glaubensgemeinschaft	1,9	1,5
Keine Angabe	2,2	2,4

Die Zusammensetzung nach Glaubensgemeinschaftszugehörigkeit der türkeistämmigen Zuwanderer in NRW unterscheidet sich kaum von der auf Bundesebene, in NRW ist der Anteil der Sunniten unter den Muslimen etwas höher und der Anteil der Aleviten etwas geringer als in Gesamtdeutschland. Der Anteil der sich zum Islam bekennenden Befragten stieg in NRW bis 2005 tendenziell leicht. 2006 sank der Anteil im Vergleich zum Vorjahr leicht um drei Prozentpunkte, 2008 stieg er um einen Prozentpunkt. Insgesamt sind diese Zahlen im zehnjährigen Untersuchungszeitraum trotz leichter Schwankungen stabil geblieben.[72]

---

le, Wolfgang: Vorwort. In: Brettfeld, Katrin/Wetzels, Peter: Muslime in Deutschland. Integration, Integrationsbarrieren, Religion sowie Einstellungen zu Demokratie, Rechtsstaat und politisch-religiös motivierter Gewalt – Ergebnisse von Befragungen im Rahmen einer multizentrischen Studie in städtischen Lebensräumen. Hamburg 2007.

69 Bertelsmann-Stiftung: Religionsmonitor 2008. Muslimische Religiosität in Deutschland. Überblick zu religiösen Einstellungen und Praktiken. Gütersloh 2008, S. 8.

70 Brettfeld, Katrin/Wetzels, Peter: Muslime in Deutschland. Integration, Integrationsbarrieren, Religion sowie Einstellungen zu Demokratie, Rechtsstaat und politisch-religiös motivierter Gewalt – Ergebnisse von Befragungen im Rahmen einer multizentrischen Studie in städtischen Lebensräumen. Hamburg 2007, S. 191.

71 Wobei beim Vergleich unterschiedlicher Studien aufgrund der abweichenden Methodiken Vorsicht geboten ist. Siehe zu einer Übersicht über entsprechende Erhebungen in der deutschen Bevölkerung: Bromba, Michael/Edelstein, Wolfgang: Das anti-demokratische und rechtsextreme Potential unter Jugendlichen und jungen Erwachsenen in Deutschland. Expertise im Auftrag des Bundesministeriums für Bildung und Forschung 2001.

72 Siehe Anhang Tabelle 23.

Da es für die Zugehörigkeit zum muslimischen Glauben keine formale Mitgliedschaft (und somit auch keinen formalen Ein- oder Austritt) gibt, sagt die Zugehörigkeit zur Religionsgemeinschaft nicht viel über die religiöse Bindung aus. Deshalb wurden die Befragten nach dem Grad ihrer Religiosität gefragt.

Abbildung 2: Selbsteinschätzung der Religiosität (Prozentwerte) 2008

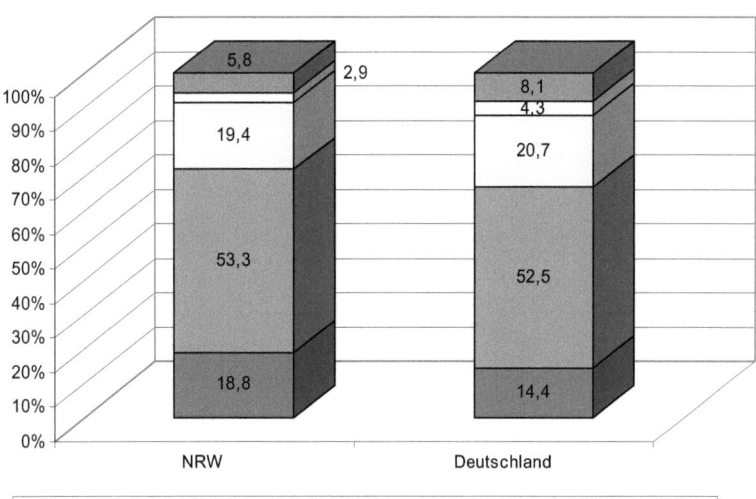

Die Mehrheit der Befragten in Deutschland definiert sich nicht nur formal dem Islam zugehörig, sondern auch emotional. Mehr als die Hälfte (53%) sehen sich selbst als eher religiös und 14% als sehr religiös. 21% fühlen sich selbst als eher nicht religiös und 4% als gar nicht religiös.

Die Selbsteinschätzung der Religiosität ergibt eine etwas geringere Gläubigkeit auf Bundesebene im Vergleich zu NRW. Auf Bundesebene definieren sich 5% weniger als in NRW als sehr religiös, allerdings machen hier die Befragten häufiger keine Angabe. Bezieht man nur diejenigen ein, die Angaben zu ihrer Religiosität gemacht haben (NRW N = 942, Deutschland N = 919), ergeben sich auf Bundesebene 73% sehr und eher Religiöse, in NRW sind dies 76%. In der Größendimension der Religiosität der türkeistämmigen Migranten in NRW und in Deutschland ergibt sich insgesamt kein wesentlicher Unterschied.

Im Jahr 2003 hatte sich – bezogen auf NRW – eine deutliche Zunahme der Religiosität bemerkbar gemacht, nachdem bereits 2002 ein leichter Anstieg festgestellt worden war. 2004 und 2005 stieg die Religiosität leicht weiter, 2006 sank der Anteil der sehr und eher Religiösen jedoch. 2008 ist wiederum ein leichter Anstieg zu beobachten, der ungefähr auf das Niveau von 2005 führt. Insgesamt liegt der Anteil der sehr und eher Religiösen 2008 zusammengenommen in NRW bei 72%, im Jahr 2000 betrug er nur 57%. Diese Veränderung zeigt sich auch im Vergleich der Mittelwerte der Religiosität[73]: In den Jahren 2000 und 2001 lag der Mittelwert bei 2,5 auf der vierstelligen Skala (1 = gar nicht religiös, 4 = sehr religiös), 2002 stieg er auf 2,6, 2003 lag er bei 2,8 und 2004 und 2005 ergab sich ein Mittelwert von 2,9, 2006 sank er leicht auf 2,8. 2008 liegt er wie 2005 bei 2,9.

Abbildung 3: Grad der Religiosität im Zeitvergleich 2000 bis 2008 – nur NRW (Prozentwerte)

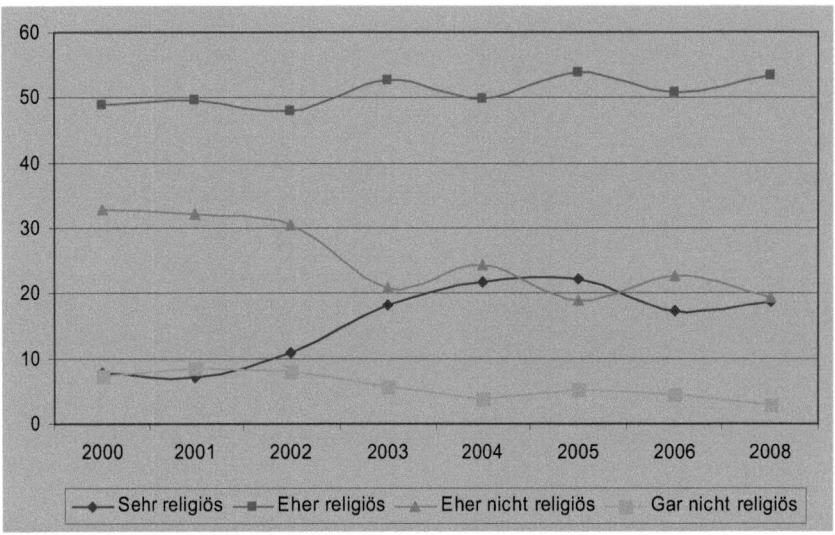

Über die Ursachen der Zunahme der Religiosität gibt die Mehrthemenbefragung keine Auskunft. Möglich ist, dass die stärkere Hinwendung zur Religion auch aus Angst vor einem Identitäts- und Werteverlust im Zuge der fortdauernden Migration und aufgrund des latenten, durch die Diskussion um das Zuwanderungsgesetz und die Bekämpfung des islamistischen Terrorismus gestiegenen Assimilationsdrucks erfolgt und die Religion nun ihr Potential als starke Identitätsstifterin ausspielt.[74] Es gibt Hinweise darauf, dass der 11. September 2001 und die seitdem stattfindende Diskussion um das Wesen des Islams und seine Vereinbarkeit mit modernen Gesellschaften zu einer verstärkten Auseinandersetzung der Muslime mit ihrem Glauben sowie einer stärkeren Hinterfragung ihrer Gläubigkeit und als Resultat zu einer verstärkten Identifikation damit geführt hat, insbesondere bei jüngeren Migranten.[75] Zudem wächst das Selbstbewusstsein der muslimischen Organisationen in

---

73 Dabei wird der Kategorie „sehr religiös" der Wert 4, „eher religiös" der Wert 3, „eher nicht religiös" der Wert 2 und „gar nicht religiös" der Wert 1 zugewiesen, so dass eine vierstellige ordinale Skala mit dem Mittelpunkt 2,5 entsteht. Je höher der Wert, desto stärker die Religiosität.

74 Vgl. hierzu auch: Tiesler, Nina Clara: Muslime in Europa. Religion und Identitätspolitiken unter veränderten gesellschaftlichen Verhältnissen. Münster 2006. Siehe auch Hammeran, Regine/Baspinar, Deniz: Selbstbild und Mediennutzung junger Erwachsener mit türkischer Herkunft. In: Westdeutscher Rundfunk (Hrsg.): Zwischen den Kulturen. Fernsehen, Einstellungen und Integration junger Erwachsener mit türkischer Herkunft in Nordrhein-Westfalen. Köln 2006, S. 4-15.

75 Siehe zu diesem Argument Halm, Dirk: Der Islam als Diskursfeld. Bilder des Islams in Deutschland. Wiesbaden 2008.

Deutschland ebenso wie ihre Sichtbarkeit, was möglicherweise ebenfalls zu einer intensiveren Auseinandersetzung und damit zu einer stärkeren Identifikation der Muslime mit ihrem Glauben führt.

Ein in den ersten Mehrthemenbefragungen in NRW festgestellter Alterszusammenhang zur Religiosität – je älter, desto höher war der Anteil der Religiösen – scheint sich durch die zunehmende Auseinandersetzung insbesondere der jungen Migranten mit der Religiosität und die in der Folge stattfindende stärkere Hinwendung zum Glauben nivelliert zu haben. Zwar findet sich der höchste Anteil eher und sehr Religiöser in der ältesten Gruppe, jedoch ist ihr Anteil unter den beiden jüngeren Gruppen höher als in der Gruppe der 45- bis 59-Jährigen. Diese Altersgruppe weist den geringsten Anteil Religiöser auf.

Deutschlandweit zeigt sich in der jüngsten Gruppe der höchste Anteil Religiöser, er liegt um 3 Prozentpunkte höher als in der gleichen Altersgruppe in NRW, obwohl generell die Religiosität deutschlandweit geringer als in NRW ist. Auch in Gesamtdeutschland ist die Altersgruppe 45 bis 59 Jahre am seltensten religiös, die älteste Gruppe ist jedoch deutlich weniger religiös als in NRW. Die Unterschiede zwischen den einzelnen Altersgruppen sind in Deutschland insgesamt etwas größer als in NRW.

Tabelle 3: Religiosität nach Altersgruppen 2008 (Zeilenprozent)

	NRW		Deutschland	
	Sehr und eher religiös	Eher nicht und gar nicht religiös	Sehr und eher religiös	Eher nicht und gar nicht religiös
Altersgruppen				
Unter 30 Jahre	71,8	22,6	74,9	20,5
30 bis 44 Jahre	72,0	21,1	66,5	24,5
45 bis 59 Jahre	67,1	28,3	59,7	32,0
60 Jahre und älter	79,1	17,3	66,7	23,1
Gesamt*	71,9	22,3	67,0	25,0

* Fehlend zu 100% = Keine Angabe

Die Aufenthaltsdauer zeigt sowohl für NRW als auch in Deutschland, dass sich erst sehr kurz in Deutschland lebende Zuwanderer (bis 3 Jahre) deutlich seltener religiös definieren als bereits länger hier lebende. Dies kann ein Hinweis darauf sein, dass das Leben in der Diaspora durchaus Einfluss auf den Grad der subjektiven Religiosität nimmt.[76] Allerdings unterscheiden sich diejenigen, die länger in Deutschland leben, nicht mehr wesentlich voneinander, so dass mit der Dauer des Aufenthaltes die Religiosität nicht linear steigt. Frauen definieren sich häufiger als Männer als sehr und eher religiös, ein Befund, der übrigens auch für Christen gilt.[77] Haben die Befragten die Schule in der Türkei absolviert, sinkt mit

---

76 Es bleibt hier aber letztendlich bei einer Plausibilitätserwägung. Die oben erwähnten Diasporaeinflüsse auf die Entwicklung von Religiosität zu messen ist ein komplexes Unterfangen. Insbesondere ist es oft selbst in narrativen Interviews schwer, die Einflüsse der Diaspora von anderen zu isolieren. Eine qualitative Studie im Rahmen des Religionsmonitors der Bertelsmann-Stiftung ergibt nur wenige Hinweise auf einen bewussten Einfluss der Migrationssituation auf die eigene Religiosität (vgl. Halm, Dirk/Sauer, Martina/Aver, Caner: Religiosität türkeistämmiger Muslime im Ruhrgebiet. Unveröffentlichtes Manuskript 2008). Möglicherweise geschieht die Beeinflussung der Religiosität in der Migration auch nur vermittelt, über die Veränderung anderer Merkmale von Individuen und Gruppen.
77 Siehe zur Religiosität von Christen in Deutschland Bertelsmann-Stiftung: Religionsmonitor 2008. Gütersloh 2007, S. 44ff.

steigendem Bildungsniveau der Anteil der Religiösen. Für die Abschlüsse in Deutschland gilt dies bedingt, da Migranten in NRW mit mittlerer Reife bzw. Fachabitur den höchsten Anteil Religiöser zeigen, Zuwanderer mit Abitur zugleich den geringsten. Es besteht also offenbar ein Zusammenhang zwischen dem Erlangen höherer Bildung in der Türkei und einer Abwendung von der Religion, den es in der deutschen Bildungssozialisation so nicht gibt.[78]

3.2 Kognitive Integration – Sprache, Schule, Beruf

Die Eingliederung in das Wirtschaftssystem des Ankunftslandes, die strukturelle Integration, gilt in der Migrationsforschung als Schlüsselbereich des gesamten Integrationsverlaufs.[79] Bleiben in diesem Bereich erhebliche Differenzen zwischen Mehrheits- und Einwanderergesellschaft auf Dauer bestehen und unterschichten Migranten auch in Nachfolgegenerationen die Mehrheitsgesellschaft, wird auch die gesellschaftliche und identifikative Integration eher unwahrscheinlich. Zugleich ist die im Folgenden behandelte kognitive Integration die zentrale Voraussetzung für die strukturelle Integration[80] – Schul- und Berufsausbildung einschließlich deutscher Sprachkenntnisse sind die zentralen Voraussetzungen für die Eingliederung in den Arbeitsmarkt. Ohne formale Schulabschlüsse ist eine Berufsausbildung kaum möglich, ohne Berufsausbildung ist die Wahrscheinlichkeit, von Arbeitslosigkeit betroffen zu sein, deutlich erhöht.[81] Darüber hinaus werden über die Schulbildung kognitive Fähigkeiten im Umgang mit der Mehrheitsgesellschaft vermittelt, die neben dem Bereich des Arbeitsmarktes zur gesellschaftlichen und identifikativen Integration beitragen können. Bildung gilt daneben als ein zentraler Faktor für die mentale Disposition und für die geistige Offenheit und als wichtige Einflussgröße für die Herausbildung von Orientierungen, Einstellungen und Meinungen. Bildung ist in Wissensgesellschaften eine zentrale Voraussetzung für eine eigenständige Lebensführung.[82]

---

78 Siehe Anhang Tabelle 1.
79 Vgl. hierzu Esser, Hartmut: Integration und ethnische Schichtung. Arbeitspapier Mannheimer Zentrum für Europäische Sozialforschung Nr. 40. Mannheim 2001. Siehe auch: Bundesministerium für Arbeit und Soziales (Hrsg.): Nationaler Integrationsplan, Arbeitsgruppe 3 „Gute Bildung und Ausbildung sichern – Arbeitsmarktchancen erhöhen". Abschlussbericht. Berlin 2007; Die Beauftragte der Bundesregierung für Migration, Flüchtlinge und Integration: 7. Bericht der Beauftragten der Bundesregierung für Migration, Flüchtlinge und Integration über die Lage der Ausländerinnen und Ausländer in Deutschland. Berlin 2007; Filsinger, Dieter: Bedingungen erfolgreicher Integration – Integrationsmonitoring und Evaluation. Expertise im Auftrag der Friedrich-Ebert-Stiftung. Bonn 2008, S. 8f; Micus, Matthias/Walter, Franz: Mangelt es an „Parallelgesellschaften"? In: Frech, Siegfried/Meier-Braun, Karl-Heinz (Hrsg.): Die offene Gesellschaft. Zuwanderung und Integration. Schwalbach 2007, S. 110; Woellert, Franziska/Kröhmer, Steffen/Sippel, Lilli/Klingholz, Reiner: Ungenutzte Potenziale. Zur Lage der Integration in Deutschland. Hrsg. vom Berlin-Institut für Bevölkerung und Entwicklung. Berlin 2009, S. 36.
80 Beispielhaft hier: Bundesministerium für Bildung und Forschung: Berufsbildungsbericht 2005. Berlin 2005; Diefenbach, Heike: Kinder und Jugendliche aus Migrantenfamilien im deutschen Bildungssystem. Wiesbaden 2007; Konsortium Bildungsberichterstattung: Bildung in Deutschland. Hrsgg. vom Bundesministerium für Bildung und Forschung. Berlin 2006.
81 Vgl. Konsortium Bildungsberichterstattung: Bildung in Deutschland. Hrsgg. vom Bundesministerium für Bildung und Forschung. Berlin 2006.
82 So Filsinger, Dieter: Bedingungen erfolgreicher Integration – Integrationsmonitoring und Evaluation. Expertise im Auftrag der Friedrich-Ebert-Stiftung. Bonn 2008, S. 13.

Gelingende Integration setzt Zugang zu (weiterführender) Bildung voraus. Ungleichheit in der Bildungsteilhabe hängt in Deutschland in weit höherem Maß als in anderen europäischen Ländern von der sozialen Herkunft und dem Migrationshintergrund ab.[83] Auch wenn Zuwanderer der Nachfolgegeneration deutlich höhere Bildungsabschlüsse erreichen als die der ersten Generation, besteht nach wie vor ein erhebliches Defizit zur deutschen Gesellschaft.[84] Ein weiteres Problem stellt die Nichtanerkennung von im Ausland erworbenen Schul- und Ausbildungsabschlüssen dar.[85]

Fast die Hälfte (45%) aller erwachsenen türkeistämmigen Migranten in Deutschland hat die Schule in Deutschland besucht und/oder abgeschlossen. 52% haben ihren Abschluss in der Türkei erworben oder dort die Schule absolviert. Frauen haben etwa gleich häufig wie Männer die Schule in Deutschland besucht. Nach Altersgruppen ergeben sich deutlich ausgeprägte Differenzen: Von den Unter-30-Jährigen absolvierten 80% die Schule in Deutschland, von den 30- bis 44-Jährigen sind es 45%, unter den 45- bis-59-Jährigen noch 29%. Nach Generationszugehörigkeit zeigt sich dieser Zusammenhang ebenfalls deutlich. So hat erwartungsgemäß kein ehemaliger Gastarbeiter die Schule in Deutschland besucht, aber 89% der Nachfolgegeneration. Von den Heiratsmigranten haben nur wenige einen Schulabschluss in Deutschland nachgeholt. Auch die Aufenthaltsdauer zeigt enge Zusammenhänge zum Land des Schulbesuchs. Je länger die Migranten in Deutschland leben, desto höher wird der Anteil derjenigen, die die Schule in Deutschland besucht haben.[86]

Die Schulsysteme in Deutschland und der Türkei sind nicht ohne weiteres kompatibel: Die Ilkokul (Volksschule) umfasste bis 1997 fünf Schuljahre und war Pflicht. Die Ortaokul (Mittelschule) schloss sich mit den Schuljahren sechs bis acht an. Das Lise (Gymnasium) führte bis zur 11. Klasse und ist zwar Voraussetzung für ein Studium, berechtigt aber anders als das deutsche Abitur nicht dazu. Vor der Zulassung zum Studium muss eine Aufnahmeprüfung absolviert werden, für die es eigene (private) Vorbereitungskurse gibt. Seit 1997 umfasst die Ilkokul acht Pflichtschuljahre, die Ortaokul besteht nicht mehr, so dass das türkische Schulsystem heute nur noch zweigliedrig ist. Die Schulabschlüsse wurden deshalb getrennt nach Schulabschlussland erhoben.

Unter den Bildungsinländern in Deutschland erreichen 41% einen Hauptschulabschluss, 26% die Mittlere Reife, 5% einen Fachoberschul- oder Berufskollegabschluss, 5%

83 So die Ergebnisse beispielsweise von Stanat, Petra: Heranwachsende mit Migrationshintergrund im deutschen Bildungswesen. In: Cortina, Kai/Baumert, Jürgen/Leschinski, Achim/Mayer, Karl-Ulrich/Tromme, Luitgard (Hrsg.): Das Bildungswesen in der Bundesrepublik Deutschland. Hamburg 2008, S. 685-744; Baethge, Martin/ Kupka, Peter: Bildung und soziale Strukturierung. In: Soziologisches Forschungsinstitut/Internationals Institut für empirische Sozialökonomie (Hrsg.): Berichterstattung zur sozioökonomischen Entwicklung in Deutschland. Wiesbaden 2005, S. 17-210.

84 Vgl. Ministerium für Generationen, Familie, Frauen und Integration des Landes Nordrhein-Westfalen: Nordrhein-Westfalen: Land der neuen Integrationschancen 1. Integrationsbericht der Landesregierung. Düsseldorf 2008, S. 146f; Thränhardt, Dietrich/Wiggerink, Guido: Migrantenkinder und die Defizite des deutschen Schulsystems. In: Goldberg, Andreas/Halm, Dirk (Hrsg.): Integration des Fremden als politisches Handlungsfeld. Essen 2008, S. 59-80; Diefenbach, Heike: Kinder und Jugendliche aus Migrantenfamilien im deutschen Bildungssystem. Wiesbaden 2007, Woellert, Franziska/Kröhmer, Steffen/Sippel, Lilli/Klingholz, Reiner: Ungenutzte Potenziale. Zur Lage der Integration in Deutschland. Hrsgg. vom Berlin-Institut für Bevölkerung und Entwicklung. Berlin 2009; S. 36.

85 In diesem Sinn: Die Beauftragte der Bundesregierung für Migration, Flüchtlinge und Integration: 7. Bericht zur Lage der Ausländerinnen und Ausländer in Deutschland. Berlin 2007, S. 112ff.

86 Siehe Anhang Tabelle 2.

eine Fachhochschulreife und 15% das Abitur. Diejenigen Migranten, die die Schule in der Türkei absolviert haben, verfügen zu 40% über einen Abschluss der Ilkokul, zu 24% über einen Ortaokulabschluss und zu 28% über einen Liseabschluss. Im NRW-Zeitvergleich seit 2003[87] haben sich die Schulabschlüsse nur wenig verändert.

Prozentuiert man die Schulabschlüsse auf alle Befragte, erreichen in Deutschland gut ein Viertel keinen Abschluss oder einen Ilkokulabschluss und sind somit ohne qualifizierenden Schulabschluss. 19% verfügen über einen Hauptschulabschluss, 13% über einen Abschluss der Ortaokul und 12% über einen Realschulabschluss. 5% absolvierten eine Fachoberschule oder erreichten die Fachhochschulreife, 15% haben das Lise absolviert und 7% verfügen über das Abitur in Deutschland. In der deutschen Bevölkerung über 15 Jahre hatten im Jahr 2007 21 % einen Realschulabschluss und 24 % die Fachhochschul- oder Hochschulreife.[88]

Tabelle 4: Schulabschlüsse zusammengefasst (Prozentwerte) 2008

	NRW	Deutschland
Noch Schüler	2,1	3,2
Kein Abschluss/Ilkokul	27,6	26,4
Ortaokul	13,1	13,3
Lise	14,8	15,3
Hauptschule	16,5	18,5
Realschule	12,9	11,7
Fachoberschule/Fachabitur	5,4	4,7
Abitur	7,4	7,0

Die Differenzierung der Schulabschlüsse nach Altersgruppen zeigt erwartungsgemäß deutliche Unterschiede: Je älter die befragten Türkeistämmigen sind, desto höher ist der Anteil derjenigen, die keinen Abschluss haben oder nur die Grundschule bzw. Ilkokul besuchten. Der Anteil der Personen mit Abschlüssen in Deutschland sinkt zugleich mit zunehmendem Alter deutlich.

Betrachtet man die Schulbildung der jüngsten Generation, die in Deutschland die Schule besuchten, sind 11% noch Schüler, 25% haben die Hauptschule abgeschlossen, 34% die Realschule, 13% haben die Fachoberschule abgeschlossen oder ein Fachabitur erworben und 16% gaben an, das Abitur erreicht zu haben. Im Zeitvergleich in NRW[89] zeigt sich in dieser Gruppe eine leichte, aber sehr zögerliche Zunahme des Bildungsniveaus, der Anteil der Hauptschüler nimmt ab, der der Realschüler und Abiturienten nimmt zu. Das Bildungsniveau der Frauen in der jüngsten Altersgruppe, die ihre Schulausbildung in Deutschland absolviert haben, ist deutlich höher als das der entsprechenden Männer, sehr viel mehr Frauen verfügen über das Abitur und sehr viel weniger über einen Hauptschulabschluss.

---

87 Bis 2002 wurden die Schulabschlüsse in einem anderen Format erhoben, so dass längerfristige Betrachtungen nicht möglich sind.
88 Statistisches Bundesamt: Bildungsstand der Bevölkerung 2008. Wiesbaden 2008.
89 Siehe Anhang Tabelle 25.

Tabelle 5:   Schulabschlüsse der 18- bis 29-Jährigen Bildungsinländer nach Geschlecht
(Zeilenprozent) 2008

	Noch Schüler	Hauptschule	Realschule	Fachabitur	Abitur
Unter 30 Jahre					
NRW					
Männlich	9,4	22,4	34,1	17,7	12,9
Weiblich	14,0	15,1	30,1	10,8	30,1
Gesamt	11,8	18,5	32,0	14,0	21,9
Deutschland					
Männlich	10,6	29,8	35,1	12,8	8,5
Weiblich	10,7	19,0	32,1	13,1	25,0
Gesamt	10,7	24,7	33,7	13,0	16,3

Die Defizite der Schulausbildung setzen sich in der beruflichen Ausbildung fort: Über die
Hälfte aller türkeistämmigen Migranten in Deutschland hat keine berufliche Ausbildung,
ein knappes Viertel verfügt über eine schulische oder betriebliche Ausbildung, 4% haben
eine Meister- oder Technikerschule absolviert, 7% verfügen über eine Hochschulausbildung und 7% befinden sich derzeit in einer Berufsausbildung oder in einem Studium. Diese
Angaben umfassen möglicherweise auch Angaben zu Ausbildungen in der Türkei, die in
Deutschland nicht anerkannt sind. In der deutschen Bevölkerung ab 15 Jahre nannten demgegenüber im Jahr 2007 als höchsten Berufsabschluss 51% eine Lehre, 1% besaßen einen
Fachschulabschluss aus der DDR, 6% einen Fachoberschulabschluss, 12% einen Fachhoch-
schul- oder Hochschulabschluss. 30% hatten (noch) keinen beruflichen Abschluss.[90]

Tabelle 6:   Berufliche Ausbildung – gesamt und nach Geschlecht (Spaltenprozent) 2008

	Gesamt	Männlich	Weiblich
NRW			
Kein beruflicher Ausbildungsabschluss	51,0	47,6	54,6
Schulische oder betriebliche Ausbildung	28,3	28,7	27,9
Meisterbrief/Techniker/Fachakademie	6,4	7,6	5,1
Fachhochschulabschluss/Universitätsabschluss	6,6	9,2	3,9
Bin in beruflicher Ausbildung/Studium	7,0	6,0	8,0
Deutschland			
Kein beruflicher Ausbildungsabschluss	56,1	51,4	61,3
Schulische oder betriebliche Ausbildung	23,3	25,5	20,9
Meisterbrief/Techniker/Fachakademie	4,0	4,4	3,6
Fachhochschulabschluss/Universitätsabschluss	7,3	9,5	5,0
Bin in beruflicher Ausbildung/Studium	6,9	6,6	7,3

Türkische Frauen haben seltener als Männer eine Ausbildung absolviert, zugleich verfügen
sie in NRW inzwischen fast ebenso häufig wie Männer über eine schulische oder betriebli-

---

90 Statistisches Bundesamt: Bildungsstand der Bevölkerung 2008. Wiesbaden 2008.

che Ausbildung, bundesweit bestehen hier stärkere Unterschiede zwischen Männern und Frauen. Deutlich seltener verfügen Frauen jedoch über eine Hochschulausbildung. Bundesweit ist der Anteil der Frauen, die einen Uni-Abschluss haben, etwas höher als in NRW.

Der Zeitvergleich in NRW zeigt, dass, nach einem Rückgang des Anteils derjenigen ohne berufliche Ausbildung bis 2002,. diese Gruppe bis 2008 wieder leicht, aber stetig, wächst und heute auf dem Niveau von 1999 liegt. Zugleich steigt aber auch der Anteil derjenigen mit schulischer oder betrieblicher Ausbildung stetig an. Dies gilt jedoch nicht für die Hochschulausbildung. Hier zeigt sich seit 2004 ein abnehmender Trend.

Abbildung 4: Berufliche Ausbildung 1999 bis 2008 – nur NRW (Prozentwerte)

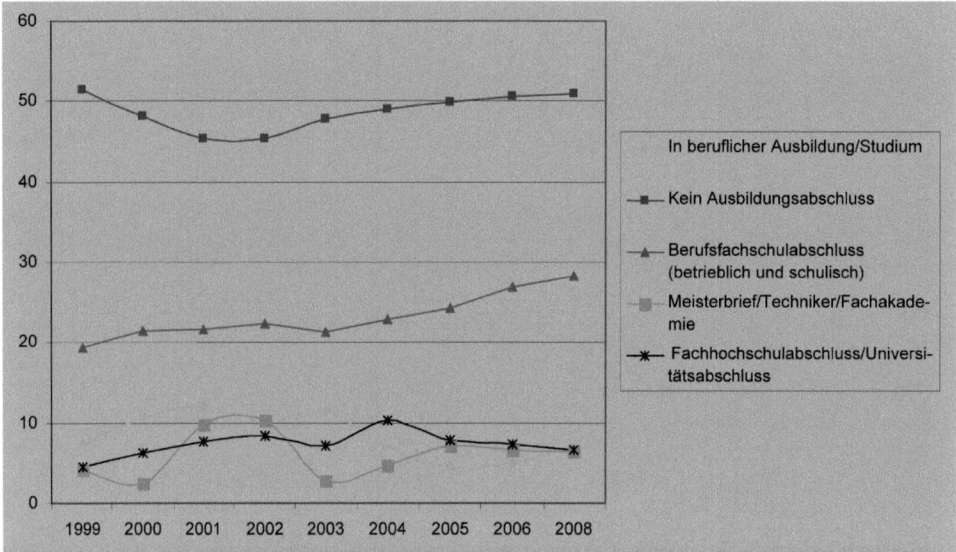

Erwartungsgemäß unterscheidet sich die berufliche Ausbildung nach Altersgruppen: Der Anteil derjenigen ohne Berufsausbildung ist in den jüngeren Altersgruppen deutlich geringer, dennoch sind auch unter den Unter-30-Jährigen in NRW noch 27% und bundesweit 34% ohne Berufsausbildung. Der Anteil derjenigen mit Lehre ist unter den Jüngeren am höchsten. Die Hochschulausbildung verteilt sich relativ gleichmäßig über die Altersgruppen, da hier auch Hochschulausbildungen in der Türkei erfasst sind und offensichtlich auch unter den „Gastarbeitern" eine Reihe Personen mit einer hoch qualifizierenden Ausbildung waren. Darüber hinaus befindet sich in NRW noch mehr als ein Viertel und bundesweit knapp ein Drittel der unter 30-Jährigen in einer Ausbildung, die hier in einer extra Kategorie zusammengefasst sind.[91]

Das Defizit sowohl in der beruflichen Ausbildung als auch in der Schulbildung der Migranten scheint sich in den letzten Jahren nicht wesentlich abzubauen. Allerdings steigt in der jüngsten Gruppe das Ausbildungsniveau doch langsam an und grundsätzlich ist das Ausbildungsniveau der Jüngeren im Vergleich zur älteren Generation wesentlich höher.

---

91 Siehe Anhang Tabelle 3.

Zentrale Voraussetzung für die Integration auf allen Ebenen sind gute Deutschkenntnisse. Ohne diese ist der Erwerb höherer Schul- und Ausbildungsabschlüsse fast unmöglich, eine Einbindung in den Arbeitsmarkt zumindest erschwert und eine qualifizierte Tätigkeit kaum auszuüben.[92] Häufig werden mangelhafte Deutschkenntnisse für die schlechte Bildungs- und Arbeitssituation der Migranten verantwortlich gemacht. Aber nicht nur im Arbeitsleben, sondern auch im alltäglichen Zusammenleben mit der Mehrheitsgesellschaft sind Deutschkenntnisse von erheblicher Bedeutung. So steigt die Akzeptanz durch die Mehrheitsbevölkerung enorm, wenn die Möglichkeit der problemlosen sprachlichen Verständigung besteht; Kontakte und somit Austausch werden nur möglich, wenn Deutschkenntnisse vorhanden sind.

Bis in die 1980er Jahre und darüber hinaus wurde wegen der vermeintlich befristeten Aufenthaltsdauer und dem niedrigen Beschäftigungsniveau als ungelernte Arbeiter weder von Seiten der Migranten noch von Seiten der Mehrheitsbevölkerung auf den Spracherwerb Wert gelegt. Es fand keine systematische Schulung statt und das Niveau der Deutschkenntnisse blieb niedrig. Im Zuge der Entstehung der zweiten Generation glaubten sowohl die Migranten als auch die Mehrheitsgesellschaft, das Sprachproblem werde sich durch die Einbindung der Kinder in das deutsche Bildungssystem von selbst lösen. Auch hier wurde eine gezielte Sprachschulung nicht für notwendig erachtet. Erst in den letzten Jahren wurde diesem Problem mehr Aufmerksamkeit geschenkt, da der automatische Spracherwerb der Kinder insbesondere in verdichteten Stadtteilen nicht immer funktioniert.

Da es kaum möglich ist, die Sprachkompetenz der erwachsenen Migranten flächendeckend objektiv, z.B. anhand eines Tests, zu messen, wurde in der telefonischen Befragung die subjektive Einschätzung der Sprachkenntnisse abgefragt. Zu berücksichtigen ist hierbei jedoch, dass der Anspruch an die eigene Sprachkompetenz und damit auch die Beurteilung individuell sehr unterschiedlich sein kann.[93]

Die eigenen Deutschkenntnisse werden in Deutschland bezogen auf das Verstehen von der Hälfte (51%) als gut eingeschätzt, 25% darunter sehr gut. Ein gutes Drittel geben ihre Deutschkenntnisse beim Verstehen mit mittelmäßig an und 14% meinen, sie verstünden Deutsch schlecht, darunter 3% sehr schlecht. Auch hinsichtlich des Sprechens geben die Hälfte gute oder sehr gute Kenntnisse an, 35% können mittelmäßig Deutsch sprechen und 16% meinen, nur schlecht oder sehr schlecht Deutsch zu sprechen. Beim Schreiben sinkt

---

92 Vgl. hierzu auch Bundesministerium für Arbeit und Soziales (Hrsg.): Nationaler Integrationsplan, Arbeitsgruppe 3 „Gute Bildung und Ausbildung sichern – Arbeitsmarktchancen erhöhen". Abschlussbericht. Berlin 2007; Bommes, Michael: Integration durch Sprache als politisches Konzept. In: Davy, Ulricke/Weber, Albrecht (Hrsg.): Paradigmenwechsel in Einwanderungsfragen? Überlegungen zum neuen Zuwanderungsgesetz, Baden-Baden 2006, S. 59-96; Kalter, Frank: Ethnische Kapitalien und der Arbeitsmarkterfolg Jugendlicher türkischer Herkunft. In: Soziale Welt 17/2007, S. 393-417.
93 Zur Validität subjektiver Sprachkompetenzmessungen bei Arbeitsmigranten siehe den grundlegenden Beitrag von Esser, Hartmut: Zur Validität subjektiver Sprachkompetenzmessungen bei Arbeitsmigranten. In: Sieverding, Ulrich (Hrsg.): Arbeitsmigrantenforschung in der Bundesrepublik Deutschland. Methodenprobleme der Datenerhebung. Frankfurt/Main 1985, S. 192-226 sowie Dustmann, Christian/van Soest, Arthur: Language Fluency and Earnings: Estimation with Misclassified Language Indicators. The Review of Economics and Statistics 83/2001, S. 663-674. Die Validität der Selbsteinschätzung für die Messung von Sprachkenntnissen ist nicht ganz klar, sie wird aber in der Sozialforschung weithin angewendet. Die Forschung geht davon aus, dass tatsächliche Sprachkenntnisse und Selbsteinschätzung eng zusammenhängen und insbesondere die statistische Operationalisierung in Form von ordinaler Skalierung zulässig sein sollte.

das Niveau noch etwas ab, hier sind es 47%, die ihre Schreibkenntnisse als gut oder sehr gut bezeichnen, 27% sehen sie mittelmäßig und 26% können nach eigenem Empfinden nur schlecht oder sehr schlecht schreiben.

Abbildung 5: Subjektive Sprachkompetenz in Deutsch (Prozentwerte) 2008

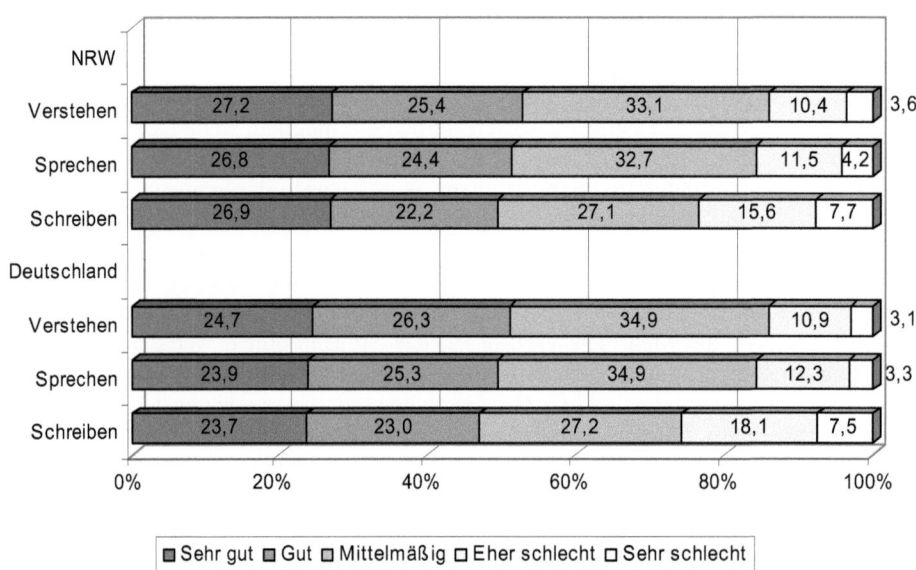

Abbildung 6: Deutschkenntnisse (Verstehen) 2000* bis 2008 – nur NRW (Prozentwerte)

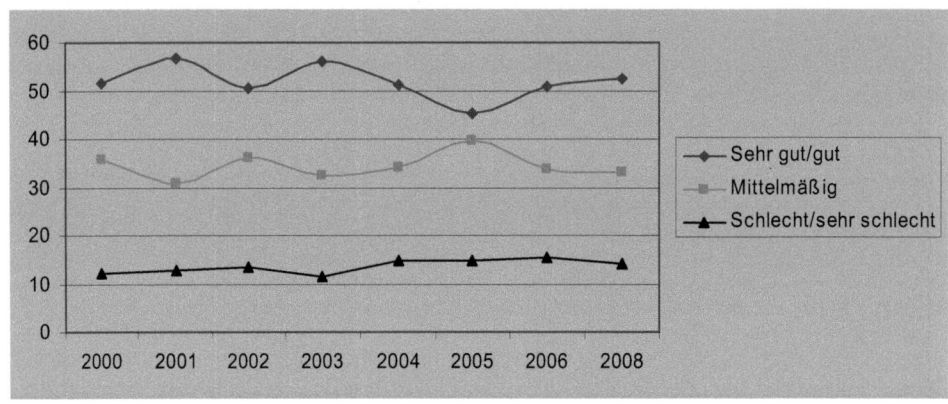

* 1999 wurden die Deutschkenntnisse nicht erhoben

Die Deutschkenntnisse in NRW stagnieren mit leichten jährlichen Schwankungen. Der Vergleich nach Altersgruppen zeigt deutliche Unterschiede. Je jünger die Migranten sind, desto größer wird der Anteil mit sehr guten und guten Deutschkenntnissen. In der Altersgruppe unter 30 Jahre geben in Deutschland drei Viertel (77%) der Befragten an, Deutsch gut oder sehr gut zu verstehen, knapp ein Fünftel (18%) attestiert sich mittelmäßige Kenntnisse und lediglich 5% gaben an, Deutsch schlecht oder sehr schlecht zu verstehen. Erwartungsgemäß stellt sich somit das Sprachproblem bei den jüngeren Befragten in deutlich geringerem Maß, wenngleich es auch hier eine kleine Gruppe gibt, die nur schlecht Deutsch beherrscht.

Die Deutschkenntnisse stehen mit weiteren Merkmalen der Befragten im Zusammenhang: So ist der Anteil von Frauen, die gut Deutsch verstehen, etwas niedriger als der der Männer. Wenig überraschend wirkt sich die Aufenthaltsdauer auf die Deutschkenntnisse aus. Je länger die Befragten in Deutschland leben, desto höher ist der Anteil derjenigen, die Deutsch gut oder sehr gut verstehen. Sehr deutliche Unterschiede ergaben sich durch den Zuwanderungsgrund, der eng mit dem Alter im Zusammenhang steht. So sind die Kenntnisse unter ehemaligen Gastarbeitern relativ gering, doch noch geringer sind sie unter denjenigen, die als Ehepartner eingereist sind. Sind die Befragten als Kinder eingewandert, erhöht sich der Anteil mit guten oder sehr guten Deutschkenntnissen auf 66% und bei hier Geborenen sogar auf 92% (Deutschland).

Betrachtet man die Generationeneinteilung, ist zu erkennen, dass die Angehörigen der ersten Generation mit 22% guten und sehr guten Deutschkenntnissen auf dem Niveau der nachgereisten Ehepartner der zweiten Generation mit 24% liegen. In den Nachfolgegenerationen geben 78% sehr gute und gute Deutschkenntnisse an.

Wenig überraschend ergibt sich daraus auch eine sehr deutliche Differenz danach, in welchem Land die Schule absolviert wurde. Haben die Migranten die Schule in Deutschland besucht, empfinden 81% ihre Kenntnisse als gut oder sehr gut, wurde die Schule in der Türkei absolviert, sind es nur 27%.

Daneben wirkt sich aber auch – in Abhängigkeit des Landes der besuchten Schule – das Niveau der Schulbildung aus. Mit höherem Schulbildungsniveau steigt der Anteil mit guten und sehr guten Deutschkenntnissen, sowohl bezogen auf die in Deutschland erreichten Abschlüsse, als auch bezogen auf die Abschlüsse, die in der Türkei erzielt wurden. Ausnahmen hiervon bilden Liseabsolventen und Befragte mit Abitur.

Sind die Migranten jung, sind sie in Deutschland geboren oder aufgewachsen und haben hier die Schule besucht, sind die Deutschkenntnisse relativ gut. Sie steigen bei höherer Schulbildung. Schlecht sind sie vor allem trotz langer Aufenthaltsdauer bei den Erstgenerationsangehörigen, die häufig eine geringe Schulbildung aufweisen und erst im Erwachsenenalter nach Deutschland gekommen sind. Aber auch diejenigen, die zwar noch jung sind, aber noch nicht lange in Deutschland leben, entsprechend die Schule in der Türkei besucht haben und im Zuge der Familienzusammenführung als Ehepartner erst im Erwachsenenalter nach Deutschland gekommen sind, weisen schlechtere Deutschkenntnisse auf, was ihre Integration in das wirtschaftliche und gesellschaftliche Leben erschweren kann.

Tabelle 7: Sehr gute und gute Deutschkenntnisse (Verstehen) nach soziodemographischen Merkmalen (Zeilenprozent) 2008

| | Sehr gut oder gut Deutsch verstehen | |
	NRW	Deutschland
Geschlecht		
Männlich	54,9	51,5
Weiblich	50,5	50,3
Aufenthaltsdauer		
Bis 3 Jahre[94]	12,5	33,3
4 bis 9 Jahre	24,3	26,2
10 bis 19 Jahre	47,5	45,3
20 und mehr Jahre	58,9	55,9
Zuwanderungsgrund		
„Gastarbeiter"	28,8	24,5
Familienzusammenführung als Ehepartner	19,9	23,3
Familienzusammenführung als Kind	68,7	65,8
In Deutschland geboren	92,4	92,1
Generationszugehörigkeit		
Erste Generation	25,9	22,2
Nachfolgegeneration	80,3	77,7
Heiratsmigranten	19,6	24,1
Land des Schulbesuchs		
Türkei	26,2	26,7
Deutschland	84,9	81,3
Schulabschluss		
Noch Schüler	82,6	84,4
Kein Abschluss/Ilkokul	22,5	19,7
Ortaokul	32,8	33,1
Lise	27,7	31,4
Hauptschule	74,8	66,8
Realschule	92,2	93,1
Fachoberschule/Fachabitur	98,1	95,7
Abitur	91,9	91,3
Gesamt	52,8	50,9

94 Die Kategorie „Aufenthaltsdauer bis drei Jahre" umfasst bundesweit 12 Personen und in NRW 16 Personen. Somit können die Ergebnisse hier nur sehr bedingt interpretiert werden.

3.3 Strukturelle Integration – Beruf, Einkommen, Wohnen, Einschätzung der wirtschaftlichen Lage

Bei der strukturellen Integration handelt es sich insofern um einen Schlüsselbereich, als hier Chancenungleichheit in Form niedrigerer Einkommen, schlechteren Sozialstatus und ungünstigerer (materieller) Lebensbedingungen klar messbar werden. Ist etwa die Frage nach möglichen Formen des Zusammenlebens, nach Assimilation oder Multikulturalität gesellschaftlich umstritten, so besteht aber Konsens darüber, von gelungener Integration von Einwanderern nur dann zu sprechen, wenn keine Kopplung von sozialer und ethnischer Schichtung besteht.

Erwerbstätigkeit

In Deutschland sind die Hälfte der türkeistämmigen Migranten erwerbstätig, davon 41% in Vollzeit und 8% in Teilzeit. 4% sind geringfügig erwerbstätig, 47% nicht erwerbstätig. Die Erwerbstätigenquote im bundesdeutschen Durchschnitt betrug im Jahr 2006 68%, lag also über derjenigen der türkischen Gruppe.[95]

Tabelle 8: Erwerbstätigkeit gesamt und nach Geschlecht 2008 (Spaltenprozent)

	Gesamt	Männlich	Weiblich
NRW			
Vollzeiterwerbstätig (34 WSt. oder mehr)	39,3	58,9	18,7
Teilzeiterwerbstätig (weniger als 34 WSt.)	7,1	3,1	11,3
Geringfügig beschäftigt (bis 400 Euro im Monat)	2,8	0,8	4,5
Nicht erwerbstätig	51,0	37,2	65,5
Deutschland			
Vollzeiterwerbstätig (34 WSt. oder mehr)	41,4	57,9	23,5
Teilzeiterwerbstätig (weniger als 34 WSt.)	8,2	4,0	12,7
Geringfügig beschäftigt (bis 400 Euro im Monat)	3,9	1,5	6,5
Nicht erwerbstätig	46,5	36,5	57,3

Die Erwerbstätigkeit unterscheidet sich stark nach Geschlecht. So gehen nur 24% der Frauen in Deutschland einer Vollzeitbeschäftigung und 13% einer Teilzeitarbeit nach, zugleich sind 58% der Männer in Vollzeit und 4% in Teilzeit erwerbstätig. 57% der Frauen gehen keiner Erwerbstätigkeit nach, dagegen nur 37% der Männer.

Im NRW-Zeitvergleich zeigt sich seit 2002 eine stetige Zunahme der Nichterwerbstätigen, die sich auch 2008 fortsetzt. Zugleich hat jedoch 2008 der Anteil der Vollzeit-Erwerbstätigen erstmalig seit 2002 wieder zugenommen und der Anteil der Teilzeit- und geringfügig Beschäftigten wieder abgenommen.

---

95 Arbeiter, Angestellte, Beamte, geringfügig Beschäftigte, Soldaten, Selbstständige von 15-64 Jahren an der entsprechenden Gesamtbevölkerung. Eine Vergleichbarkeit ist aufgrund des unterschiedlichen Alterszuschnitts der Gruppen nur bedingt gegeben. Quelle: Statistisches Bundesamt.

Abbildung 7: Erwerbstätigkeit 1999 bis 2008 – nur NRW (Prozentwerte)

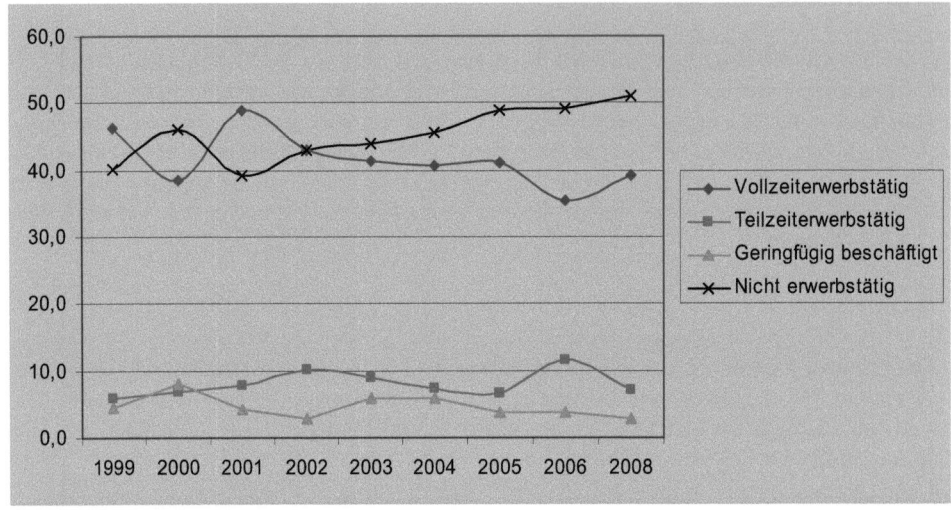

Berufliche Stellung

Die berufliche Stellung der türkeistämmigen Migranten spiegelt nach wie vor die Migrationsgeschichte und das niedrige Schul- und Ausbildungsniveau wider.

Mehr als die Hälfte (53% bundesweit) der Vollzeit- oder Teilzeiterwerbstätigen arbeiten als an- und ungelernte Arbeiter, 14% sind Facharbeiter. Angestellte sind 19%.

Seit der Befragung 2005 werden die Angestellten unterschieden nach einfachen Angestellten (Position auf der unteren Ebene), mittleren Angestellten (Position auf der mittleren Ebene) und höheren Angestellten (Position mit Führungsaufgaben). Danach sind in Deutschland 13% der Erwerbstätigen einfache Angestellte, 5% der Erwerbstätigen arbeiten in mittlerer Angestelltenposition und 2% arbeiten in einer Führungsposition.

Tabelle 9: Struktur der Erwerbstätigen 2008 (Spaltenprozent)

Berufliche Stellung	NRW	Deutschland
Arbeiter (an-/ungelernt)	50,9	52,8
Facharbeiter	13,9	13,5
Angestellte	21,5	18,6
Darunter:		
Einfache Angestellte	13,9	12,3
Mittlere Angestellte	5,4	4,8
Höhere Angestellte	2,2	1,5
Beamte	0,4	1,0
Selbstständige in freien Berufen	1,3	2,3
Selbstständige in Handel/Dienstleistung/Industrie	6,3	8,0
Auszubildende	5,8	3,3
Gesamt	462	488

Beamte sind unter den Migranten kaum zu finden, akademische Selbstständige sind 2% der Befragten bundesweit. Somit besteht auch bezüglich der beruflichen Tätigkeit eine erhebliche Differenz zwischen Personen mit türkischem Migrationshintergrund und der Bevölkerung in Deutschland insgesamt, wo 52% der Erwerbstätigen Angestellte sind, 30% Arbeiter, 10% Beamte und 11% Selbstständige.[96] Im Zeitvergleich ergibt sich für NRW kein klarer Trend der Veränderung der Beschäftigungsstruktur der Türkeistämmigen.

Abbildung 8: Berufliche Stellung* nach Altersgruppen** 2008 (Zeilenprozent)

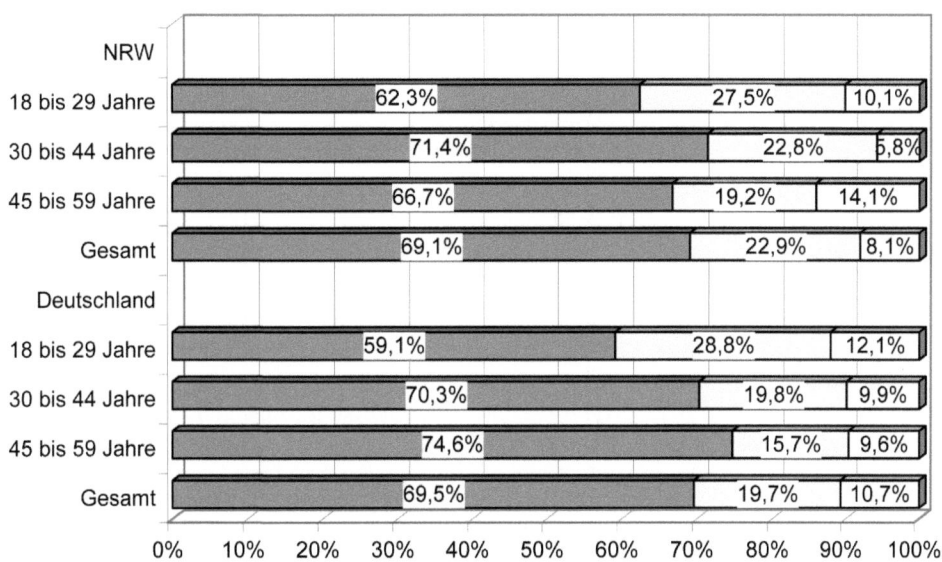

□ Arbeiter/Facharbeiter □ Angestellte □ Selbständige

* Ohne Beamte und Auszubildende
** Die Gruppe 60 Jahre und älter wurde aufgrund geringer Fallzahlen nicht ausgewiesen

Wie bei der Schul- und Berufsausbildung ist bei der beruflichen Stellung ein deutlicher Alterseffekt festzustellen. Der Anteil der an- und ungelernten Arbeiter ist in der jüngsten Gruppe niedriger als in den beiden älteren, zugleich ist der Angestelltenanteil bei jungen türkeistämmigen Zuwanderern höher.

Auch bei Berücksichtigung der unterschiedlichen Altersstruktur verbleiben bei der beruflichen Stellung Defizite im Vergleich zur Bevölkerung ohne Migrationshintergrund, die die wirtschaftliche Integration der Migranten erschweren.[97]

96 Quelle: Mikrozensus 2007.
97 Vgl. hierzu auch Zimmermann, Klaus F./DeVoretz, Don/Kahanec, Martin/Gataullina, Liliyan/Constant, Amelie/Zaiceva, Anzelika: Study on the Social and Labour Market Integration of Ethnic Minorities. IZA Research Report No. 16/2008, zu Deutschland S. 29ff; Hönekopp, Elmar: Situation und Perspektiven von Migranten auf dem Arbeitsmarkt in Deutschland – Ein Problemaufriss in 14 Befunden. In: Bundesministerium für Arbeit und Soziales: Nationaler Integrationsplan. Arbeitsgruppe 3 „Gute Bildung und Ausbildung sichern, Arbeitsmarktchan-

Haushaltseinkommen

Die Unterschiede in der Erwerbsquote und der beruflichen Stellung zwischen Migranten und Personen ohne Migrationshintergrund machen sich auch beim Haushaltsnettoeinkommen bemerkbar: Den türkeistämmigen Familien in Deutschland stehen durchschnittlich 2.073,- € im Monat zur Verfügung.

Tabelle 10: Haushaltsnettoeinkommen 2008 (Spaltenprozent)

Haushaltsnettoeinkommen	NRW	Deutschland
Unter 1.000 €	9,8	8,9
1.000 € bis unter 2.000 €	34,9	34,7
2.000 € bis unter 3.000 €	23,2	23,0
3.000 € und mehr	10,8	12,6
Keine Angabe	21,3	20,7
Mittelwert (in €)	1.925,-	2.073,-

In Deutschland stehen 9% der befragten Haushalte weniger als 1.000,- € im Monat zur Verfügung, 35% der Haushalte verfügen über ein Einkommen zwischen 1.000,- € und unter 2.000,- €. Knapp ein Viertel der Familien (23%) hat ein Einkommen zwischen 2.000,- € und unter 3.000,- € und 13% der Familien haben Einkünfte von 3.000,- € und mehr. Mehr als ein Fünftel (21%) der Befragten äußerten sich jedoch nicht zu ihrem Nettohaushaltseinkommen.

Das durchschnittliche Haushaltsnettoeinkommen der türkeistämmigen Migranten in NRW zeigte im Zeitvergleich von 1999 bis 2002 eine stetig und gleichmäßig steigende Tendenz von 1.748,- € im Jahr 1999 zu 1.966,- € im Jahr 2002. Zwischen 2003 und 2005 war jedoch das Haushaltsnettoeinkommen der Migranten erst leicht und 2005 deutlicher rückläufig. Seit 2006 steigt es jedoch wieder an und entspricht 2008 nahezu dem Höchststand von 2002. Bis 2002 schlug sich neben dem allgemeinen Anstieg der Löhne und Gehälter das bis dahin langsam steigende Tätigkeitsniveau, aber auch eine steigende Erwerbsbeteiligung nieder. Zwischen 2003 und 2006 sank die Erwerbsbeteiligung jedoch, zudem schmälerten steigende Sozialabgaben und stagnierende Löhne und Gehälter das Nettoeinkommen. Seit 2006 scheint sich eine leichte Steigerung der Löhne und Gehälter niederzuschlagen, 2008 auch die gestiegene Erwerbsbeteiligung.

Dem durchschnittlichen Haushaltsnettoeinkommen der türkeistämmigen Haushalte in NRW von 1.925,- € steht ein durchschnittliches Haushaltsnettoeinkommen von Haushalten ohne Migrationshintergrund in NRW von 2.647,- € gegenüber.[98] Da türkeistämmige Haushalte jedoch fast doppelt so viele Personen umfassen wie deutsche, zeigt sich die Dimension der ökonomischen Differenzen besonders deutlich im Pro-Kopf-Einkommen: Teilt man das Haushaltsnettoeinkommen der türkeistämmigen Haushalte durch die Anzahl der im Haushalt lebenden Personen (3,8), ergibt sich ein durchschnittliches Pro-Kopf-Einkommen von 506,- € in türkeistämmigen Haushalten. Nach Berechnungen der Landesregierung

---

cen erhöhen. Dokumentation des Beratungsprozesses". Berlin 2007, S. 160; OECD: Jobs for Immigrants – Labour Market Integration in Australia, Denmark, Germany and Sweden, Juli 2007, S. 195ff.

98 Daten des Mikrozensus 2006, vgl. Ministerium für Generationen, Familie, Frauen und Integration des Landes Nordrhein-Westfalen: Nordrhein-Westfalen: Land der neuen Integrationschancen. 1. Integrationsbericht der Landesregierung. Düsseldorf 2008, S. 143.

NRW auf Basis des Mikrozensus 2006 ergibt sich für die Haushalte mit Personen ohne Zuwanderungsgeschichte ein Pro-Kopf-Einkommen von 1.106,- €.[99]

Abbildung 9: Nettohaushaltseinkommen 1999 bis 2008 – nur NRW (Mittelwert in Euro)

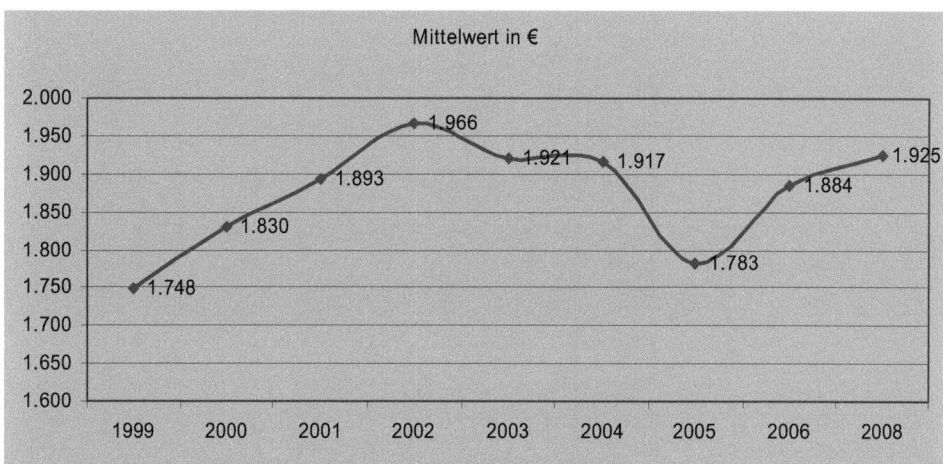

Bundesweit hatten alle Haushalte 2005 ein durchschnittliches monatliches Nettoeinkommen von 3.075,- €, im Vergleich zum Einkommen von 2.073,- € der türkeistämmigen Migranten.[100] Dadurch ergibt sich für die türkeistämmigen Migranten in Deutschland ein Pro-Kopf-Einkommen von 545,- €, für die Gesamtbevölkerung von 1.397,- €.

Selbstverständlich variiert das Haushaltsnettoeinkommen nach Erwerbstätigkeit und beruflicher Stellung der Befragten. Es ist hierbei jedoch zu berücksichtigen, dass es sich bei dem Einkommen um das Haushaltseinkommen handelt, die berufliche Stellung sich jedoch auf die Befragten und nicht etwa auf die Position der Haushaltsvorstände bezieht.

Den Haushalten von Befragten, die nicht erwerbstätig sind, steht deutlich weniger Einkommen zur Verfügung als den Haushalten von Erwerbstätigen. Mit deutlichem Abstand am niedrigsten mit 1.305,- € in NRW und 1.353,- € in Deutschland ist das Einkommen der Rentnerhaushalte, gefolgt von den Haushalten von Arbeitslosen. Unter den Haushalten der Erwerbstätigen liegen die Angestellten an der Spitze, gefolgt von Facharbeitern und den Selbstständigen. Haushalte von Arbeitern haben unter den Erwerbstätigen das geringste Einkommen.

---

99 Vgl. Ministerium für Generationen, Familie, Frauen und Integration des Landes Nordrhein-Westfalen: Nordrhein-Westfalen: Land der neuen Integrationschancen 1. Integrationsbericht der Landesregierung. Düsseldorf 2008, S. 143.
100 Quelle: Klose, Manfred/Schwarz, Norbert: Einkommen sozioökonomischer Haushaltsgruppen. Ergebnisse der Volkswirtschaftlichen Gesamtrechnungen. Herausgegeben vom Statistischen Bundesamt, 2006.

Abbildung 10: Durchschnittliches Haushaltsnettoeinkommen nach beruflicher und sozialer Stellung (Mittelwert in Euro) 2008

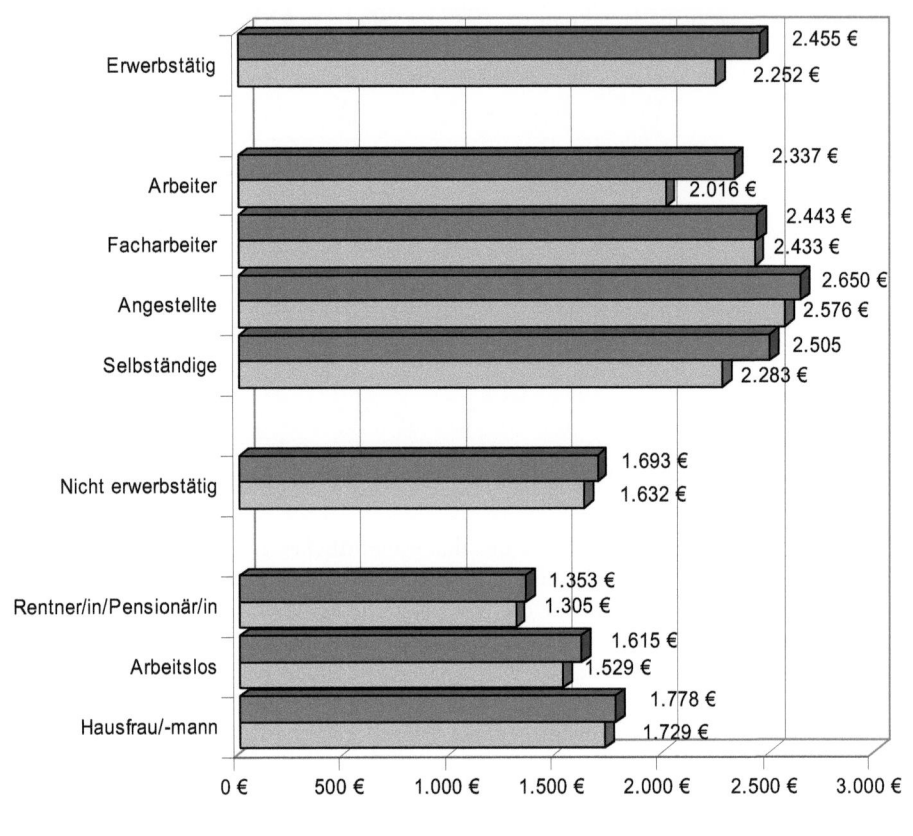

Armutsrisiko

Um den tatsächlichen Einkommensverhältnissen gerechter zu werden und Armutsgefährdung herauszuarbeiten, ist es in der Sozialberichterstattung üblich, anstatt des durchschnittlichen Pro-Kopf-Einkommens das so genannte bedarfsgewichtete Nettoäquivalenzeinkommen anzugeben, das die Haushaltsmitglieder unterschiedlich gewichtet. Dabei wird berücksichtigt, dass Mehrpersonenhaushalte durch gemeinsames Wirtschaften Einspareffekte erzielen.[101] Auf der Grundlage des Nettoäquivalenzeinkommens lässt sich berechnen, wie viele Menschen ein Einkommen unterhalb der relativen Armutsgrenze haben.[102]

---

101 Die erste erwachsene Person eines Haushalts wird mit dem Faktor 1 gewichtet, jedes weitere erwachsene Haushaltsmitglied mit den Faktor 0,5 und Kinder unter 18 Jahren mit dem Faktor 0,3. Bei einer Familie mit 2

Unter Zugrundelegung der im Armuts- und Reichtumsbericht der Bundesregierung angegebenen Armutsrisikogrenze von 781 € (Faktor 1) ergibt sich für die befragten türkeistämmigen Haushalte in Deutschland eine Armutsrisikoquote von 34% für die türkeistämmigen Haushalte und eine Quote von 35% bezogen auf die Personen.[103] Der Armuts- und Reichtumsbericht der Bundesregierung[104] weist für die Bevölkerung ohne Migrationshintergrund auf Basis des Mikrozensus 2005 eine Armutsrisikoquote von 12% aus, für Personen mit Migrationshintergrund von 28% und für Ausländer von 34%.

Als Ursache für Armut nennt der Bericht der Bundesregierung in erster Linie die Erwerbssituation, den Bildungsstatus und die Familiensituation. Arbeitslose, Geringqualifizierte, Alleinerziehende und Paare mit drei und mehr Kindern zählen zu den Risikogruppen. Migranten sind eine Gruppe, die besonders von Armut bedroht ist, da sie in höherem Maß von Arbeitslosigkeit betroffen sind, über einen geringeren Bildungsstatus verfügen, durchschnittlich mehr Kinder haben und auch bei Erwerbstätigkeit geringere Einkommen haben als die Gesamtbevölkerung. Dabei sind diese „Risikofaktoren" nicht unabhängig voneinander zu sehen. Das Einkommen wird bestimmt durch die berufliche Stellung und die Erwerbstätigkeit, die ihrerseits in hohem Maße durch die (berufliche) Bildung beeinflusst wird.

Unsere Daten zu Haushalten in Deutschland zeigen, dass türkeistämmige Befragte ohne Schulabschluss und solche ohne Berufsausbildung überdurchschnittlich häufig in Haushalten leben, die mit ihrem Haushaltseinkommen unterhalb der Armutsrisikogrenze liegen. Bei höheren Schulabschlüssen oder einer qualifizierten Berufsausbildung ist das Risiko, in einem armen Haushalt zu leben, deutlich geringer. Insbesondere bei Nichterwerbstätigkeit von Befragten ist das Armutsrisiko der Haushalte hoch. In besonders dramatischer Weise sind Rentnerhaushalte hiervon betroffen.[105]

Kindern unter 18 Jahren wird das Haushaltseinkommen damit beispielsweise nicht durch 4 – wie bei einer gleichwertigen Pro-Kopf-Gewichtung – sondern durch 2,1 geteilt.

102 Der Armutsbegriff ist umstritten und wird in der Sozialberichterstattung als „relative" Armut definiert, der die Abweichung vom mittleren Einkommen der Bevölkerung zum Ausgangspunkt nimmt. Als arm werden nach der Definition des Rates der Europäischen Gemeinschaften von 1984 Personen, Familien, und Gruppen definiert, die über so geringe (materielle, kulturelle und soziale) Mittel verfügen, dass sie von der Lebensweise ausgeschlossen sind, die in dem jeweiligen Staat, in dem sie leben, als Minimum annehmbar ist. Armut wird als auf einen mittleren Lebensstandard bezogene Benachteiligung aufgefasst. Nach EU-Konvention wird die individuelle Armutsschwelle dann unterschritten, wenn eine Person weniger als 60 % des mittleren Haushaltsnettoeinkommens zur Verfügung hat. Sie wurde für Deutschland im 3. Armuts- und Reichtumsbericht der Bundesregierung mit 781 € ermittelt. Vgl. Bundesministerium für Arbeit und Soziales: Dritter Armuts- und Reichtumsbericht der Bundesregierung. Berlin 2008.

103 Dabei wurde für jede vorkommende Haushaltskonstellation das Haushaltsäquivalenzeinkommen berechnet und mit dem angegeben Haushaltsnettoeinkommen (das staatliche Transferleistungen einschließt) abgeglichen. In die Berechnung flossen nur diejenigen Haushalte ein, in denen die Befragten konkrete Angaben zu ihrem Haushaltsnettoeinkommen machten. Haushalte, zu denen lediglich Informationen zum Haushaltsnettoeinkommen nach Einkommenskategorien ohne keinerlei Angaben zum Einkommen vorlagen, wurden nicht berücksichtigt. Die Anzahl der betroffenen Personen wurde aus der Anzahl der Fälle und der angegebenen Personenzahl der Haushalte multipliziert.

104 Vgl. Bundesministerium für Arbeit und Soziales: Dritter Armuts- und Reichtumsbericht der Bundesregierung. Berlin 2008, S. 136.

105 Siehe Anhang Tabelle 4.

Wohnsituation

Auch in der Wohnsituation unterscheiden sich türkeistämmige und deutsche Haushalte: Mehr als die Hälfte (54%) der Befragten in Deutschland leben in Mietwohnungen. Ein eigenes Haus besitzt ein Viertel der türkeistämmigen Haushalte. Über eine Eigentumswohnung verfügen 14% der befragten Haushalte. 7% haben ein Einfamilienhaus gemietet. Über Wohneigentum verfügen damit 38% der türkeistämmigen Familien. Nach dem Mikrozensus 2006 verfügen demgegenüber 52% der Personen ohne Migrationshintergrund in Deutschland über Wohneigentum. [106]

Abbildung 11: Wohnsituation 2008 (Prozentwerte)

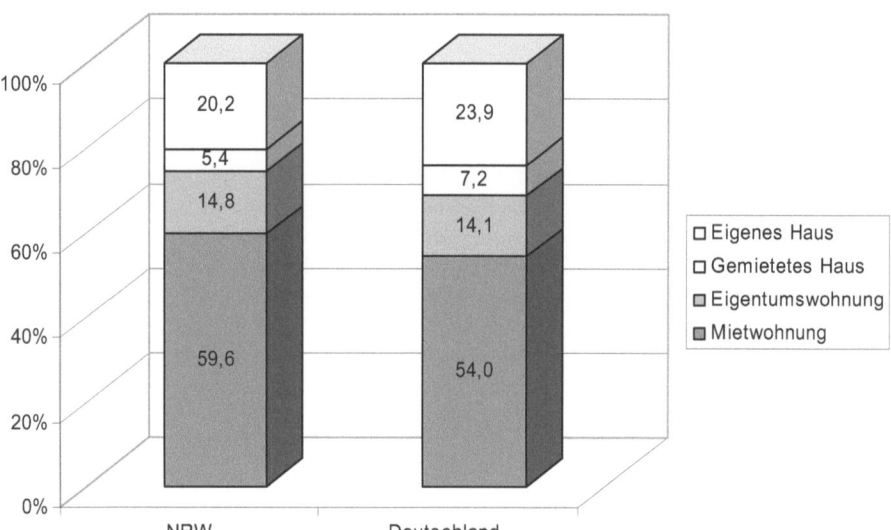

Im Durchschnitt leben die türkeistämmigen Haushalte auf 96 qm. Bei einer durchschnittlichen Größe der Haushalte von 3,8 Personen ergeben sich so 25 qm Wohnfläche pro Person.

Der Anteil der Migranten, die Wohneigentum (Eigentumswohnungen und Eigenheime) besitzen, steigt in NRW mit einer kurzen Unterbrechung 2004 seit 1999 stetig an. Diese Entwicklung belegt die zunehmende Orientierung auf Deutschland als dauerhafte Heimat, da die Investition in Wohneigentum eine langfristige, oft Familien umspannende Angelegenheit bedeutet.

---

106 Quelle: Statistisches Bundesamt: Bevölkerung und Erwerbstätigkeit. Bevölkerung mit Migrationshintergrund – Ergebnisse des Mikrozensus 2006. Fachserie 1, Reihe 2.2. Wiesbaden 2008, Tabelle 18.

Abbildung 12: Wohnsituation 1999 bis 2008 – nur NRW (Prozentwerte)

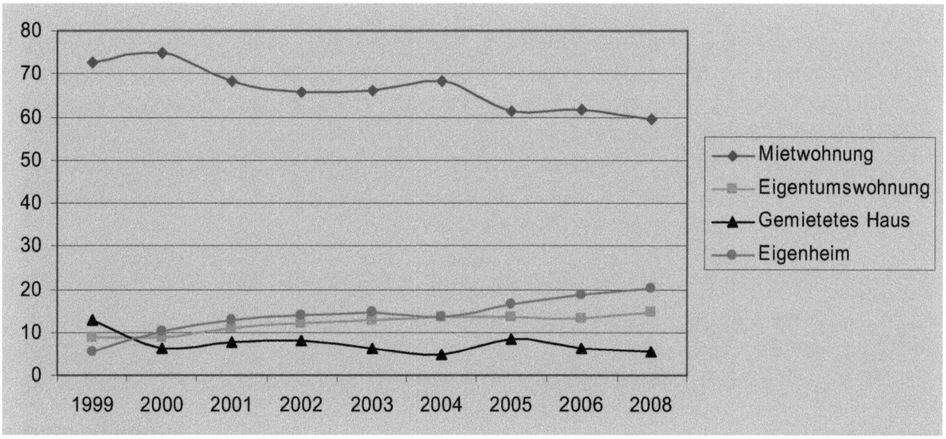

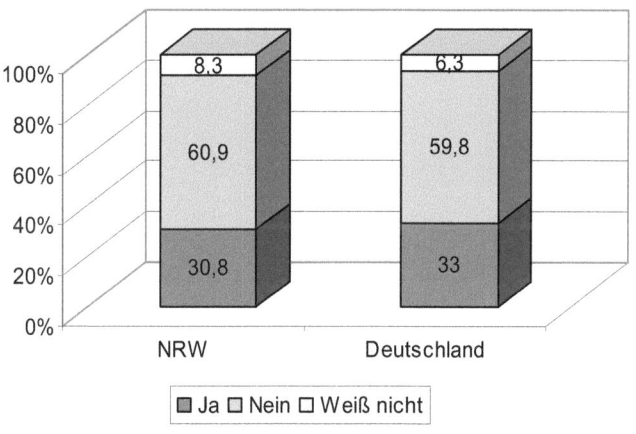

Von denjenigen, die derzeit zur Miete wohnen, planen 31% in NRW und 33% in Deutschland in näherer Zukunft Wohneigentum zu erwerben, weitere 8% bzw. 6% schließen dies zumindest nicht aus. Setzt auch nur ein Teil diese Absicht in die Tat um, wird es zu einem weiteren Anstieg des Wohneigentums in der türkischen Community kommen und der bisher festgestellte Trend zum Wohneigentumserwerb weiter gehen. Allerdings ist der Anteil der Kaufwilligen in NRW im Vergleich zu den Vorjahren von 51% im Jahr 2002[107] deutlich und stetig gesunken.

Abbildung 13: Plan zum Erwerb von Wohneigentum (Prozentwerte) 2008

---

107 Der Plan zum Erwerb von Wohneigentum wird erst seit 2002 erhoben.

Die Erwerbstätigkeit, die berufliche Stellung, das Einkommen und die Wohnsituation do-kumentieren die nach wie vor geringe strukturelle Integration der Migranten gegenüber der Mehrheitsbevölkerung, auch wenn sich die berufliche Stellung und damit auch die Ein-kommen in den jüngeren Generationen und die Wohnsituation der Familien über die Zeit verbessern. Neben der objektiven wirtschaftlichen Lage spielt die subjektive Einschätzung der Situation eine wichtige Rolle für die Perspektiven der Migranten und damit auch für die Integration und Identifikation mit der Aufnahmegesellschaft.

65% der Befragten in Deutschland schätzen die allgemeine wirtschaftliche Lage 2008 schlecht ein, ein Viertel beurteilen sie als teils gut/teils schlecht und nur 9% sehen die der-zeitige Situation als gut an. Die Beurteilung der eigenen wirtschaftlichen Lage ist deutlich positiver, immerhin 22% sehen sie als gut und gut die Hälfte (54%) als teils gut/teils schlecht. Allerdings stufen auch knapp ein Viertel der Befragten die eigene Wirtschaftssitu-ation als schlecht ein.

Abbildung 14: Beurteilung der allgemeinen und der eigenen wirtschaftlichen Lage –
Deutschland (Prozentwerte) 2008

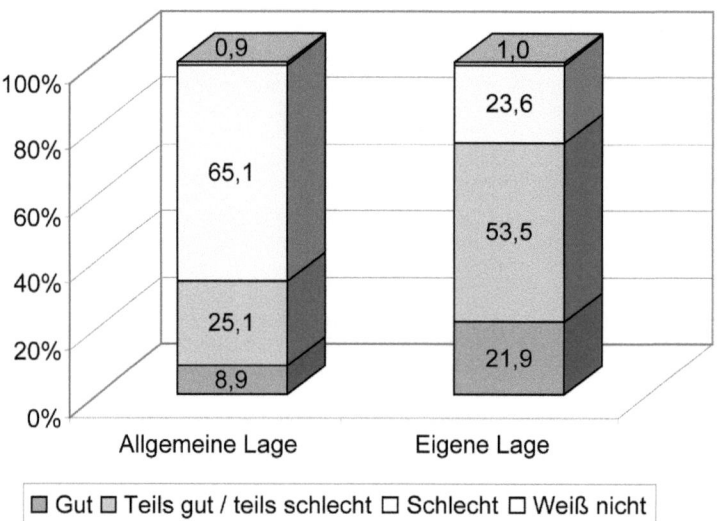

Der Vergleich der Beurteilung der allgemeinen wirtschaftlichen Lage in NRW im Zeitver-gleich zeigt einen deutlichen Einbruch der positiven Stimmung 2002, der sich bis 2005 fortsetzt. Erst 2006 und noch stärker 2008 verbessert sich die Einschätzung der allgemeinen wirtschaftlichen Situation wieder deutlich, wobei immer noch eine eindeutige Mehrheit die Lage für schlecht hält. Im Vergleich zu 2006 hat sich in diesem Jahr der Anteil derjenigen, die die Lage schlecht einschätzen, um 14 Prozentpunkte reduziert, der Anteil mit „teils/teils"-Einschätzung ist um 10 Prozentpunkte gestiegen. Somit hat sich der vorsichtige Trend einer verbesserten Einschätzung der allgemeinen Lage der vorangegangenen Befra-gung im Jahr 2008 verstärkt fortgesetzt.

Abbildung 15: Einschätzung der allgemeinen und der eigenen wirtschaftlichen Lage 1999 bis 2008 – nur NRW (Prozentwerte)

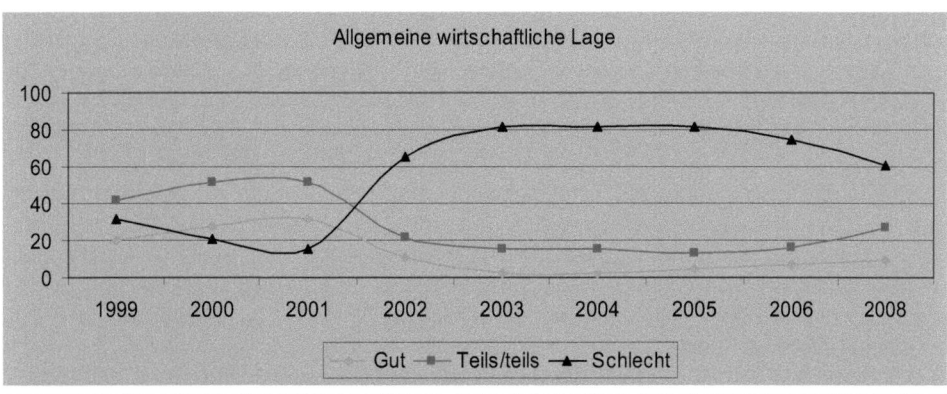

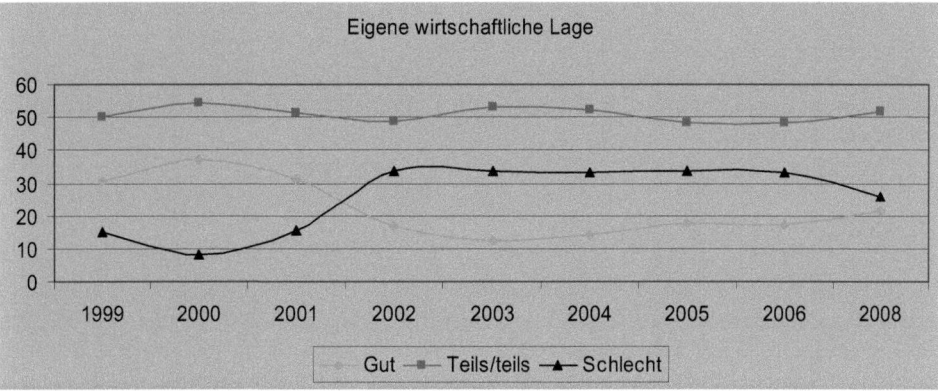

Auch die Einschätzung der eigenen wirtschaftlichen Lage hat sich im Vergleich zu 2006 verbessert, jedoch wesentlich weniger stark als bei der allgemeinen wirtschaftlichen Lage. Nach der deutlichen Verschlechterung der Einschätzung 2002 analog zur Einschätzung der allgemeinen Situation blieb die Bewertung der eigenen wirtschaftlichen Lage relativ gleich, mit einer leichten Zunahme bei der Einschätzung „gut" im Jahr 2005. Bezüglich der eigenen Lage setzte die Trendwende von einer zunehmend positiven Einschätzung zu einer zunehmend negativen bereits 2001 ein.

Die Beurteilung der allgemeinen wirtschaftlichen Lage tendiert bei zunehmendem Alter sowohl unter den Befragten in NRW als auch unter den Befragten in Deutschland stärker in Richtung schlechter Bewertung. Der gleiche Effekt zeigt sich in NRW wie in Deutschland auch bezüglich der Einschätzung der eigenen wirtschaftlichen Lage: Je älter die Befragten sind, desto negativer wird die Einschätzung. Deutlich zeigt sich eine Differenz zwischen der jüngsten und den anderen Gruppen, letztere liegen relativ eng beieinander.[108]

---

108 Siehe Anhang Tabelle 5.

Auch die objektive Situation beeinflusst die Wahrnehmung der wirtschaftlichen Lage, die eigene naturgemäß noch stärker als die allgemeine. Erwerbstätige in NRW und in Deutschland beurteilen sowohl die allgemeine als auch die eigene wirtschaftliche Lage positiver als Nichterwerbstätige, die eigene noch deutlicher als die allgemeine. Unter den nicht Erwerbstätigen sehen vor allem Studierende die allgemeine Situation positiver, besonders negativ wird sie von Hausfrauen beurteilt Auch die eigene Situation sehen Studierende am positivsten, Rentner, Hausfrauen und Arbeitslose unterscheiden sich hier nur wenig.

Unter den Erwerbstätigen haben Angestellte und Selbstständige die positivste Einstellung bezüglich der allgemeinen Lage. Die Einschätzung der allgemeinen wirtschaftlichen Lage variiert nur relativ wenig nach dem Haushaltseinkommen. Dabei ist jedoch keine Tendenz Richtung positiverer Einstellung bei höherem Einkommen auszumachen. Bei der eigenen wirtschaftlichen Lage steht die Einschätzung deutlicher und linear mit dem Einkommen in Zusammenhang.[109]

Insgesamt ist die strukturelle Integration der türkeistämmigen Migranten zwiespältig. Zwar zeigen sich Verbesserungen in der Schul- und Berufsausbildung und der beruflichen Tätigkeit bei der zweiten im Vergleich zur ersten Generation, dennoch ist die Situation im Vergleich zur Mehrheitsgesellschaft nach wie vor defizitär und verbessert sich in der Nachfolgegeneration im Zeitvergleich nur sehr wenig. Daraus resultieren auch drastische Einkommensunterschiede.

3.4 Identifikative Integration

Die Identifikation mit dem Aufnahmeland wird von der Mehrheitsgesellschaft zumindest bei der Nachfolgegeneration erwartet und gefordert und als markantes Zeichen der Integration gewertet. Dies zeigt das Unverständnis, mit dem türkeistämmige Zuwanderer zuweilen konfrontiert wurden, die bei der zwangsläufig gestellten Gretchenfrage nach der unterstützten Mannschaft bei der Fußball-EM die türkische nannten. Als nach dem deutschen Sieg die befürchteten gewalttätigen Auseinandersetzungen zwischen den Anhängern der deutschen und der türkischen Mannschaft ausblieben und die sich vorher als Fans der türkischen Mannschaft bekennenden Migranten zusammen mit den Fans der deutschen Mannschaft feierten, waren viele Beobachter und Kommentatoren zwar erleichtert, aber auch verblüfft.[110]

Diese Verblüffung hat ihre Wurzel in der Vorstellung, dass man nur eine eindeutig zugeordnete nationale oder ethnische Identität haben kann. Man ist entweder Deutscher oder Türke, die Positionierung muss eindeutig sein und beinhaltet implizit eine Abgrenzung zum anderen.[111] Die Idealvorstellung einer gelungenen Integration wird zumindest in der öffentlichen Wahrnehmung nach wie vor von dem in den 1930er Jahren in den USA entwickelten Ansatz einer sich über drei Generationen erstreckenden kulturellen und identifikativen Assimilierung, verstanden als Aufgabe der Herkunftskultur und -identität zugunsten der

---

109 Siehe Anhang Tabelle 6.
110 So beispielsweise RP-online 24.06.2008 „Deutsche und türkische Fans feiern gemeinsam"; Tagesspiegel 21.06.2008 „Deutsche und Türken fiebern gemeinsam".
111 Siehe hierzu ausführlich: Mannitz, Sabine: Die verkannte Integration. Eine Langzeitstudie unter Heranwachsenden aus Immigrantenfamilien. Bielefeld 2006.

Aufnahmelandidentität, geprägt. Die Beibehaltung der Herkunftsidentität oder die Entwicklung einer Mischidentität wird in der deutschen Öffentlichkeit als gescheiterte Integration wahrgenommen.[112]

Der „Zwang zur Eindeutigkeit" (Werner Schiffauer), der sich auch in der Ablehnung der doppelten Staatsbürgerschaft im reformierten Staatsangehörigenrecht niederschlägt, wird jedoch nur selten der komplexen Realität der Identitätsmuster der Zuwanderer gerecht.[113]

Die Mehrfachintegration oder auch Mehrfachidentifikation wurde in zahlreichen Studien zur kulturellen Identität nachgewiesen.[114] Die Identifikation mit der Herkunftskultur, die insbesondere über das Elternhaus vermittelt wird, aber auch durch die Fremdzuschreibung gefestigt werden kann,[115] muss dabei nicht automatisch mit dem Wunsch nach Abgrenzung von der Aufnahmegesellschaft, deren Werte in erster Linie durch andere Sozialisationsinstanzen vermittelt werden, verbunden sein. Möglich ist durchaus, dass Individuen sich mit beiden Kulturen identifizieren und je nach Lebenssituation zwischen den Kultursystemen wechseln. Insbesondere die qualitative Forschung belegt die Existenz einer bikulturellen Identitätstransformation, die dem Zwang des „Entweder – oder" ein „Sowohl als auch" entgegensetzt.[116] Im Einleitungskapitel zur Theorie und Empirie der Integration von Einwanderern wurde zudem auf die zunehmend beschriebenen Transnationalisierungsentwicklungen hingewiesen, die eine Herausforderung für nationalstaatlich orientierte Modelle der Sozialintegration bedeuten können – ohne dass bisher aber empirisch hinreichend geklärt worden wäre, ob diese Transnationalisierung die nationalstaatliche Integrationswirklichkeit tatsächlich langfristig und nachhaltig verändert.

Exkurs: Mediennutzung türkischer Migranten

Ganz deutlich sind die Medien ein wichtiger Katalysator von Transnationalisierungsprozessen.[117] Untersuchungen zur Mediennutzung ergeben genau das oben skizzierte Bild der

---

112 So Badawia, Tarek/Hamburger, Franz/Hummrich, Merle (Hrsg.): Wider die Ethnisierung einer Generation. Beiträge zur qualitativen Migrationsforschung. Frankfurt/Main/London 2003.
113 Schiffauer, Werner: Parallelgesellschaften. Wie viel Wertekonsens braucht unsere Gesellschaft? Für eine kluge Politik der Differenz. Bielefeld 2008. S. 93ff.
114 So beispielsweise bei Öztoprak, Ümit: Identitäts- und Akkulturationsstile türkischer Jugendlicher. Frankfurt/Main 2007; Badawia, Tarek/Hamburger, Franz/Hummrich, Merle (Hrsg.): Wider die Ethnisierung einer Generation. Beiträge zur qualitativen Migrationsforschung. Frankfurt/Main/London 2003; Tietze, Nikola: Islamische Identitäten. Formen muslimischer Religiosität junger Männer in Deutschland und Frankreich. Hamburg 2001; Bukow, Wolf Dietrich: Ethnisierung der Lebensführung. In: Apitzsch, Ursula (Hrsg.): Migration und Traditionsbildung. Opladen/Wiesbaden 1999, S. 92-104; Keupp, Heiner/Ahbe, Thomas/Gmür, Wolfgang/Höfer, Renate/Mitzscherlich, Beate/Kraus, Wolfgang/Straus, Florian: Identitätskonstruktionen. Das Patchwork der Identitäten in der Spätmoderne. Hamburg 1999; Hämmig, Oliver: Zwischen zwei Kulturen. Spannungen, Konflikte und ihre Bewältigung bei der zweiten Ausländergeneration. Opladen 2000; Weidacher, Alois (Hrsg.): In Deutschland zu Hause. Politische Orientierungen griechischer, italienischer, türkischer und deutscher junger Erwachsener im Vergleich – DJI-Ausländersurvey. Opladen 2000; Sackmann, Rosemarie/Schultz, Tanjev/Prümm, Kathrin/Peters, Bernhard: Kollektive Identitäten: Selbstverortungen türkischer MigrantInnen und ihrer Kinder. Frankfurt/Main 2005; Reiff, Gesa: Identitätskonstruktionen in Deutschland lebender Türken der 2. Generation. Stuttgart 2006.
115 In diesem Sinn Badawia, Tarek/Hamburger, Franz/Hummrich, Merle (Hrsg.): Wider die Ethnisierung einer Generation. Beiträge zur qualitativen Migrationsforschung. Frankfurt/Main/London 2003.
116 Hierzu Schiffauer, Werner: Parallelgesellschaften. Wie viel Wertekonsens braucht unsere Gesellschaft? Für eine kluge Politik der Differenz. Bielefeld 2008. S. 93ff.
117 Siehe dazu ausführlich Pries, Ludger: Die Transnationalisierung der sozialen Welt. Frankfurt/Main 2008.

Mehrfachintegration als Regelfall. Die ausschließliche Nutzung deutschsprachiger Medien geht demgegenüber an der Lebenswirklichkeit der meisten Migranten vorbei.[118] Allerdings erfüllen türkische und deutsche Medien für die Nutzer unterschiedliche Zwecke: Türkisches Fernsehen dient zuerst der Unterhaltung, geschätzt wird die Emotionalität und die Familienorientierung. Deutsches Fernsehen wird mit Sachlichkeit und Distanz assoziiert, nicht nur bezüglich Nachrichten und Informationssendungen, die dort häufiger gesehen werden, sondern auch bei der Unterhaltung. Es gilt zugleich als substanzieller, glaubwürdiger und seriöser, insbesondere das öffentlich-rechtliche.[119] Darüber hinaus gilt das türkische Fernsehen nach wie vor als „Brücke in die Heimat", nicht nur aufgrund von Nachrichten und Reportagen über die Türkei, sondern auch durch fiktionale Sendungen, insbesondere die sehr beliebten Serien, die das Lebensgefühl und die Kultur transportieren, und bei denen auch vielen jungen Zuwanderern die Identifikation leichter fällt als bei deutschen Serien und Filmen. Es bietet Orientierung und unterstützt die Bildung und Vergewisserung der Identität und spielt daher insbesondere für junge Migranten eine wichtige Rolle. Die WDR-Studie zu Selbstbild und Mediennutzung junger Erwachsener mit türkischer Herkunft ergab, dass die Zuwanderer insbesondere dem deutschen Fernsehen vorwerfen, Stereotype und Klischees zu transportieren, nicht nur in Nachrichten, sondern auch in fiktionalen Sendungen und somit die Identifikation deutlich erschweren.[120]

---

118 Vgl. beispielsweise Simon, Erk/Kloppenburg, Gerhard: Das Fernsehpublikum türkischer Herkunft – Programmerwartung, Fernsehnutzung und Einstellungen. In: Westdeutscher Rundfunk (Hrsg.): Zwischen den Kulturen. Fernsehen, Einstellungen und Integration junger Erwachsener mit türkischer Herkunft in Nordrhein-Westfalen. Köln 2006, S. 16-31; Halm, Dirk: Die Medien der türkischen Bevölkerung in Deutschland. Berichterstattung, Nutzung und Funktion. In: Geißler, Rainer/Pöttker, Horst (Hrsg.): Integration durch Massenmedien. Medien und Migration im internationalen Vergleich. Bielefeld 2006, S. 77-92; Müller, Daniel: Die Mediennutzung der ethnischen Minderheiten. In: Geißler, Rainer/Pöttker, Horst (Hrsg.): Massenmedien und die Integration ethnischer Minderheiten in Deutschland: Problemaufriss – Forschungsstand – Bibliographie. Bielefeld 2005, S. 359-388; Schneider, Beate/Arnold, Anne-Katrin: Die Kontroverse um die Mediennutzung von Migranten: Massenmediale Ghettoisierung oder Einheit durch Mainstream? In: Geißler, Rainer/Pöttker, Horst (Hrsg.): Integration durch Massenmedien. Medien und Migration im internationalen Vergleich. Bielefeld 2006, S. 93-120; Trebbe, Joachim/Weiß, Hans-Jürgen: Integration und Mediennutzung – Eine Typologie junger Erwachsener mit türkischer Herkunft in NRW. In: Westdeutscher Rundfunk (Hrsg.): Zwischen den Kulturen. Fernsehen, Einstellungen und Integration junger Erwachsener mit türkischer Herkunft in Nordrhein-Westfalen. Köln 2006, S. 32-41; Trebbe, Joachim: Akkulturation und Mediennutzung von türkischen Jugendlichen in Deutschland. In: Bonfadelli, Heinz/Moser, Heinz (Hrsg.): Medien und Migration: Europa als multikultureller Raum? Wiesbaden 2007, S. 183-206.

119 Vgl. Hammeran, Regine/Baspinar, Deniz: Selbstbild und Mediennutzung junger Erwachsener türkischer Herkunft. Ergebnisse einer qualitativen Studie. In: Westdeutscher Rundfunk (Hrsg.): Zwischen den Kulturen. Fernsehen, Einstellungen und Integration junger Erwachsener mit türkischer Herkunft in Nordrhein-Westfalen. Köln 2006, S. 12f.

120 Vgl. Hammeran, Regine/Baspinar, Deniz: Selbstbild und Mediennutzung junger Erwachsener türkischer Herkunft. Ergebnisse einer qualitativen Studie. In: Westdeutscher Rundfunk (Hrsg.): Zwischen den Kulturen. Fernsehen, Einstellungen und Integration junger Erwachsener mit türkischer Herkunft in Nordrhein-Westfalen. Köln 2006, S. 5.

Abbildung 16: Nutzung deutscher und türkischsprachiger Medien (Prozentwerte) 2008

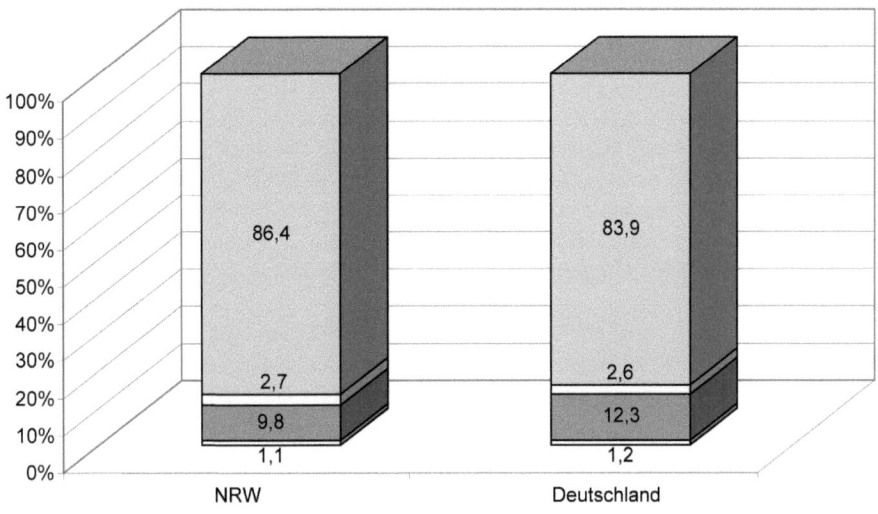

Joachim Trebbe kommt zu dem Ergebnis, dass der einfache Mechanismus türkischer Medienkonsum = Isolation stark relativiert werden muss.[121] So zeigen sowohl hoch integrierte als auch gering integrierte[122] türkeistämmige Migranten zwischen 14 und 49 Jahren zu mehr als der Hälfte eine bikulturelle Mediennutzung, die Unterschiede bei der Nutzung nur deutscher oder nur türkischsprachiger Medien sind zwar sichtbar, aber nicht so stark ausgeprägt, als dass man von einem mechanistischen Wirkungsmodell der Mediennutzung auf die Integration sprechen kann. Die Verankerung in zwei Kulturen, die Trebbe feststellt, die aber keinesfalls einer sozialen Integration im Wege steht, zeigt sich auch in der Mediennutzung. Diese ist motivorientiert, d.h. von bestimmten Informations- und Unterhaltungsbedürfnissen abhängig.[123]

121 Vgl. Trebbe, Joachim/Weiß, Hans-Jürgen: Integration und Mediennutzung – Eine Typologie junger Erwachsener mit türkischer Herkunft in NRW. In: Westdeutscher Rundfunk (Hrsg.): Zwischen den Kulturen. Fernsehen, Einstellungen und Integration junger Erwachsener mit türkischer Herkunft in Nordrhein-Westfalen. Köln 2006, S. 32.

122 In die Bildung der Integrationstypen flossen folgende Faktoren ein: Soziale Integration (Umgang mit deutschen Freunden und bikulturelle Heirat), Vertrauen in deutsche Institutionen, politische Integration (Vertretung der türkischen Bevölkerung und Berücksichtigung durch deutsche Politiker), Menge der deutschen Informationsquellen, Besitz deutscher Staatsbürgerschaft oder diese gewünscht, Bleibeabsicht, deutsche Sprachkompetenz, Interesse an deutscher Politik, Politikinteresse. Vgl. Trebbe, Joachim/Weiß, Hans-Jürgen: Integration und Mediennutzung – Eine Typologie junger Erwachsener mit türkischer Herkunft in NRW. In: Westdeutscher Rundfunk (Hrsg.): Zwischen den Kulturen. Fernsehen, Einstellungen und Integration junger Erwachsener mit türkischer Herkunft in Nordrhein-Westfalen. Köln 2006, S. 35.

123 Vgl. Trebbe, Joachim/Weiß, Hans-Jürgen: Integration und Mediennutzung – Eine Typologie junger Erwachsener mit türkischer Herkunft in NRW. In: Westdeutscher Rundfunk (Hrsg.): Zwischen den Kulturen. Fernsehen, Einstellungen und Integration junger Erwachsener mit türkischer Herkunft in Nordrhein-Westfalen. Köln 2006, S. 41. Ähnlich Schneider, Beate/Arnold, Anne-Katrin: Die Kontroverse um die Mediennutzung von Migranten:

Diese Befunde werden durch die Daten der Mehrthemenbefragung gestützt. Fast alle türkeistämmigen Migranten in Deutschland informieren sich über türkischsprachige Medien (96%), aber fast ebenso viele über deutsche (86%). Dabei nutzt die weit überwiegende Mehrheit von 84% sowohl deutsche als auch türkischsprachige Medien. 12% nutzen nur türkische, inzwischen aber auch 3% nur deutsche Medien.

Zieht man für die Frage nach der medialen Integration die Nutzung *auch* deutscher Medien bzw. für die Frage der medialen Ghettoisierung die *ausschließliche* Nutzung muttersprachlicher Medien heran, ergibt sich für 88% in Deutschland keine Gefahr der medialen Segregation. 84% entsprechen der transkulturellen Medienintegration, sie nutzen sowohl türkischsprachige als auch oder nur deutsche Medien. Damit bestätigen sich die Befunde zahlreicher anderer Untersuchungen zur Mediennutzung türkeistämmiger Migranten (siehe oben).

Der Zeitvergleich zeigt für NRW von 2001 zu 2002 eine geringfügig sinkende komplementäre Nutzung, die zwischen 2002 und 2004 wieder anstieg. Seit 2005 sinkt sie leicht, 2008 ist sie ebenso hoch wie 2006. Die Veränderungen sind jedoch äußerst gering, von einer zunehmenden medialen Segregation kann nicht gesprochen werden. Allerdings lässt die Attraktivität türkischer Medien auch nicht nach, eine zunehmende mediale Assimilation zeichnet sich ebenfalls nicht ab.

Abbildung 17: Nutzung deutscher und türkischer Medien 2001 bis 2008[124] – nur NRW (Prozentwerte)

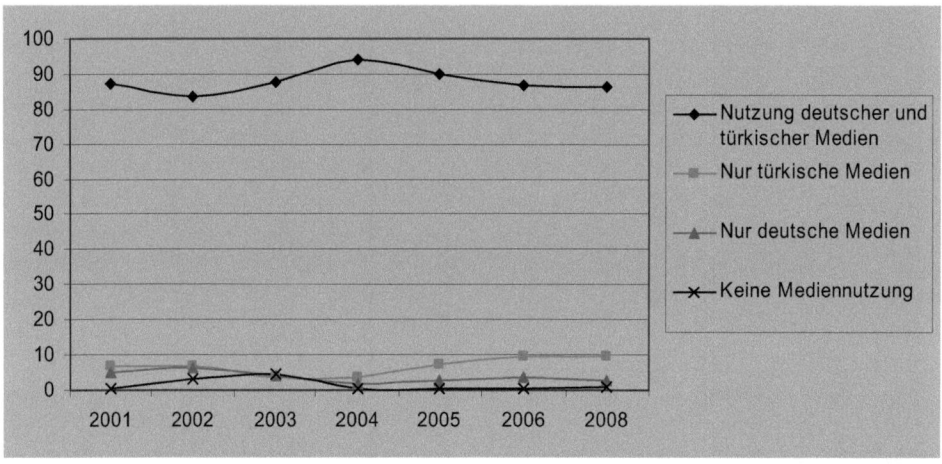

Die Sprache der genutzten Medien hängt selbstverständlich von den Deutschkenntnissen ab, denn diese sind die Voraussetzung der Nutzung deutscher Medien. Bei guten Deutschkenntnissen liegt der Anteil derer, die nur deutsche Medien nutzen, bei 4%, bei mittleren Deutschkenntnissen nutzen 1% nur deutsche Medien. Der umgekehrte Zusammenhang zeigt sich bei der ausschließlichen Nutzung türkischer Medien: Diejenigen, die schlecht

---

Massenmediale Ghettoisierung oder Einheit durch Mainstream? In: Geißler, Rainer/Pöttker, Horst (Hrsg.): Integration durch Massenmedien. Medien und Migration im internationalen Vergleich. Bielefeld 2006, S. 93-120.
124 Die Mediennutzung wurde 1999 und 2000 in einem anderen, nicht vergleichbaren Frageformat erhoben.

Deutsch verstehen, nutzen zu 29% in NRW und deutlich häufiger in Deutschland mit 40% nur türkische Medien, bei mittleren Kenntnissen sind es nur noch 12% in NRW und 15% in Deutschland und bei guten sowohl in NRW als auch in Deutschland nur 3%, die nur türkische Medien nutzen. Entsprechend ist die komplementäre Nutzung deutscher und türkischer Medien bei guten bis mittleren Kenntnissen deutlich ausgeprägter als bei schlechten. Die Nutzung auch türkischer Medien durch diejenigen, die gute Deutschkenntnisse haben, zeigt, dass nicht Sprachprobleme der Grund für die Nutzung auch türkischer Medien sind.

Frauen nutzen etwas häufiger als Männer nur türkische Medien. Der Alterszusammenhang zeigt eine häufigere Nutzung nur deutscher und eine seltenere Nutzung nur türkischer Medien in den jüngeren Gruppen, bei den älteren ist es umgekehrt. Zugleich sinkt auch die komplementäre Nutzung deutscher und türkischer Medien mit steigendem Alter. Entsprechend informieren sich Erstgenerationsangehörige häufiger nur über türkische, aber kaum nur über deutsche Medien, in abgeschwächter Form gilt dies auch für Heiratsmigranten, wohingegen Angehörige der Nachfolgegeneration zu 4% nur deutsche und zu 5% nur türkische, zumeist (90% in NRW und 91% bundesweit) aber beide Medien nutzen. Auch die Schulabschlüsse verweisen auf den Generationszusammenhang, Migranten mit Abschlüssen in der Türkei nutzen deutlich häufiger nur türkische und seltener nur deutsche Medien. Die komplementäre Nutzung steigt hier mit dem Bildungsniveau. Für Befragte, die ihren Schulabschluss in Deutschland erworben haben, lassen sich keine eindeutigen Tendenzen nach Bildungsniveau erkennen.[125]

Die Resistenz der komplementären Mediennutzung gegenüber der Veränderung von Indikatoren der Sozialintegration in Richtung einer verstärkten Eingliederung in Deutschland verweist klar auf die große Bedeutung der Entstehung transnationaler Räume für die Lebenswirklichkeit von Migranten. Im Mediensektor ist diese Transnationalisierung, stärker als in anderen Lebensbereichen, in hohem Maße gegeben, wobei wichtige Marksteine einerseits die Einführung des Satelliten-TV und die Entwicklung neuer Medien, insbesondere des Internets, gewesen sind.

Rückkehrabsicht

Auch jenseits der Mediennutzung erweist sich die bikulturelle Orientierung als häufiges Phänomen, wie eingangs im Kapitel zu Theorie und Empirie der Einwandererintegration dargestellt wurde. Die Verbundenheit mit der Türkei bleibt neben der Verbundenheit mit Deutschland auch in der Nachfolgegeneration bestehen, ohne dass man sich von der Mehrheitsgesellschaft abgrenzen möchte. Nun ist aber die bikulturelle Orientierung nicht gleichbedeutend mit dem Modell der Mehrfachintegration, sie kann gleichermaßen im Zusammenhang mit Marginalisierung auftreten.[126]

Die Option zur Rückkehr und die Verbundenheit mit der Türkei waren und sind zum Teil noch immer ein wichtiger Orientierungsrahmen der türkeistämmigen Migranten und resultieren aus der spezifischen *Gast*arbeitergeschichte, die auch auf Nachfolgegenerationen fortwirkt. Die Bekundung der Rückkehrabsicht sagt jedoch eher etwas über das Zuge-

---

125 Siehe Anhang Tabelle 7.
126 Siehe Sauer, Martina/Halm, Dirk: Integration vs. Segregation bei türkischen Migranten. In: Assion, Hans-Jörg (Hrsg.): Mensch. Migration. Mental Health. Dokumentation der Fachtagung des Westfälischen Zentrums für Psychiatrie und Psychotherapie der Ruhr-Universität Bochum am 2. und 3. Mai in Bochum. Heidelberg 2005, S. 67-82.

hörigkeitsgefühl zu Deutschland sowie über die Bewertung der Zukunftsperspektiven in Deutschland aus als über tatsächlich geplante Handlungen. Das Türkeibild insbesondere der Nachfolgegeneration ist eine Mischung aus Urlaubseindrücken und Vermittlung aus zweiter Hand, woraus sich eine idealisierte Vorstellung der Türkei bilden kann.[127] Den Traum von einem Leben in einer – im Vergleich zum Leben als Zuwanderer in Deutschland – besseren Welt, in der man nicht als „Fremder" oder „Ausländer" diskriminiert wird, möchten und können viele nicht gänzlich aufgeben. Die Abwanderungszahlen zeigen jedoch, dass nur wenige tatsächlich in die Türkei zurückkehren, im Jahr 2006 waren es für Gesamtdeutschland rund 33.000.[128]

In Deutschland planen 52% der türkeistämmigen Migranten nicht (mehr), in die Türkei zu „remigrieren". 40% halten sich die Rückkehroption offen und 8% haben sich noch nicht entschieden. Doch empfinden deutlich mehr Befragte die Türkei als Heimat (39%) als Deutschland (23%). Dabei überwiegt die Verbundenheit mit beiden Ländern gleichzeitig die alleinige Verbundenheit mit Deutschland: 31% sehen sowohl Deutschland als auch die Türkei als Heimat an. Somit sehen sich 54% der türkeistämmigen Migranten zumindest auch mit Deutschland heimatlich verbunden.

Abbildung 18: Rückkehrabsicht und Heimatverbundenheit (Prozentwerte) 2008

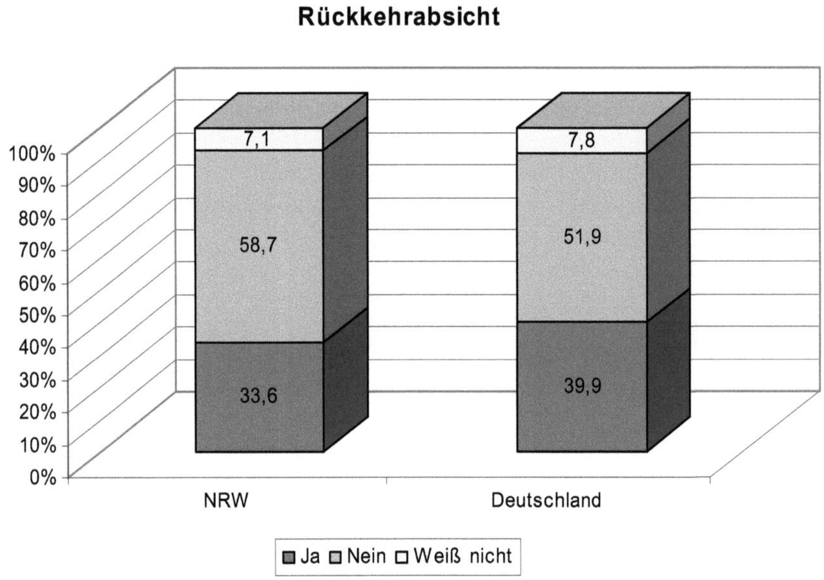

Rückkehrabsicht

---

127 Vgl. Schiffauer, Werner: Parallelgesellschaften. Wie viel Wertekonsens braucht unsere Gesellschaft? Für eine kluge Politik der Differenz. Bielefeld 2008, S. 98.
128 Quelle: Statistisches Bundesamt: Bevölkerung und Erwerbstätigkeit – Wanderungen – Fachserien 1, Reihe 1.2. Wiesbaden 2007, Tab. 3.2.

Heimatverbundenheit

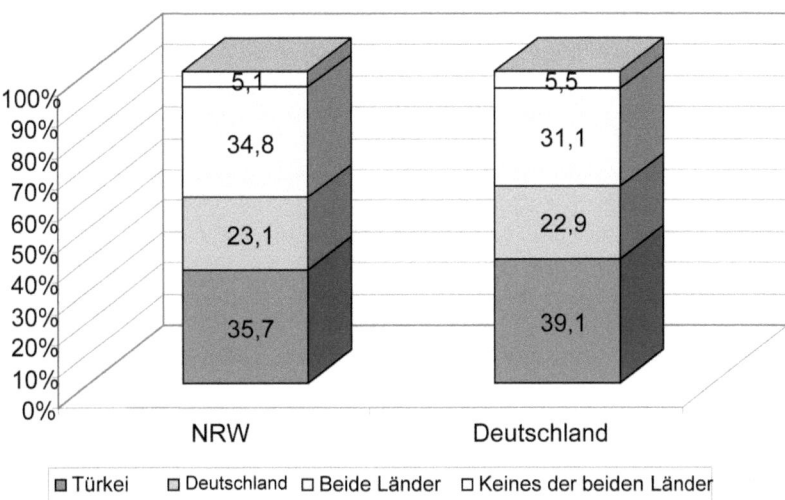

Die Rückkehrabsicht schwankt im NRW-Zeitvergleich, ist aber in den letzten Jahren relativ stabil: Zwischen 1999 und 2001 sank der Anteil derjenigen, die sich die Option der Rückkehr offen lassen, zwischen 2002 und 2004 steigt er leicht, ist jedoch seit 2004 nahezu gleich geblieben. Der Anteil derjenigen mit fester Bleibeabsicht sank zwischen 2001 und 2004, und ist seit 2005 nach einem leichten Anstieg ebenfalls nahezu gleich bleibend. Zugleich sank der Anteil der Unentschlossenen seit 2003 geringfügig

Abbildung 19: Rückkehrabsicht 1999 bis 2008 – nur NRW (Prozentwerte)

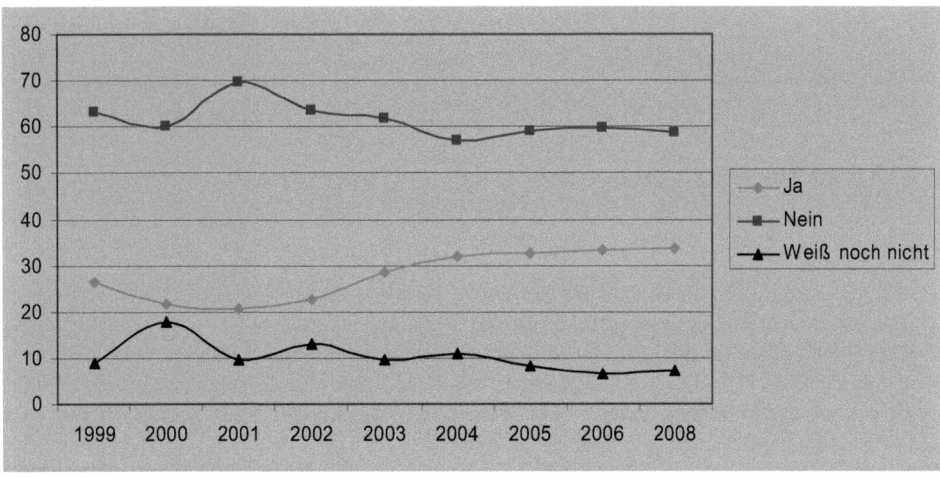

Die Heimatverbundenheit zeigt deutlichere Veränderungen im Zeitverlauf. Zwischen den Jahren 2000 und 2005 nahm die Türkeiverbundenheit kontinuierlich zu. 2006 ebenso wie 2008 ist sie jedoch um 3 bzw. 2 Prozentpunkte zurückgegangen. Der Anteil der nur mit Deutschland Verbundenen schwankt von Jahr zu Jahr, stieg zunächst 2001 deutlich, das Niveau hielt sich bis 2004, sank aber 2005 deutlich und 2006 leicht ab. 2008 ist sie wiederum geringfügig gestiegen. Die Verbundenheit mit beiden Ländern verlief bis 2006 spiegelbildlich zur Verbundenheit mit Deutschland. Offenbar schwanken viele Befragte nicht so sehr darin, sich entweder nur mit Deutschland oder nur mit der Türkei verbunden zu fühlen, sondern eher darin, wie stark man sich mit Deutschland (nur oder auch) verbunden fühlt.

Summiert man die Verbundenheit mit Deutschland und mit beiden Ländern und wertet sie als auch mit Deutschland verbunden, kann man seit dem Jahr 2000 einen leichten, aber kontinuierlichen Rückgang bis 2005 feststellen, der dem Zuwachs der Türkeiverbundenen entspricht. 2008 ist jedoch eine Steigerung festzustellen, die den Rückgang der Türkeiverbundenheit übertrifft. Dies liegt vor allem daran, dass auch der Anteil derjenigen, die sich mit keinem Land verbunden fühlen und der zwar gering, aber stetig bis 2006 gewachsen war, 2008 deutlich geringer ist.

Abbildung 20: Heimatverbundenheit 1999 bis 2008 – nur NRW (Prozentwerte)

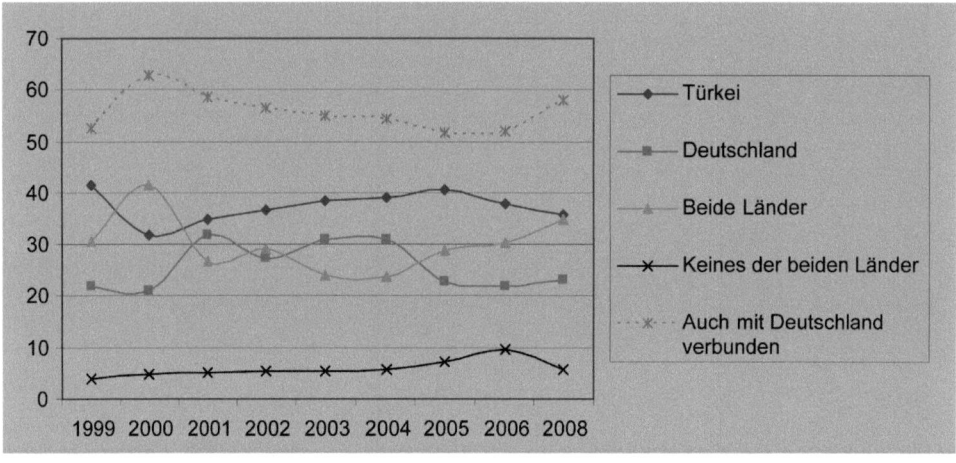

Erwartungsgemäß hängen Heimatverbundenheit und Rückkehrabsicht eng zusammen. Von denjenigen Befragten in Deutschland, die sich mit der Türkei verbunden fühlen, neigen 57% zur Rückkehr, von den mit Deutschland Verbundenen haben 70% eine feste Bleibeabsicht, nur für 25% kommt eine Rückkehr in Betracht. Von denjenigen, die sich mit beiden Ländern verbunden fühlen, halten sich 31% die Rückkehroption offen, 59% haben sich jedoch zum Verbleib in Deutschland entschieden.[129]

---

129 Siehe Anhang Tabelle 8.

Auch die positive Einschätzung insbesondere der eigenen wirtschaftlichen Lage wirkt sich sowohl auf die Rückkehrabsicht als auch auf die Heimatverbundenheit aus:[130] Diejenigen, die ihre eigene Lage als positiv einschätzen, haben häufiger die feste Absicht, in Deutschland zu bleiben und fühlen sich überdurchschnittlich häufig auch mit Deutschland verbunden. Frauen halten sich seltener die Rückkehroption offen als Männer, sie fühlen sich auch seltener mit der Türkei und häufiger mit Deutschland verbunden. Es zeigt sich kein linearer Alterszusammenhang zur Rückkehrabsicht, sowohl die jüngste als auch die älteste Gruppe verfolgt diese seltener als die mittleren Altersgruppen. Möglicherweise hängt die geringe Rückkehrneigung der Älteren damit zusammen, dass ältere Migranten die Entscheidung zur Rückkehr schon getroffen bzw. sich bereits für das Bleiben entschieden haben. Bei jüngeren Migranten liegt diese Entscheidung noch in der Zukunft, für die man sich alle Optionen offen hält. Die Heimatverbundenheit differiert jedoch deutlich nach Altersgruppen: Der Anteil der Türkeiverbundenen steigt mit dem Alter, die alleinige Verbundenheit mit Deutschland sinkt. Allerdings unterscheiden sich die Altersgruppen nur wenig nach der Verbundenheit mit beiden Ländern. Ältere Migranten fühlen sich zwar selten nur, aber dafür häufiger auch mit Deutschland verbunden als jüngere. Die Aufenthaltsdauer wirkt sich nur wenig auf die Rückkehrabsicht, jedoch deutlich auf die Heimatverbundenheit aus. Je länger die Befragten in Deutschland leben, desto seltener halten sie sich die Rückkehr offen und desto häufiger fühlen sie sich mit Deutschland oder mit beiden Ländern verbunden. Bei einem Aufenthalt bis neun Jahre überwiegt jedoch die Türkeiverbundenheit deutlich.

Der Zuwanderungsgrund zeigt unerwartete Zusammenhänge: Ehemalige Gastarbeiter halten sich die Rückkehr ebenso unterdurchschnittlich häufig offen wie die hier Geborenen, überdurchschnittlich sind die Heiratsmigranten und die als Kinder nachgezogenen Zuwanderer unter den Rückkehrwilligen vertreten. Möglicherweise liegt dies ebenfalls wie beim Alterszusammenhang daran, dass die ehemaligen Gastarbeiter ihre Entscheidung für Rückkehr oder Bleiben bereits getroffen haben bzw. zurückgekehrt sind. Dennoch fühlen sich Gastarbeiter ebenso wie die als Ehepartner nachgereisten Zuwanderer sehr viel häufiger mit der Türkei verbunden als die hier aufgewachsenen Migranten, zugleich empfinden sie aber in gleich hohem Maß wie die hier Geborenen beide Länder als Heimat.

Die Generationszugehörigkeit macht deutlicher als der Alterszusammenhang, dass insbesondere Heiratsmigranten der zweiten Generation häufiger Rückkehrabsichten hegen als Angehörige der Nachfolgegeneration und vor allem der ersten Generation, die am seltensten die Absicht zur Rückkehr äußern. Die Heimatverbundenheit dokumentiert jedoch eine deutlichere Deutschlandorientierung der Nachfolgegeneration im Vergleich zur ersten Generation und den Heiratsmigranten. Erstgenerationszugehörige fühlen sich jedoch sehr häufig beiden Ländern verbunden. Dies gilt für die Heiratsmigranten der zweiten Generation in weit geringerem Maß.

Die soziale Lage wirkt sich auf die Identität nur gering aus: Die Rückkehrabsicht von Selbstständigen und Angestellten ist höher als die von Arbeitern. Hier hätte man doch eher einen umgekehrten Zusammenhang vermutet. Zugleich fühlen sich insbesondere Selbstständige überdurchschnittlich häufig mit der Türkei und seltener mit Deutschland verbunden als Arbeiter und Facharbeiter. Eindeutiger ist der Zusammenhang zum Einkommen: Je

---

130 Siehe Anhang Tabelle 9.

höher das Einkommen, desto seltener besteht die Absicht zur Rückkehr und desto häufiger fühlen sich die Befragten auch mit Deutschland verbunden.[131]

Insgesamt wird deutlich, dass vor allem die mentalen Dispositionen aufgrund des Einreisegrunds, der Zuwanderergeneration und des Alters in Zusammenhang mit der Rückkehrabsicht und der Heimatverbundenheit stehen und sich wesentlich auf die Identifikation mit Deutschland auswirken.

Nationale Orientierung oder Mischidentität?

Bildet man aus der Heimatbindung und der Rückkehrneigung einen Index[132] der identifikativen Orientierung, wird sichtbar, dass die größte Gruppe unter den türkeistämmigen Migranten ihre kulturelle Orientierung eindeutig auf Deutschland ausgerichtet hat, bundesweit sind es 40%, in NRW mit 46% sogar noch etwas mehr. 21% in NRW und 26% in Deutschland richten sich eindeutig an der Türkei aus. Deutlich wird aber auch, dass die Gruppe derjenigen, die weder eindeutig auf Deutschland noch eindeutig auf die Türkei gerichtet sind, also eine Misch- oder Doppelidentität aufweisen, mit 33% bzw. 34% einen größeren Teil ausmacht als die eindeutig Türkeiorientierten. Somit zeigt die Indexbildung, dass die Misch- oder auch transnationale Identität, die sich einer „Entweder-Oder"-Einteilung entzieht, für eine erhebliche Gruppe unter den türkeistämmigen Migranten Realität ist.

Abbildung 21: Identifikative Orientierung (Index, Prozentwerte)

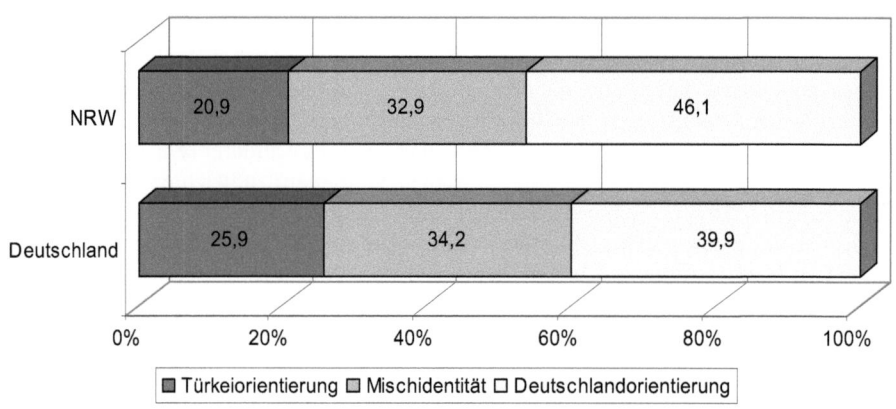

---

131 Siehe Anhang Tabelle 10.
132 Dazu wurden die Indikatoren jeweils in die Ausprägungen 0 = Türkeiorientierung und 1 = Deutschlandorientierung umcodiert (Heimatbindung: Türkei = 0, Deutschland und beide Länder = 1, Rückkehrabsicht: Ja = 0, Nein = 1). Die so umcodierten Indikatoren wurden summiert, so dass ein Index mit drei Ausprägungen (0 = Türkeiorientiert, 1 = Mischidentität, 2 = Deutschlandorientierung) entstand. 135 Befragte in NRW und 145 in Deutschland konnten aufgrund von fehlenden Werten nicht in den Index einbezogen werden, so dass in die Indexberechnung 865 Befragte in NRW und 855 in Deutschland einflossen.

Die Zusammenhänge zwischen der kulturellen Orientierung und soziodemographischen Merkmalen finden sich in sehr ähnlicher Weise sowohl bei den Befragten in NRW als auch bei den Befragten in Deutschland.[133]

Frauen neigen häufiger zu einer eindeutigen Deutschlandorientierung und seltener zu einer eindeutigen Türkeiorientierung als Männer, bezüglich der Mischidentität unterscheiden sich Frauen und Männer kaum. Nicht erstaunlich variiert die identifikative Orientierung nach Alter, wobei die Differenzen nicht so gravierend ausfallen. Je älter die Migranten sind, desto häufiger orientieren sie sich tendenziell an der Türkei und desto seltener an Deutschland. Zugleich finden sich aber in der ältesten Gruppe mehr Befragte mit einer Mischidentität als unter den Jüngeren, jüngere Befragte positionieren sich eindeutiger in Richtung Deutschland. Die Aufenthaltsdauer lässt eindeutige und erwartete Zusammenhänge erkennen: Je länger die Migranten bereits in Deutschland leben, desto geringer wird der Anteil der eindeutig Türkeiorientierten und desto höher der Anteil der eindeutig Deutschlandorientierten. Auch die Anteile derjenigen, die eine Mischidentität aufweisen, steigt mit der Aufenthaltsdauer. Angehörige der Nachfolgegeneration orientieren sich deutlich seltener eindeutig an der Türkei und deutlich häufiger eindeutig an Deutschland. Zwar ist die Türkeiorientierung unter den Erstgenerationsangehörigen etwas höher, doch weisen sie den höchsten Anteil bei der Mischidentität auf. Bei Heiratsmigranten ist die Türkeiorientierung etwas häufiger als die Deutschlandorientierung.[134]

Die Schulbildung – wurde sie in der Türkei erworben – zeigt mit steigendem Niveau einen höheren Anteil Türkeiorientierter und einen sinkenden Anteil von Befragten mit Mischidentität. Auf die Deutschlandorientierung wirkt sich das in der Türkei erworbene Bildungsniveau kaum aus. Bei Befragten mit deutschen Schulabschlüssen lässt sich kein linearer Zusammenhang zwischen Bildungsniveau und Orientierung erkennen, tendenziell wird die Türkeiorientierung mit dem Bildungsniveau schwächer und die Deutschlandorientierung stärker.

Die Religiosität wirkt sich nur wenig auf die Türkeiorientierung aus, jedoch auf die Deutschland- und Mischorientierung. Religiöse Befragte empfinden eher eine Doppelorientierung als nicht religiöse, letztere orientieren sich häufiger auf Deutschland.

Zwar weißt die größte Gruppe unter den türkeistämmigen Migranten eine deutliche Orientierung auf die Aufnahmegesellschaft auf, doch für ein Drittel ist die eindeutige Zuweisung zu einer Identität zwischen Deutschland und der Türkei nicht möglich.

Einbürgerung

Die Einbürgerung bedeutet für die türkeistämmigen Migranten die rechtliche und politische Gleichstellung mit der Mehrheitsbevölkerung. Zugleich wird sie als Zeichen der Identifikation mit Deutschland verstanden.[135] Durch die Reform des Staatsangehörigengesetzes aus dem Jahr 2000 wurde der Kreis der Einbürgerungsberechtigten zwar deutlich erweitert, die Reform setzte ein wichtiges Signal zur Akzeptanz der Einwanderungsgesellschaft in Deutschland. Doch durch den Ausschluss der Doppelstaatsbürgerschaft wurde das eigentli-

---

133 Daher werden in der Tabelle zur besseren Übersichtlichkeit nur die Daten für Deutschland ausgegeben. Die getroffenen Aussagen gelten aber in gleicher Weise für die türkeistämmigen Migranten in NRW.
134 Siehe Anhang Tabelle 11.
135 Zu dieser Diskussion vgl. Schiffauer, Werner: Parallelgesellschaften. Wie viel Wertekonsens braucht unsere Gesellschaft? Für eine kluge Politik der Differenz. Bielefeld 2008, S. 99.

che Ziel, als Mittel der Integration zu fungieren, verfehlt, denn die Einbürgerungswilligen müssen sich emotional und mental eindeutig positionieren, das Gesetz zwingt sie zu einer Entscheidung zwischen der türkischen und der deutschen Identität. Zudem schreckt der 2008 eingeführte Einbürgerungstest möglicherweise ab.

Tabelle 11: Einbürgerungen türkischer Migranten 1992 bis 2007

| Jahr | Deutschland | |
	Einbürgerungen türkischer Staatsbürger	Veränderungen gegenüber dem Vorjahr
Bis 1992	22.368	
1993	12.915	75%
1994	19.590	52%
1995	31.578	61%
1996	46.294	47%
1997	42.240	-9%
1998	59.664	41%
1999	103.900	57%
2000	82.861	-16%
2001	76 573	-9%
2002	64.631	-14%
2003	56.244	-13%
2004	44.465	-21%
2005	32.661	-27%
2006	33.388	3%
2007	28.861	-14%
Insgesamt	761.385	-

Quelle: Statistisches Bundesamt, Fachserie 1, Reihe 2.1.
Bevölkerung und Erwerbstätigkeit, Einbürgerung, Stand Ende 2007, Wiesbaden 2008

In Deutschland wurden im Jahr 2007 28.861 türkische Staatsbürger eingebürgert. Die Anzahl der Einbürgerungen türkischer Migranten stieg von 1993 bis 1996 sprunghaft an und nahm dann 1997 leicht ab. Von 1997 an ist wieder ein starker Anstieg festzustellen, mit einem Höchststand im Jahr 1999. Seit dem Jahr 2000 und damit mit der Einführung des neuen Staatsangehörigengesetzes ist jedoch ein zum Teil deutlicher Rückgang der Einbürgerungen zu verzeichnen, der 2005 am stärksten war (-27%). Das neue Einbürgerungsgesetz hat nicht zu dem erwarteten Einbürgerungsboom geführt. Dennoch steigt natürlich die Zahl der Eingebürgerten und ihr Anteil an der gesamten türkeistämmigen Bevölkerung.

Summiert man die jährlichen Einbürgerungszahlen, ergeben sich bis Ende 2007 bundesweit rund 761.000 eingebürgerte Türkeistämmige. Zu diesen Zahlen müssen jedoch noch die jährlich rund 35.000 Kinder türkeistämmiger Eltern addiert werden, die in Deutschland geboren werden und die seit dem Jahr 2000 automatisch die deutsche Staatsbürgerschaft erhalten und nicht in die Einbürgerungsstatistik einfließen – bis 2007 rund 280.000 Personen. Somit summiert sich nach dieser Berechnung die Zahl der deutschen Staatsbürger türkischer Herkunft auf 1.041.400. Der Mikrozensus 2007 weist bundesweit 538.000 eingebürgerte Türkeistämmige auf, explizit ohne Personen, die Deutsche aufgrund der Geburt sind – knapp die Hälfte der summierten Einbürgerungszahl. Addiert man die im Mikrozensus ausgewiesene Zahl der türkischen Staatsbürger und der Eingebürgerten, kommt man auf 2.398.000 Personen, zur Gesamtzahl dort ausgewiesener türkeistämmiger Migranten fehlen 129.000 Personen – wohl in Deutschland geborene Kinder türkischer

Eltern. In der Mehrthemenbefragung 2008 sind 34% der erwachsenen Befragten deutsche Staatsangehörige, darunter besitzen 6% zusätzlich die türkische Staatsangehörigkeit.

Der Zeitvergleich in NRW lässt erkennen, dass der Anteil der türkischen Staatsbürger stetig zurückgeht und der Anteil Eingebürgerter entsprechend steigt, seit 2002 jedoch in geringerem Umfang als zuvor; inzwischen ist die Kurve deutlich abgeflacht, im Vergleich zu 2006 hat sich 2008 keine Veränderung ergeben. Dennoch hat sich der Anteil der deutschen Staatsbürger seit 1999 von 16% auf 37% mehr als verdoppelt, rechnet man die Doppelstaatsbürger hinzu.

Abbildung 22: Staatsangehörigkeit 1999 bis 2008 – nur NRW (Prozentwerte)

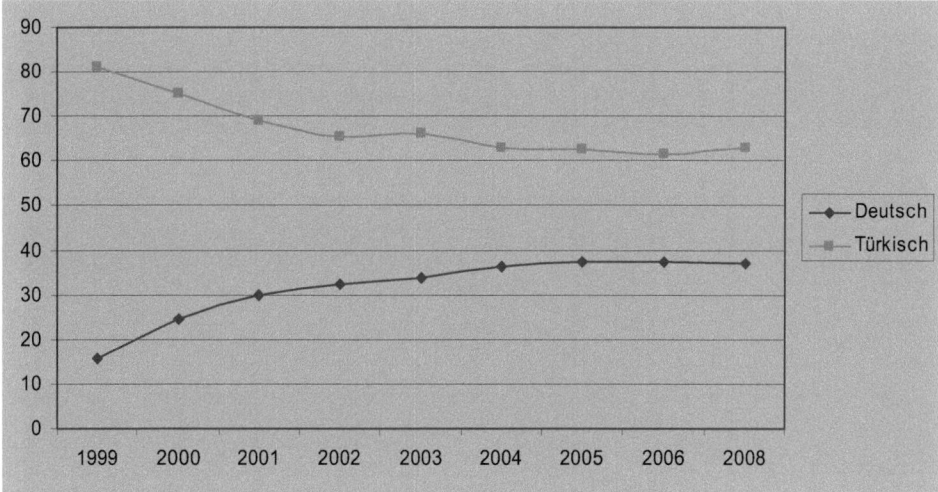

Türkeistämmige Frauen sind etwas häufiger deutsche Staatsbürger als Männer. Die eingebürgerten türkeistämmigen Migranten sind mit 37 Jahren deutschlandweit im Durchschnitt jünger als die türkischen Staatsbürger mit 42 Jahren. Im Altersgruppenvergleich kann man eine Abnahme des Anteils deutscher Staatsbürger bei höherem Alter erkennen. Ein wichtiger Faktor für die Einbürgerung ist die Aufenthaltsdauer, nicht zuletzt aufgrund der rechtlichen Bestimmungen, die auch früher eine gewisse Dauer des Aufenthaltes (bis 1999 15 Jahre, seit 2000 acht Jahre) voraussetzten. Die Migranten mit deutscher Staatsangehörigkeit leben im Durchschnitt seit 27 Jahren in Deutschland, die türkischen Staatsbürger seit 24 Jahren. Mit zunehmender Aufenthaltsdauer wird der Anteil der Eingebürgerten deutlich höher.

Deutliche Zusammenhänge zeigen sich auch beim Zuwanderungsgrund. So sind lediglich 21% der ehemaligen Gastarbeiter und sogar nur 19% der als Ehepartner Nachgereisten Deutsche, jedoch 40% der als Kind im Zuge der Familienzusammenführung Eingereisten und mehr als die Hälfte (59%) der hier Geborenen. Betrachtet man die objektive Generationszugehörigkeit, wird auch hier der Unterschied deutlich: Unter den Angehörigen der ersten Generation finden sich nur 21% mit deutscher Staatsbürgerschaft, unter den Angehörigen der zweiten Generation sind es 48%.[136]

---

136 Siehe Anhang Tabelle 12.

Hier wirkt neben der rechtlichen Situation wohl die mentale Disposition; das Gefühl der Zugehörigkeit war bei Gastarbeitern lange Zeit von der mittelfristigen Rückkehrabsicht überwölbt, bei den hier Geborenen oder Aufgewachsenen jedoch eher von einem dauerhaften Verbleib im Geburtsland. Bei der Entscheidung, die deutsche Staatsangehörigkeit anzunehmen und die türkische aufzugeben, spielen auch Heimatverbundenheit und Rückkehrabsicht eine Rolle: Befragte mit Rückkehrabsicht sind etwas seltener deutsche Staatsbürger als Befragte ohne Rückkehrabsicht.[137] Der doch eher geringe Unterschied weist tatsächlich darauf hin, dass es sich bei der Rückkehrabsicht eher um eine Offenhaltung von Optionen als um konkrete Pläne handelt.

Die Heimatverbundenheit steht jedoch in einem viel deutlicheren Zusammenhang mit der Staatsbürgerschaft: Migranten, die sich in erster Linie mit der Türkei verbunden fühlen, sind deutlich seltener deutsche Staatsbürger als Befragte, die sich mit Deutschland verbunden fühlen. Befragte, die sich mit beiden Ländern verbunden fühlen, liegen in ihrer Einbürgerungsquote deutlich über den Türkeiverbundenen, aber zugleich auch unter den Deutschlandverbundenen. Somit steht die Einbürgerung durchaus mit einer stärkeren Verbundenheit mit Deutschland in Zusammenhang, auch wenn von Fall zu Fall pragmatische Gründe den Ausschlag für die Einbürgerung geben mögen.

Abbildung 23: Absicht zur Einbürgerung (nur türkische Staatsbürger – Prozentwerte) 2008

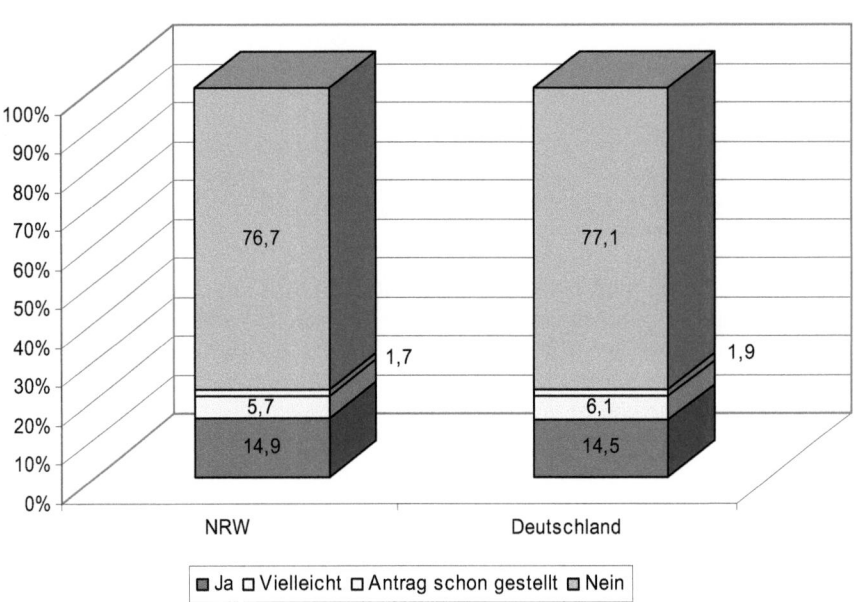

Die türkischen Staatsbürger wurden gefragt, ob sie eine Einbürgerung beabsichtigen oder in Erwägung ziehen. Mehr als drei Viertel (77%) der noch nicht eingebürgerten Befragten beabsichtigen nicht, sich einbürgern zu lassen, 6% schließen eine Einbürgerung nicht gänz-

---

137 Siehe Anhang Tabelle 13.

lich aus und 15% möchten die Einbürgerung beantragen. Darüber hinaus gaben 2% an, den Antrag auf Einbürgerung bereits gestellt zu haben.

Abbildung 24: Absicht zur Einbürgerung 1999 bis 2008 – nur NRW (Prozentwerte)

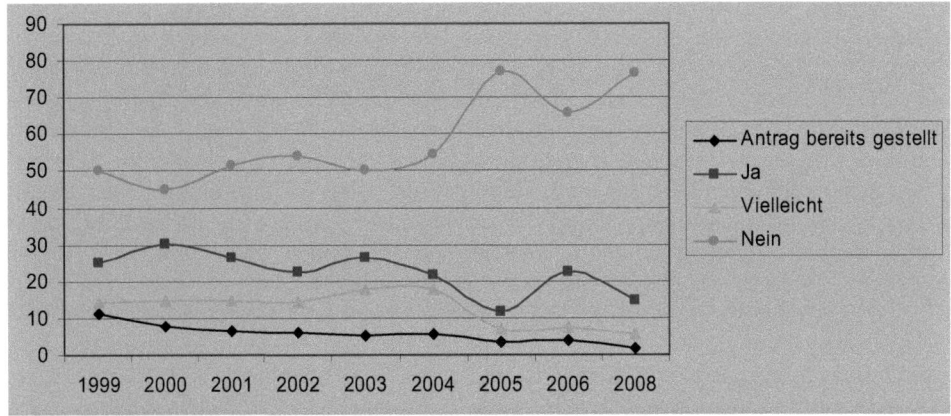

Der Zeitvergleich in NRW zeigt, dass von 2000 nach 2005 die Absicht auf Einbürgerung deutlich abgenommen sowie die definitive Absage an die Einbürgerung deutlich zugenommen hat. 2006 kehrte sich dies um, allerdings nur kurzfristig, denn 2008 ist der Anteil derjenigen, die eine Einbürgerung definitiv ausschließen, so hoch wie 2005 und der Anteil, der sie plant, fast ebenso niedrig wie vor drei Jahren. Möglicherweise hat die Einführung des Einbürgerungstests hier die 2006 vorhandene positive Stimmung zur Einbürgerung wieder konterkariert.

Analog zur Rückkehrabsicht und zur Heimatverbundenheit sind die Zusammenhänge mit der sozioökonomischen Lage eher gering ausgeprägt. Zwar schließen Befragte, die die allgemeine und die eigene wirtschaftliche Lage positiv sehen, eine Einbürgerung unterdurchschnittlich häufig aus, allerdings sind die Differenzen zu gering, als dass sich hier ein eindeutiger Zusammenhang zwischen Einbürgerungsabsicht und wirtschaftlicher Einschätzung ableiten lassen sollte.

Tabelle 12: Einbürgerungsabsicht nach positiver Einschätzung der wirtschaftlichen Situation (Zeilenprozent) 2008

| | Einbürgerungsabsicht | | |
	Ja/ Antrag gestellt	Vielleicht	Nein
NRW			
Positive Einschätzung			
Allgemeine wirtschaftliche Lage	17,9	5,9	74,5
Eigene wirtschaftliche Lage	13,2	10,1	72,9
Gesamt	16,6	5,7	76,7
Deutschland			
Positive Einschätzung			
Allgemeine wirtschaftliche Lage	17,6	11,8	70,6
Eigene wirtschaftliche Lage	16,2	5,9	76,5
Gesamt	16,4	6,1	77,1

Zu vermuten ist, dass auch hier weniger die wirtschaftliche Stimmung als vielmehr die mentale Disposition eine erhebliche Rolle spielt, was bereits durch den Zusammenhang zur Rückkehrabsicht und zur Heimatverbundenheit deutlich wurde. Klar wird dies auch bei einer Betrachtung der soziodemographischen Merkmale. Das Alter, die Aufenthaltsdauer, der Zuwanderungsgrund und somit die Generationszugehörigkeit sind die soziodemographischen Merkmale, die die Einbürgerungsabsicht am stärksten beeinflussen. Das Geschlecht wirkt sich nur gering aus. Je jünger die Befragten sind, desto höher ist der Anteil derer, die die Absicht haben, sich einbürgern zu lassen. Die Aufenthaltsdauer zeigt ebenfalls einen linearen Zusammenhang zur Einbürgerungsabsicht. Befragte, die erst kurz in Deutschland leben, haben am häufigsten die definitive Absicht, sich einbürgern zu lassen. Je länger der Aufenthalt bereits besteht, desto geringer wird der Anteil derer, die sich einbürgern lassen möchten. Entsprechend der Altersstruktur erwägen ehemalige Gastarbeiter kaum mehr eine Einbürgerung, die Kontrastgruppe dazu bilden erwartungsgemäß die hier Geborenen, unter denen sich noch erhebliches Potenzial findet.

Die Zusammenhänge von Alter, Zuwanderungsgrund und Aufenthaltsdauer kumulieren in der Generationszugehörigkeit: Befinden sich unter den Angehörigen der ersten Generation nur noch wenige, die eine Einbürgerung erwägen, beträgt dieser Anteil in der Nachfolgegeneration in Deutschland immerhin 31%.[138]

Nach eigenen Angaben erfüllen in Deutschland 59% der noch nicht eingebürgerten erwachsenen türkischen Migranten die Voraussetzungen zur Einbürgerung nach dem geltenden Staatsangehörigkeitsgesetz. 25% erfüllen die Voraussetzungen subjektiv nicht und 16% wissen nicht, ob sie die Voraussetzungen erfüllen.

Abbildung 25: Erfüllung der Einbürgerungskriterien (nur türkische Staatsbürger – Prozentwerte) 2008

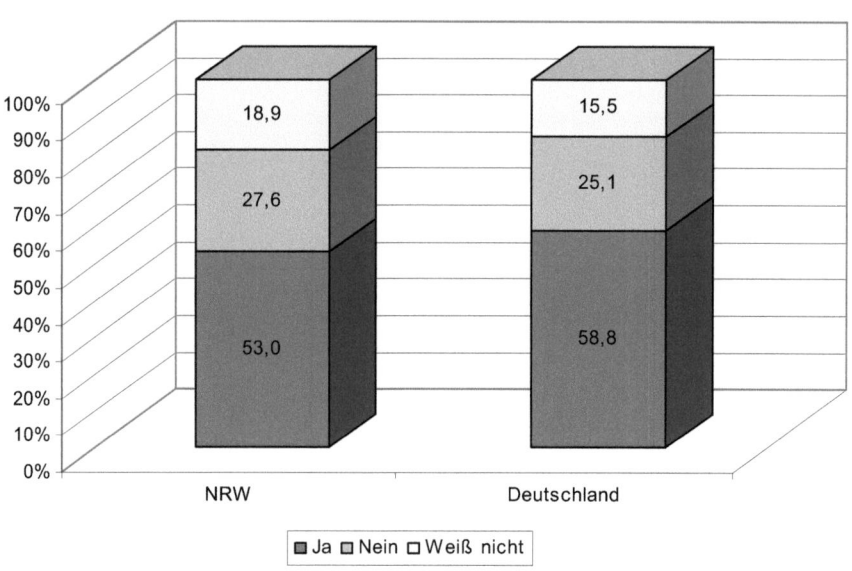

138 Siehe Anhang Tabelle 14.

Der Zeitvergleich in NRW zeigt starke Schwankungen bei der Einschätzung der Erfüllung der Einbürgerungskriterien, insgesamt aber einen negativen Trend. Im Vergleich zum Vorjahr sind 2008 deutlich weniger Befragte der Meinung, sie erfüllten die Kriterien. Deutlich gestiegen ist der Anteil derjenigen, die verunsichert sind und nicht wissen, ob sie die Anforderungen erfüllen. Möglicherweise haben Sprach- und Einbürgerungstest zu dieser stark gestiegenen Verunsicherung beigetragen.

Abbildung 26: Erfüllung der Einbürgerungskriterien 2000 bis 2008* – nur NRW
(Prozentwerte)

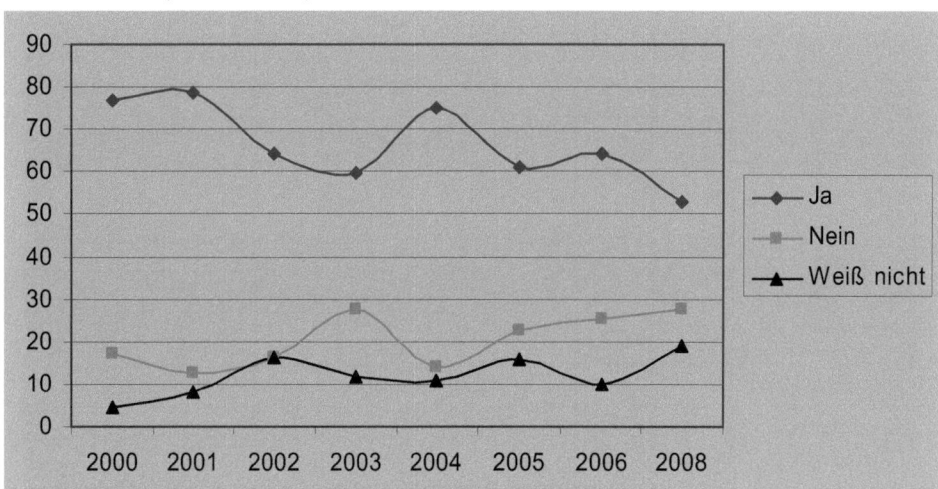

* 1999 wurde die Erfüllung der Einbürgerungskriterien nicht erhoben.

Interesse an Politik und Interessenvertretung

Migranten werden zwar gern als Mitbürger tituliert, tatsächlich sind viele von ihnen eben (noch) keine Bürger im politischen Sinn. Dies fördert nicht das Gefühl, Teil dieser Gesellschaft zu sein. Zwar kommt der Beseitigung struktureller Defizite eine bedeutende Rolle zu, doch bedarf die Integration auch der Öffnung von Machtbereichen und der politischen Partizipation. Da immer mehr Migranten durch die Einbürgerung wahlberechtigt sind, finden sich auch Personen mit Migrationshintergrund unter den Kandidaten und Mitgliedern von Kommunalparlamenten, Landtagen und im Bundestag. So waren 2005 von allen 2.300 Kandidaten für die Bundestagswahl 107 (5%) Migranten, d.h. sie wurden nicht in Deutschland geboren. Die Mehrheit von ihnen stammt aus „Aussiedlerländern" (40), 21 aus Anwerbeländern. Kandidaten aus der Türkei gab es insgesamt 16, davon acht bei der Linken, vier bei den Grünen, drei bei der SPD und einen bei der CDU. Gewählt wurden 16 Kandidaten mit Migrationshintergrund, von denen sechs als Deutsche im Ausland geboren wurden. Insgesamt sind fünf Abgeordnete mit türkischem Migrationshintergrund im Bundestag vertreten, eine bei der SPD, eine bei den Grünen und drei bei der Linkspartei.[139] Die Präsenz von Personen mit Migrationshintergrund auf der politischen Bühne hat einen hohen symbolischen Wert, auch wenn durchaus auch Nichtmigranten Interessen von Migranten vertreten können. Doch dienen Abgeordnete mit Migrationshintergrund als Vorbilder und verstärken das Gefühl, Teil der Gesellschaft und des politischen Systems zu sein.

Abbildung 27: Interesse an deutscher und türkischer Politik (Prozentwerte) 2008

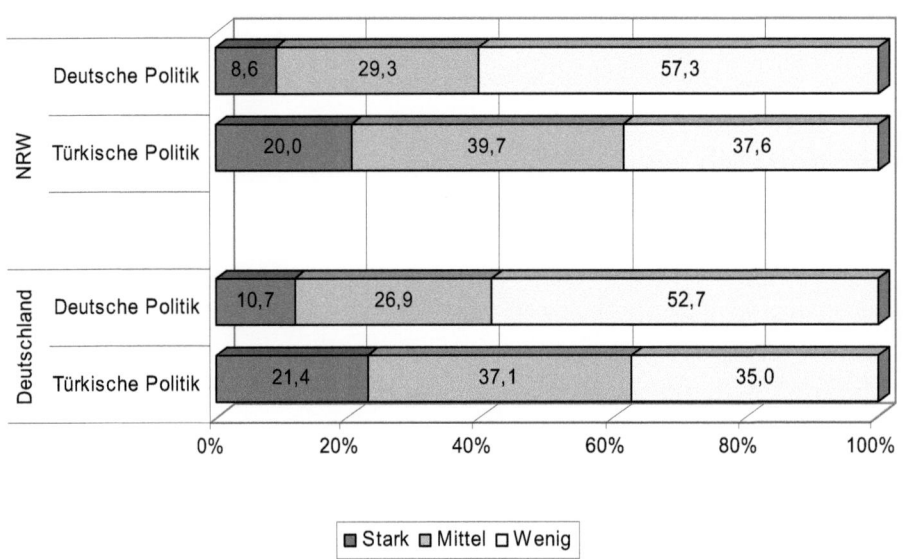

Das Interesse der Migranten an deutscher Politik ist nach wie vor geringer ausgeprägt als das an türkischer. Mehr als die Hälfte der Befragten in Deutschland sind nur wenig an deutscher Politik interessiert. Mittleres Interesse bringen ihr gut ein Viertel entgegen, und starkes Interesse daran haben 11%. Für die türkische Politik interessieren sich hingegen 21% stark, 37% mittelmäßig und 35% wenig. Dabei kann man eine deutliche Überlappung beim politischen Interesse bezüglich der beiden Länder feststellen: 30% derjenigen, die sich für türkische Politik stark interessieren, interessieren sich ebenfalls stark für deutsche Politik. 61% von denjenigen, die sich stark für deutsche Politik interessieren, geben auch starkes Interesse an der türkischen Politik an.

139 Quelle: Wüst, Andreas M.: Wahlverhalten und politische Repräsentation von Migranten. In: Frech, Siegfried/Meier-Braun, Karl-Heinz (Hrsg.): Die offene Gesellschaft. Zuwanderung und Integration. Schwalbach 2007, S. 168f.

Abbildung 28: Interesse an deutscher und türkischer Politik 1999 bis 2008 – nur NRW
(Prozentwerte)

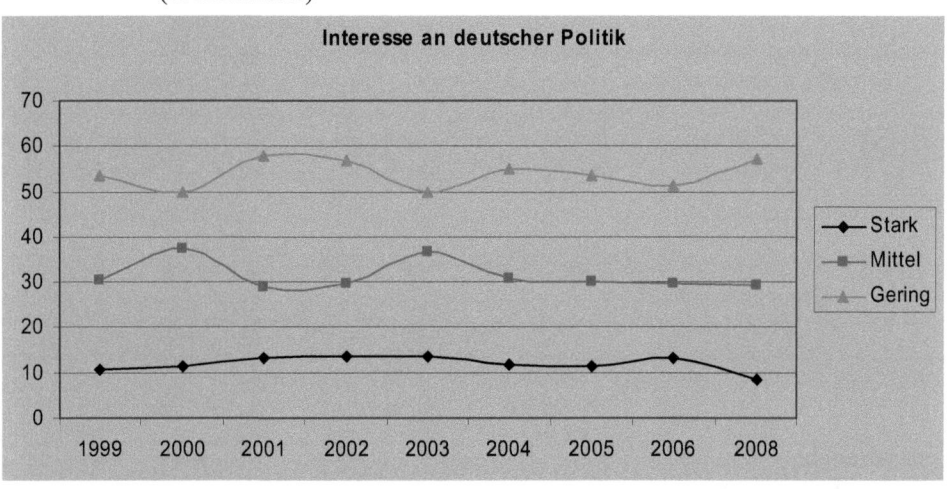

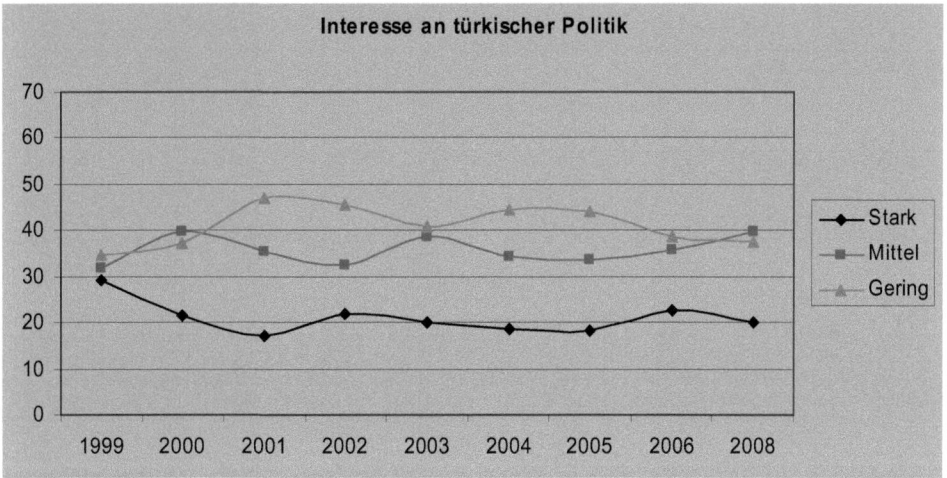

Über den gesamten Zeitraum von 1999 bis 2008 zeigen sich bezüglich des Interesses an deutscher Politik in NRW nur wenige Veränderungen; starkes Interesse zeigten die gesamte Zeit zwischen 9% (2008) und 14% (2002). Auch bezüglich der türkischen Politik sind die Schwankungen eher gering und bewegen sich zwischen 17% (2001) und 23% (2006) stark Interessierter. Das Interesse an Politik ist erfahrungsgemäß eine Frage des Alters, des Geschlechts, der Bildung, aber teilweise auch der sozialen Lage, und bei Migranten auch der Zuwanderergenerationszugehörigkeit.

Frauen sind generell deutlich weniger an Politik interessiert als Männer, der Unterschied tritt sowohl in Bezug auf deutsche als auch auf türkische Politik zutage. Das Alter wirkt sich ebenfalls auf das Interesse an Politik aus – je älter, desto stärkeres Interesse sowohl an deutscher als auch an türkischer Politik. Nimmt man die Generationszugehörigkeit in den Blick, zeigt sich, dass es bezüglich des Interesses an deutscher Politik deutlichere Unterschiede gibt, wobei die Nachfolgegeneration das höchste und die Heiratsmigranten das geringste Interesse haben. Für die türkische Politik gilt umgekehrt, dass die erste Generation das höchste und die Nachfolgegeneration das geringste Interesse zeigt.

Erwartungsgemäß wirkt sich die Schulbildung aus, sowohl bei der deutschen als auch bei der türkischen Politik: Je höher die Bildung, desto stärker ist das Interesse sowohl an deutscher als auch an türkischer Politik. Auch die berufliche Stellung zeigt, dass bei höherer Position das Interesse an Politik generell zunimmt, an deutscher noch stärker als an türkischer.[140]

Tabelle 13: Starkes Interesse an deutscher und türkischer Politik nach Einstellungen (Zeilenprozent) 2008

		NRW		Deutschland	
		Starkes Interesse an...			
		deutscher Politik	türkischer Politik	deutscher Politik	türkischer Politik
Staatsbürgerschaft					
	Deutsch	14,6	17,0	18,8	23,2
	Türkisch	5,1	21,7	6,6	20,7
Einbürgerungsabsicht					
	Ja	10,6	24,5	8,4	23,2
	Nein	3,5	20,3	5,3	19,5
Heimatverbundenheit					
	Türkei	6,7	23,2	6,1	25,1
	Deutschland	10,8	18,2	12,7	17,1
	Beide Länder	9,5	19,0	14,9	20,6
Rückkehrabsicht					
	Ja	7,1	25,6	8,8	23,6
	Nein	9,4	17,0	11,8	19,2
Gesamt		8,6	20,0	10,7	21,4

Die kulturelle Identität wirkt sich ebenfalls auf das Interesse aus, stärker bei deutscher, weniger stark bei türkischer Politik, jedoch insgesamt weniger stark als die soziodemographischen Merkmale und weniger stringent. Eingebürgerte Migranten haben ein deutlich stärker ausgeprägtes Interesse an deutscher Politik als türkische Staatsbürger. Auf das Interesse an türkischer Politik wirkt sich die Staatsbürgerschaft weniger stark aus, wobei Eingebürgerte ein geringeres Interesse an türkischer Politik haben als türkische Staatsbürger. Hier wirken indirekt vermutlich Generationszugehörigkeit und Bildung nach. Somit führt zwar die Einbürgerung zu einem gestiegenen Interesse an Deutschland, jedoch nicht zu einer Loslösung von der Türkei. Die Einbürgerungsabsicht zeigt in NRW deutliche und bundesweit leichte Unterschiede beim Interesse an deutscher Politik, das bei Nicht-Einbürgerungswilligen deutlich seltener vorhanden ist. Nur geringe Unterschiede ergibt die Einbürgerungsabsicht beim Interesse an türkischer Politik. Die Heimatverbundenheit steht

---

140 Siehe Anhang Tabelle 15.

ebenfalls in Zusammenhang zum Interesse an Politik. Migranten, die sich nur mit der Türkei verbunden fühlen, zeigen unterdurchschnittliches Interesse an deutscher und überdurchschnittliches Interesse an türkischer Politik, bei Deutschlandverbundenen ist es umgekehrt, auch wenn bei ihnen ebenfalls das Interesse an türkischer Politik das an deutscher übertrifft. Migranten, die sich die Option zur Rückkehr offen halten, haben an türkischer Politik ein überdurchschnittliches Interesse, mit dem Interesse an deutscher Politik steht diese Option jedoch nur sehr geringfügig in Zusammenhang.

Die Interessenvertretung der Bürger durch politische Institutionen und Organisationen ist ein zentraler Bestandteil der Demokratie. Gelingt es den Organisationen und Institutionen nicht, den Menschen das Gefühl zu vermitteln, ihre Interessen zu vertreten, ist dies der Identifikation mit Deutschland abträglich.

Abbildung 29: Interessenvertretung durch politische Institutionen 2008 – Deutschland
(Prozentwerte)

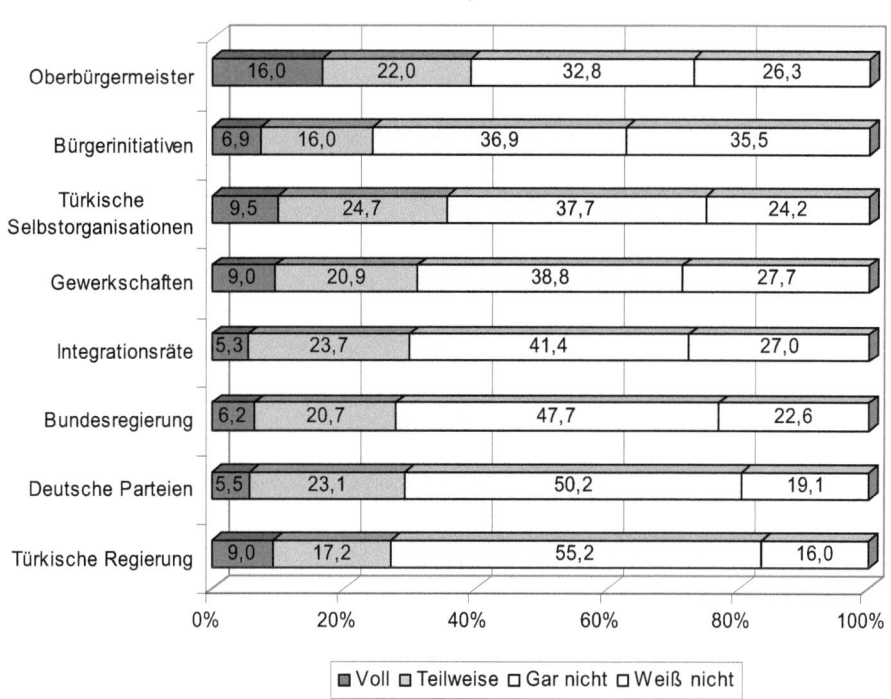

Betrachtet man die Situation auf Bundesebene, fällt auf, dass der Anteil derjenigen, die das Maß der Interessenvertretung nicht einschätzen können (Antwortkategorie „Weiß nicht"), bei allen Institutionen ausgesprochen hoch ist (zwischen 16% und 36%). Neben Bürgerinitiativen (36%) sind es die Gewerkschaften (28%) und die Integrationsräte (27%), sowie die (Ober-)Bürgermeister, die nicht eingeschätzt werden können. Lediglich bei den deutschen Parteien und der türkischen Regierung fällt den Befragten ein Urteil leichter. Der Anteil derjenigen, die eine volle Interessenvertretung attestieren, ist sehr gering. Die höchsten

Anteile dieser Kategorie entfallen mit 16% auf die (Ober-)Bürgermeister, mit 10% auf die türkischen Selbstorganisationen, die türkische Regierung (9%) und die Gewerkschaften (9%). Der höchste Anteil Nennungen in der Kategorie „Gar nicht" entfällt auf die türkische Regierung (55%), die deutschen Parteien (50%) und die Bundesregierung (48%). An der türkischen Regierung scheiden sich die Geister am stärksten, da auf sie einerseits von allen Organisationen der höchste Anteil derjenigen entfällt, die der Meinung sind, sie vertrete die Interessen der türkeistämmigen Migranten gar nicht, andererseits auch ein relativ hoher Anteil der Meinung ist, sie vertrete die Interessen voll (9%).

Fasst man die Kategorien „Voll" und „Teilweise" zusammen, liegen auf dem ersten Rang der eingeschätzten Interessenvertretung in Deutschland die (Ober-)Bürgermeister mit 38%, gefolgt von den türkischen Selbstorganisationen mit 34%, den Gewerkschaften (30%), den Parteien (29%) und den Integrationsräten (29%). Danach folgen die Bundesregierung mit 27%, die türkische Regierung mit 26% und die Bürgerinitiativen (23%).

Abbildung 30: Interessenvertretung (voll und teilweise) durch Institutionen 1999 bis 2008* – nur NRW (Prozentwerte)

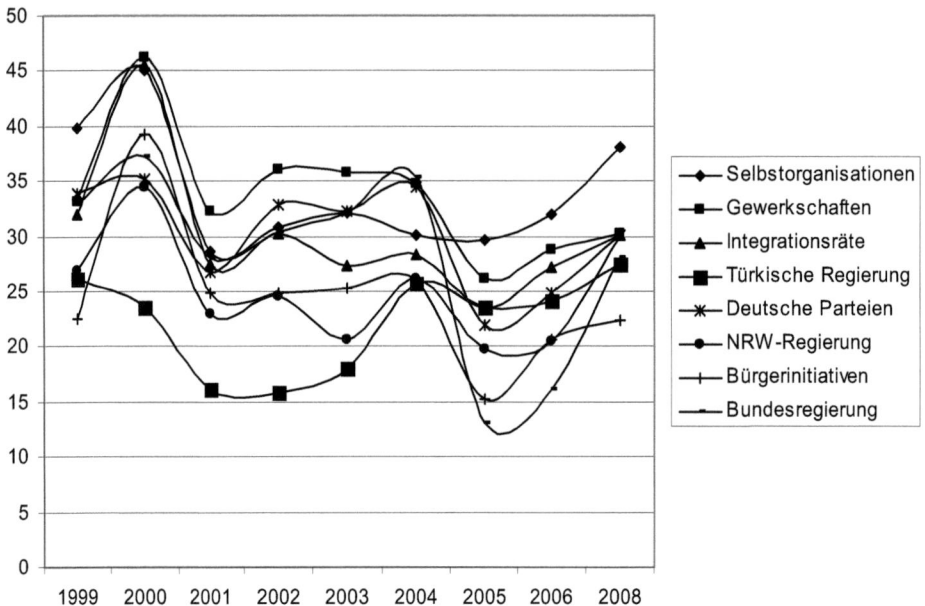

* (Ober-)Bürgermeister werden erst ab dem Jahr 2008 erhoben.

Über die Zeit schwankte die Zuschreibung der Interessenvertretung in NRW relativ stark. Zwischen 1999 und 2000 wuchs die Zuschreibung stark und betraf alle Institutionen, 2001 erfolgte ein starker Einbruch, der ebenfalls alle Institutionen betraf. Es ist zu vermuten, dass hier die Diskussion um das Einbürgerungs- und Zuwanderungsgesetz und die Akzeptanz Deutschlands als Einwanderungsland für das Hoch und die anschließende Enttäuschung über die Umsetzung für das Tief verantwortlich waren. 2002 nahm die Zuschreibung der Interessenvertretung wieder zu, 2003 ergab sich bei einigen Institutionen eine Zunahme, bei einigen eine Abnahme. Das Niveau des Jahres 2000 wurde jedoch nicht erreicht. 2004 konnten mit Ausnahme der Gewerkschaften, die auf gleichem Niveau blieben, und der Selbstorganisationen (-2 Prozentpunkte) alle Institutionen zumindest eine etwas höhere Interessenzuschreibung verzeichnen, sie erreichen dennoch nach wie vor nicht den Höchststand des Jahres 2000. Auffallend war, dass 2004 die Institutionen sehr viel näher beieinander liegen als in den Jahren zuvor. 2005 zeigte sich für alle Institutionen ein Rückgang der Zuschreibung der Interessenvertreterfunktion, der allerdings sehr unterschiedlich ausfiel (zwischen -1% und -22%) und die Rangfolge der Institutionen zum Teil deutlich verändert hat. Zugleich lagen die Beurteilungen wieder etwas weiter auseinander. Im Jahr 2006 war bei allen Organisationen ein leichter Zuwachs der Interessenvertretungszuschreibung zu verzeichnen, der jedoch relativ gleichmäßig und mit einer geringen Spannweite erfolgte, die Rangfolge veränderte sich nur sehr wenig und umfasste nicht mehr als einen Rang. 2008 stieg die Wahrnehmung der Interessenvertretung wieder für alle Organisationen, jedoch in unterschiedlichem Ausmaß. Die stärkste Zunahme ist bei der Bundesregierung (+ 12 Prozentpunkte) zu verzeichnen – möglicherweise ein Effekt von Islam- und Integrationsgipfel, die erstmalig Migrantenorganisationen auf Bundesebene als Gesprächspartner einbeziehen.

Insgesamt stützen die Befunde der Mehrthemenbefragung zur identifikativen Integration die Annahme, dass die Identifkation mit Deutschland in einem eher schwachen Zusammenhang mit anderen Merkmalen der Sozialintegration steht – einen höheren Erklärungswert für die Identifikation als etwa die kognitive und die strukturelle Integrationsdimension haben mentale Dispositionen und die biographische Verbindung zum transnationalen Raum Deutschland-Türkei. Wo diese angesichts des Fehlens eigener Migrationserfahrung geringer ausgeprägt ist, steigt auch die Identifikation mit Deutschland, allerdings bleibt speziell die Doppelorientierung ein empirisch hoch relevanter Fall – nicht so relevant aber wie mit Blick auf die im Exkurs dargestellte bikulturelle Mediennutzung, wo der transnationale Raum generationenübergreifend zugänglich ist. Diese Befunde sprechen dafür, die Identifikation mit dem Aufnahmeland im Prozess der Sozialintegration – zumindest für die hier untersuchte Gruppe – anders zu bewerten als die Integrationstheorie dies bislang tut.[141] Diese Überlegung wird weiter unten noch vertieft. Zugleich zeigt sich im intergenerativen Wandel eine Hinwendung zu Deutschland, fraglich ist aber eben, ob diese wirklich im Zusammenhang mit der Veränderung der anderen Indikatoren der Sozialintegration steht oder mit dem Bedeutungsverlust der transnationalen Orientierung oder der Orientierung primär zur Türkei über mehrere Generationen.

3.5 Die gesellschaftliche Integration

Die These der gescheiterten Integration bezieht sich oft auf die vermeintliche Existenz von Parallelgesellschaften und konzentriert sich dabei auf das Verhalten der Zuwanderer bezüglich des gesellschaftlichen Zusammenlebens der Minderheits- mit der Mehrheitsgesellschaft, lässt dabei jedoch strukturelle Bedingungen und das Verhalten der Mehrheitsgesellschaft außen vor.[142] Eigenethnische Cliquenbildung, die Entstehung eigenethnischer Verei-

---

141 Speziell mit Blick auf das Modell von Esser, Hartmut: Integration und ethnische Schichtung. Arbeitspapier Mannheimer Zentrum für Europäische Sozialforschung Nr. 40. Mannheim 2001, S. 18.
142 Vgl. hierzu Meyer, Thomas: Parallelgesellschaft und Demokratie. In: Meyer, Thomas/Weill, Reinhard (Hrsg.): Die Bürgergesellschaft. Bonn 2002, S. 343-372.

ne und Organisationen, vor allem auch die Herausbildung von Stadtteilen, die durch eine ethnisch konzentrierte Bewohnerstruktur und entsprechende Ökonomie geprägt sind, werden als Maßstab der Integration – und insbesondere der Desintegration – herangezogen.[143] Vor allem die muslimisch-türkische Community wird verdächtigt, sich bewusst und gewollt abzuschotten. Ursache hierfür sei die deutlich andere Kultur, die einen gesamtgesellschaftlichen kulturellen Wertekonsens – eine Leitkultur – der als Voraussetzung einer integrierten Gesellschaft gesehen wird, verhindere.[144] Kulturelle Differenz wird damit zum Desintegrationsfaktor.[145] Dabei wird jedoch übersehen, dass auch die Mehrheitsgesellschaft und die dort herrschenden Verhältnisse Auswirkungen auf das Zusammenleben von Minderheiten und Mehrheiten haben – von der strukturellen Exklusion über die Ablehnung der „Ausländer" bis hin zur offenen Diskriminierung.[146] Kontakte und freundschaftliche Beziehungen zu Deutschen, gute Nachbarschaftsverhältnisse und die Einbindung über gesellschaftliche Organisationen können viel zur Verbundenheit der Migranten mit Deutschland beitragen. Umgekehrt kann die Erfahrung von Diskriminierung und Ungleichbehandlung zu einer inneren Abwehrhaltung und zu Abschottungstendenzen führen. Zugleich betont die Integrationsforschung die Interdependenz der verschiedenen Integrationsbereiche, wobei in der strukturellen Teilhabe und weniger in der gesellschaftlichen Interaktion der Schlüsselbereich der Integration gesehen wird.[147] Doch neben der umstrittenen Frage, welche Rolle das gesellschaftliche Miteinander generell im Integrationsprozess spielt, sollte zunächst hinterfragt werden, ob die gesellschaftliche Integration bzw. Abschottung tatsächlich so ausgeprägt ist, wie von den Vertretern der These der gescheiterten Integration behauptet wird.

Kontakte zu Deutschen

91% der in Deutschland Befragten der Mehrthemenbefragung haben Kontakte zu Deutschen in mindestens einem der vier abgefragten Lebensbereiche, die über Grußkontakte hinausgehen. Allerdings haben 9% keinerlei Kontakt zu Deutschen. 10% haben Kontakte in einem der vier abgefragten Lebensbereiche, 19% in zwei, ein Drittel in drei Lebensbereichen und 30% sogar in allen vier abgefragten Bereichen. Im Durchschnitt haben die Befragten in 2,7 von vier untersuchten Bereichen Kontakte zu Deutschen.

---

143 So aufgeführt bei Micus, Matthias/Walter, Franz: Mangelt es an „Parallelgesellschaften"? In: Frech, Siegfried/Meier-Braun, Karl-Heinz (Hrsg.): Die offene Gesellschaft. Zuwanderung und Integration. Schwalbach 2007.
144 Vgl. Schiffauer, Werner: Parallelgesellschaften. Wie viel Wertekonsens braucht unsere Gesellschaft? Bielefeld 2008, S. 8ff.; Ähnlich Lanz, Stephan: Berlin aufgemischt: abendländisch, multikulturell, kosmopolitisch? Die politische Konstruktion einer Einwanderungsstadt. Bielefeld 2007, S. 89-120.
145 Die 2009 vorgestellte Studie zur Lage der Integration in Deutschland, in der der Integrationsgrad verschiedener Herkunftsgruppen verglichen wurde, zieht als Indikator der Integration beispielsweise den Anteil der bikulturellen Ehen heran. Vgl. Woellert, Franziska/Kröhmer, Steffen/Sippel, Lilli/Klingholz, Reiner: Ungenutzte Potenziale. Zur Lage der Integration in Deutschland. Hrsgg. vom Berlin-Institut für Bevölkerung und Entwicklung. Berlin 2009, S. 36.
146 So Nowak, Jürgen: Leitkultur und Parallelgesellschaft. Argumente wider einen deutschen Mythos. Frankfurt/Main 2006, S. 78f.
147 Vgl. Esser, Hartmut: Integration und ethnische Schichtung. Arbeitspapier Mannheimer Zentrum für Europäische Sozialforschung Nr. 40. Mannheim 2001, S. 8; Heitmeyer, Wilhelm/Kühnel, Wolfgang/Strobel, Rainer: Junge Aussiedler zwischen Assimilation und Marginalität. Abschlussbericht an das Ministerium für Arbeit, Soziales und Stadtentwicklung, Kultur und Sport NRW. Düsseldorf 1999, S. 5; Nassehi, Armin: Inklusion, Exklusion, Integration, Desintegration. Die Theorie funktionaler Differenzierung und die Desintegrationshypothese. In: Heitmeyer, Wilhelm (Hrsg.): Was hält die Gesellschaft zusammen? Frankfurt/Main 2007, S. 113-148.

Abbildung 31: Anzahl der Lebensbereiche, in denen Kontakte zu Deutschen bestehen (Prozentwerte) 2008

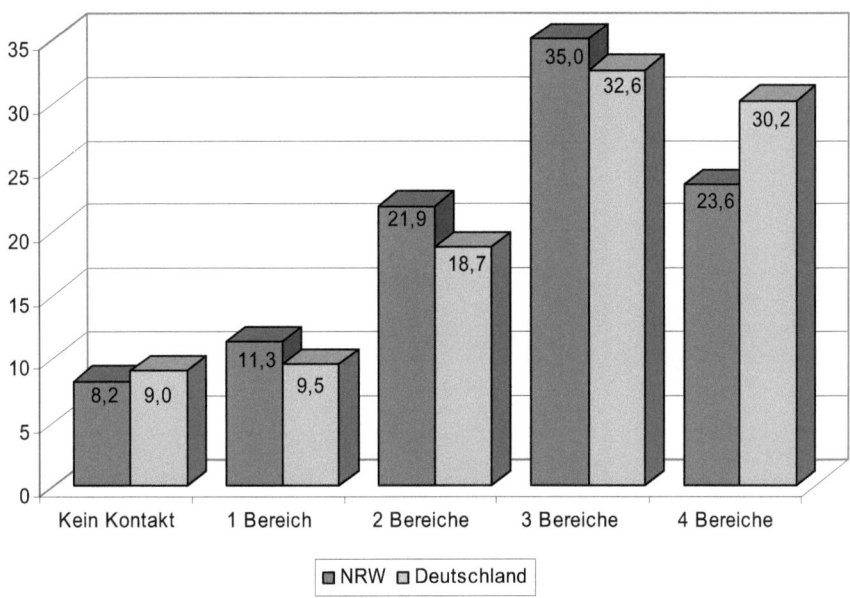

Unter den Befragten ohne Kontakte in den abgefragten Bereichen sind ältere Migranten insbesondere der ersten Generation, Heiratsmigranten, aber auch solche mit eher kurzen Aufenthaltszeiten sowie, bedingt durch die Generation und den Zuwanderungsgrund, Befragte ohne Schulabschluss in der Türkei und nicht Erwerbstätige überrepräsentiert. Selten ohne Kontakte sind junge Migranten, Angehörige der Nachfolgegeneration, mit höheren Schulabschlüssen und solche Befragte, die erwerbstätig sind.[148]

Am häufigsten findet der Kontakt in der Nachbarschaft statt, 81% der Befragten in Deutschland geben hier Beziehungen zu Deutschen an. 75% haben Kontakte im Freundes- und Bekanntenkreis. Am Arbeitsplatz bzw. an der Universität oder in der Schule gaben 64% an, Kontakte zu Deutschen zu haben, die über Grußkontakte hinausgehen. 46% haben mindestens ferne verwandtschaftliche Beziehungen zu deutschen Familien.

---

148 Siehe Anhang Tabelle 16.

Abbildung 32: Kontakte zu Deutschen in verschiedenen Lebensbereichen (Prozentwerte) 2008

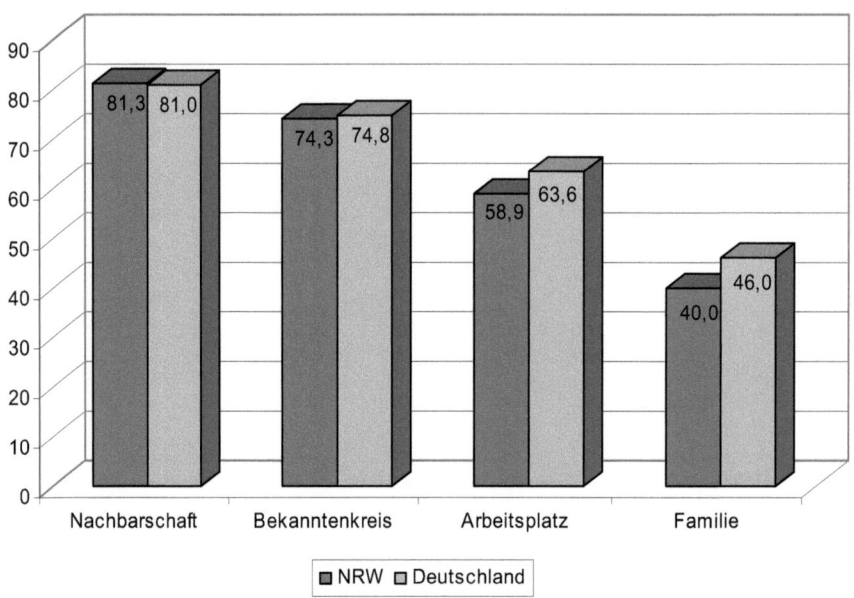

Im Zeitvergleich in NRW zeigen sich die Kontakte in den Lebensbereichen Freundes- und Bekanntenkreis sowie in der Nachbarschaft sehr stabil. Der Kontakt im weiteren familiären Umfeld nimmt leicht und stetig zu. Der Kontakt am Arbeitsplatz nahm zwischen 2003 und 2006 deutlich ab, nicht zuletzt, da der Anteil der Erwerbstätigen in dieser Zeit zurückging. 2008 zeigt sich parallel zur Zunahme der Erwerbstätigen auch wieder eine Zunahme bei den Kontakten am Arbeitsplatz. Betrachtet man die Kontakte am Arbeitsplatz nur bezogen auf die Erwerbstätigen, zeigt sich ebenfalls ein über die Zeit sehr stabiler Anteil. Somit haben sich die Kontakte in diesen Lebensbereichen in den letzten zehn Jahren kaum verändert, von einem Rückzug oder einer zunehmenden Abschottung kann diesbezüglich nicht gesprochen werden.

Für die Kontakte sind generell die Generationszugehörigkeit, damit auch Alter und Aufenthaltsdauer, und, davon nicht unabhängig, die Schulbildung und die berufliche Stellung wichtige Faktoren.

Frauen haben mit Ausnahme der Nachbarschaftskontakte, bei denen kein Unterschied besteht, in allen Bereichen – besonders jedoch am Arbeitsplatz aufgrund der geringeren Erwerbsquote – etwas seltener Kontakt zu Deutschen als Männer. Abgesehen vom Arbeitsplatz sind die Differenzen zwischen Männern und Frauen jedoch gering, so dass von einer besonderen Isolation oder Segregation der Frauen nicht gesprochen werden kann.

Die jüngste Gruppe hat in allen Bereichen häufiger Kontakte als die ältere, mit zunehmendem Alter sinken tendenziell die Kontaktanteile, besonders deutlich am Arbeitsplatz (aufgrund der geringen Erwerbsquote der ältesten Gruppe) und im Freundeskreis. In der Verwandtschaft allerdings nimmt der Anteil derjenigen mit Kontakten zu Deutschen mit steigendem Alter zu.

Abbildung 33: Kontakte zu Deutschen in verschiedenen Lebensbereichen 1999 bis 2008 – nur NRW (Prozentwerte)

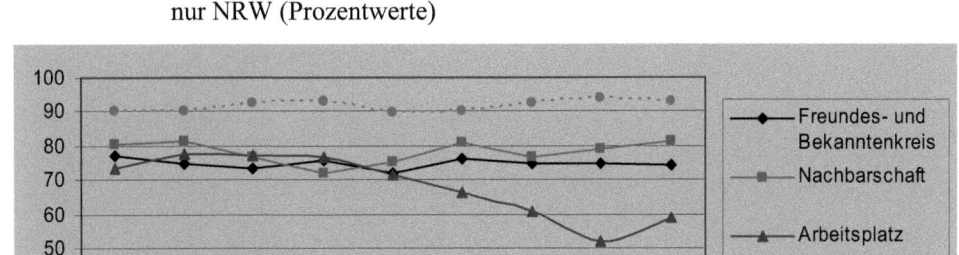

Bei einer Aufenthaltsdauer unter zehn Jahren sind die Kontakte in allen Bereichen geringer als bei denjenigen, die schon länger in Deutschland leben. Allerdings nimmt der Anteil mit Kontakten dann nicht mehr zu. Die Generationeneinteilung zeigt, dass die Nachfolgegeneration in allen Bereichen häufigere Kontakte hat als die erste Generation und die Heiratsmigranten, die mit Ausnahme des Arbeitsplatzes eine ähnlich hohe Kontaktquote wie die erste Generation aufweisen.

Zusammenhänge werden auch bei der Bildung deutlich. Dabei sind zwei Faktoren bedeutend: das Land des Schulbesuchs sowie das Niveau der Abschlüsse. Befragte mit Abschlüssen in Deutschland haben deutlich häufiger Kontakte zu Deutschen als Befragte mit Abschlüssen, die in der Türkei erworben wurden. Darüber hinaus steigt mit dem Bildungsgrad tendenziell der Anteil der Befragten, die über Kontakte verfügen, vor allem am Arbeitsplatz und im Freundeskreis. Ein solcher Zusammenhang ist jedoch nur schwach mit Blick auf die berufliche Stellung zu sehen.[149]

Insgesamt ist der Kontakt zwischen Minderheits- und Mehrheitsbevölkerung aus Sicht der Befragten relativ stark ausgeprägt. Er beschränkt sich nicht nur auf die Lebensbereiche, auf deren ethnische Zusammensetzung die Befragten keinen Einfluss haben, wie den Arbeitsplatz, sondern umfasst auch die Nachbarschaft und den Bekanntenkreis. Von einem Rückzug der Migranten kann nicht gesprochen werden, da das Zusammentreffen mit Deutschen nicht nur aufgrund unbeeinflussbarer Rahmenbedingungen erfolgt.

Wurden bei den Kontakten in verschiedenen Lebensbereichen relativ unspezifisch Kontakte, die über Grußkontakte hinausgehen, abgefragt, wurde in einem weiteren Teil die Häufigkeit von Freizeitkontakten erhoben. Auf diese Weise können die Kontakte qualifiziert werden, da man davon ausgehen kann, dass häufige Freizeitkontakte freiwillig und auf gleicher Ebene stattfinden und daher bewusste, positive und gewünschte Verbindungen darstellen.

---

149 Siehe Anhang Tabelle 17.

Abbildung 34: Interkulturelle Freizeitbeziehungen (Prozentwerte)* 2008

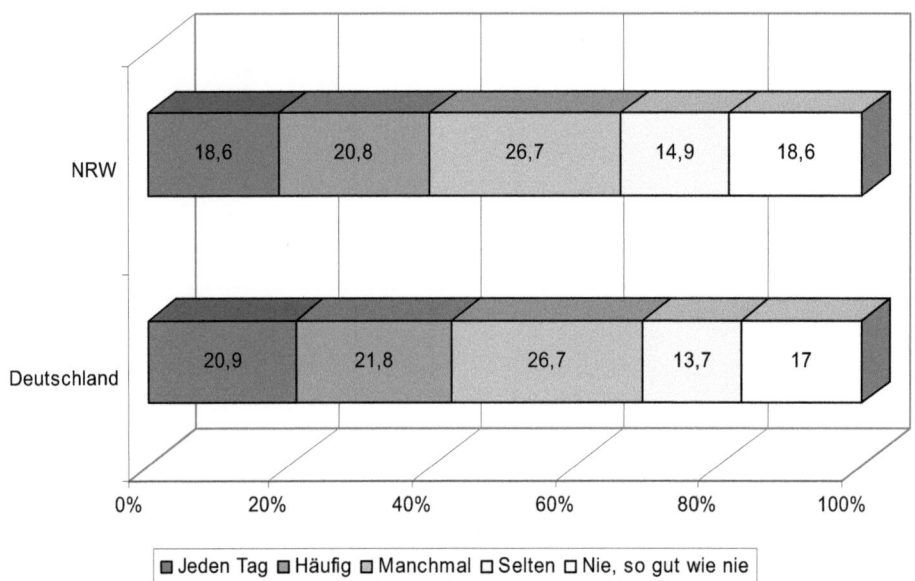

In Deutschland unterhalten 43% der Befragten enge, freundschaftliche Beziehungen zu Deutschen, indem man sich fast täglich (21%) oder häufig – mindestens einmal in der Woche – (22%) trifft. Manchmal Kontakt zu Deutschen haben gut ein Viertel (27%). 31% der türkeistämmigen Migranten haben nur wenige freundschaftliche Kontakte; 14% treffen sich dabei selten (mehrmals im Jahr) und 17% so gut wie nie mit Deutschen auf privater Ebene.

Der Zeitverlauf der NRW-Ergebnisse[150] zeigt, dass der häufige interkulturelle Freizeitkontakt von 2001 zu 2003 zugenommen, 2004 und 2005 abgenommen und 2006 wieder leicht zugenommen hat. 2008 liegt er auf dem Niveau von 2006. Spiegelbildlich nahm der seltene Kontakt zunächst ab, stieg jedoch 2004 und 2005, nahm 2006 stärker und 2008 leicht ab. Der Anteil derjenigen, die manchmal Kontakte haben, ist dabei über die Zeit leicht steigend.

Die Mittelwertberechnung auf der dreistelligen Skala von 1 = häufig bis 3 = nie/selten ergibt für 2001 den Wert 2,09, für 2002 den Wert 2,15, 2003 ergibt sich ein Mittelwert von 1,88, 2004 der Wert 1,92, 2005 der Wert 2,02, für 2006 der Wert 1,94 und für 2008 exakt der gleiche Wert. Somit kann man auch für die Freizeitkontakte nicht von einem Rückzug sprechen, auch wenn nicht übersehen werden darf, dass knapp ein Fünftel der türkeistämmigen Migranten in NRW so gut wie nie Freizeitkontakte zu Deutschen unterhält. Dieser Anteil ist jedoch im Zeitvergleich unverändert.

---

150 Die Häufigkeit des Freizeitkontaktes wurde in den Untersuchungen 1999 und 2000 nicht erhoben.

Abbildung 35: Interkulturelle Freizeitkontakte 2001 bis 2008 – nur NRW (Prozentwerte*)

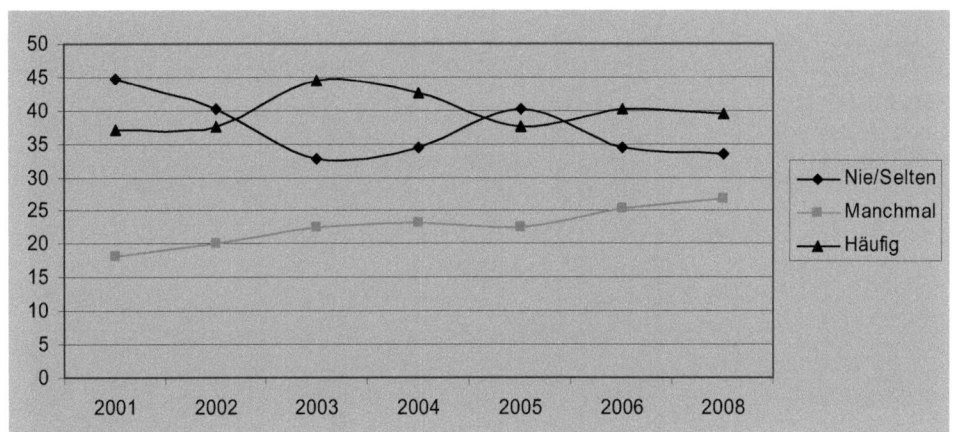

* Zusammengefasste Kategorien: Häufig = Jeden Tag/fast jeden Tag und Häufig – mindestens einmal in der Woche; Manchmal = Manchmal – mindestens einmal im Monat; Nie/Selten = Selten – mehrmals im Jahr und nie

Die Betrachtung der soziodemographischen Subgruppen in NRW und in Deutschland nach der Häufigkeit ihrer Freizeitkontakte mit Deutschen anhand der Mittelwerte auf der dreistelligen Skala zeigt wenige Überraschungen. Viele der Zusammenhänge waren bereits beim generellen Kontakt sichtbar. Auch bei den Freizeitkontakten sind es vor allem Alters- und Aufenthaltsdauer und dadurch die Generationszugehörigkeit, aber auch in besonderem Maß die Deutschkenntnisse, die die Häufigkeit des interkulturellen Kontakts beeinflussen.

Frauen haben etwas seltener enge freundschaftliche Beziehungen zu Deutschen als Männer. Beim Alter findet sich ein linearer Zusammenhang, junge Migranten haben deutlich häufiger Kontakte als ältere. Die Aufenthaltsdauer zeigt ebenfalls lineare Zusammenhänge, je länger die Migranten in Deutschland leben, desto häufiger haben sie freundschaftliche Beziehungen zu Deutschen. Der Zuwanderungsgrund zeigt die erwarteten Unterschiede: Bei ehemaligen Gastarbeitern und vor allem den nachgezogenen Ehepartnern sind freundschaftliche Beziehungen zu Deutschen seltener als bei hier Geborenen und den als Kind Nachgezogenen. Entsprechend der Zusammenhänge bei Alter, Aufenthaltsdauer und Zuwanderungsgrund verfügen Befragte der Nachfolgegeneration häufiger über deutsche Freunde als die erste Generation. Am schwersten tun sich nachgereiste Ehepartner der zweiten Generation.

Je besser die Deutschkenntnisse sind, desto häufiger treffen sich die Befragten mit Deutschen. Hier kommt zusätzlich der Alterseffekt zum Tragen. Beide Kriterien, Sprachkenntnisse und Alter, hängen wiederum mit der Bildung zusammen, die sich ihrerseits bei den Kontakten bemerkbar macht. Je höher die formale Bildung ist, desto häufiger sind Freundschaften mit Deutschen.

Auch die berufliche Stellung macht sich bemerkbar, je höher diese ist, desto häufiger pflegen die Befragten Freizeitkontakte zu Deutschen. Unter Nichterwerbstätigen verfügen insbesondere Hausfrauen selten über Freundschaftsbeziehungen zu Deutschen, auch Rentner haben hier wenige Kontakte.

Somit lassen sich folgende Kontrastgruppen identifizieren: Junge Befragte mit langer Aufenthaltsdauer oder hier Geborene mit guten Sprachkenntnissen und mittlerer bis höherer Bildung und einer qualifizierten beruflichen Stellung haben überdurchschnittlich häufig interkulturelle Kontakte. Wenig deutsche Freunde haben ältere Migranten, Personen, die als Gastarbeiter einreisten oder solche, die im Zuge des Ehegattennachzugs als Erwachsene kamen, Migranten, deren Sprachkenntnisse schlecht sind und die über eine formal niedrige Bildung und keine qualifizierte berufliche Stellung verfügen oder Haufrauen sind.[151]

Abbildung 36: Wunsch nach mehr Kontakt zu Deutschen (Prozentwerte) 2008

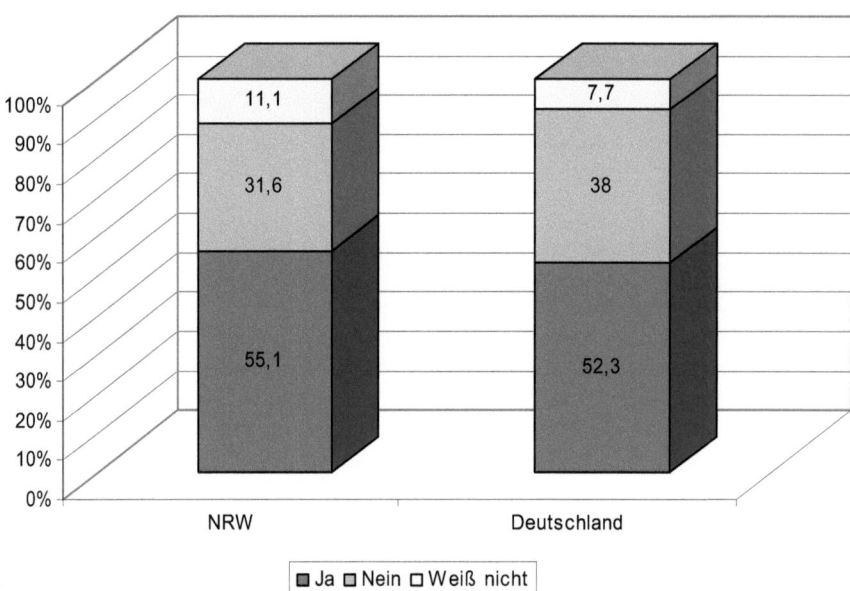

Trotz des ausgeprägten Kontaktes in allen Lebensbereichen und den bestehenden Freundschaften zu Deutschen verspürt eine Mehrheit der Befragten den Wunsch nach mehr Kontakt zur deutschen Bevölkerung. Übersehen werden darf bei diesem, im Sinne der Integrationsbereitschaft positiven Ergebnis, nicht, dass dennoch in NRW fast ein Drittel der Befragten (32%) und in Deutschland 38% nicht den Wunsch nach mehr Kontakten verspürt und 11% in NRW und 8% in Deutschland hin und her gerissen sind.

Zwischen 1999 und 2004 nahm – mit Ausnahme des Jahres 2001 – der Wunsch nach mehr Kontakten zu Deutschen in NRW kontinuierlich ab. 2005 und insbesondere 2006 nahm dieser Wunsch zu. 2008 ist er wiederum geringfügig geringer geworden.

---

151 Siehe Anhang Tabelle 18.

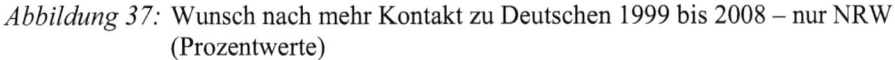

Abbildung 37: Wunsch nach mehr Kontakt zu Deutschen 1999 bis 2008 – nur NRW (Prozentwerte)

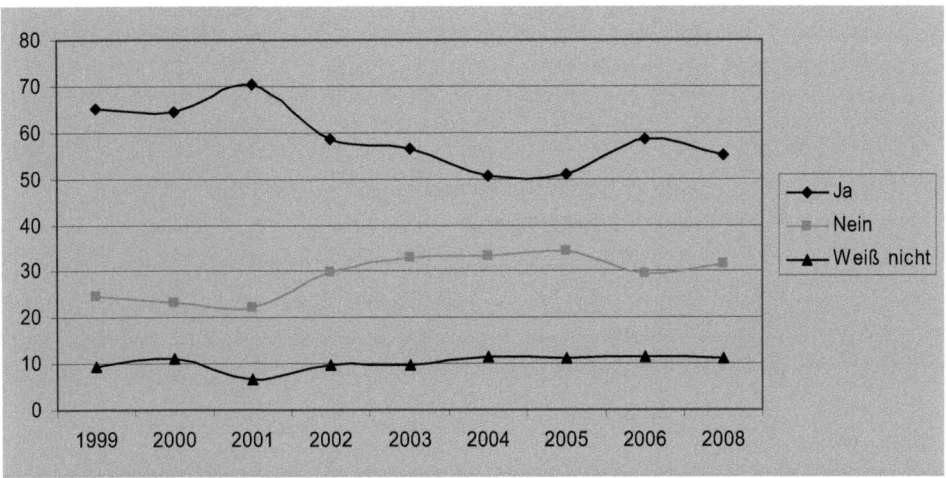

Allerdings zeigt sich, dass mit zunehmenden Kontakten in verschiedenen Lebensbereichen der Wunsch nach (weiteren) Kontakten zuerst zu- und dann abnimmt; am häufigsten haben diejenigen den Wunsch nach mehr Kontakten zu Deutschen, die in zwei von vier Bereichen bereits Kontakte haben. Bei denjenigen, die in keinem Bereich Kontakte haben, ist der Wunsch nach Kontakt unterdurchschnittlich ausgeprägt, aber ebenso bei denjenigen, die in allen vier Lebensbereichen Kontakte haben. Bezüglich vorhandener Freundschaftsbeziehungen zeigt sich, dass diejenigen, die manchmal oder häufig ihre Freizeit mit Deutschen verbringen, am häufigsten den Wunsch nach mehr Kontakten verspüren, diejenigen, die selten freundschaftliche Beziehungen zu Deutschen pflegen, haben diesen Wunsch seltener.[152]

Fasst man die Kontakte in den Lebensbereichen zusammen und kombiniert sie mit den interkulturellen Freizeitbeziehungen, ergibt sich ein Anteil von 6,3% in Deutschland, der in keinem Lebensbereich und zugleich nie oder selten Freizeitkontakte hat, den man also als isoliert von der deutschen Gesellschaft bezeichnen kann. 94% der Befragten leben nicht isoliert, da sie in mindestens einem der abgefragten Lebensbereiche über Kontakte zu Deutschen verfügen oder mindestens mehrmals im Jahr Freizeitbeziehungen zu Deutschen unterhalten. Kombiniert man hiermit nun noch den Wunsch nach Kontakt und unterscheidet somit freiwillige (keine Kontakte und kein Wunsch nach Kontakten) und unfreiwillige Isolation (keine Kontakte bei Wunsch nach Kontakten), zeigt sich, dass 49% der Isolierten

---

152 Siehe Anhang Tabelle 19. Die Erklärung dieses Befundes mittels der vorliegenden Daten ist nicht zu leisten. Möglicherweise treten bei häufigerem Kontakt „Sättigungseffekte" auf, andererseits sind aber auch systematische Zusammenhänge zwischen Bedingungen, unter denen Kontakt stattfindet (Freiwilligkeit, soziale Statusdifferenz, Wettbewerb usw.) anzunehmen, die durch die Mehrthemenbefragung nicht identifiziert werden können; vgl. zum Zusammenhang von Kontaktbedingungen und ihrer Wirkung auf das interethnische Zusammenleben: Amir, Yehuda: Contact Hypothesis in Ethnic Relations. In: Psychological Bulletin, No. 5/1969, S. 319-342; Pettigrew, Thomas/Tropp, Linda: Does intergroup contact reduce prejudice? Recent meta-analytic findings. In: Oskamp, Stuart (Hrsg.): Reducing prejudice and discrimination. Mahwah 2000, S. 93-115.

den Wunsch nach Kontakten zu Deutschen äußern, also unfreiwillig isoliert sind, und nur die Hälfte tatsächlich freiwillig isoliert ist.

Bei 35% zeigt sich eine (vermutete) „Sättigung", d.h. sie haben Kontakte, jedoch keinen Wunsch nach weiteren Kontakten, 49% wünschen sich weitere Kontakte, obwohl – oder weil – sie bereits über Kontakte zu Deutschen verfügen. 10% der Befragten konnten aufgrund fehlender Angaben oder Unentschlossenheit nicht in dieses Schema eingeordnet werden.

Abbildung 38: Beziehungen zu Deutschen kombiniert mit Wunsch nach weiteren
Kontakten (Prozentwerte) 2008

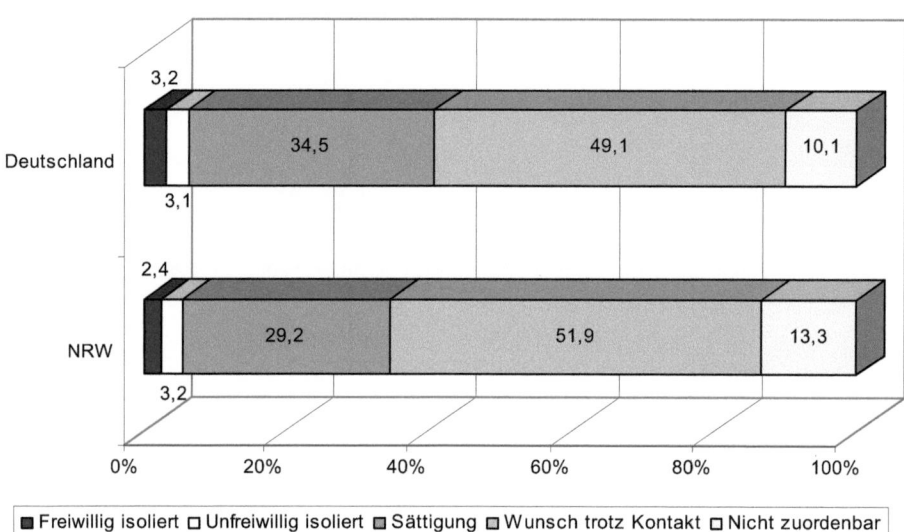

Im Zeitvergleich von 2001 bis 2008 lässt sich erkennen, dass in NRW der Anteil derjenigen, die sich freiwillig in einer Isolation befinden, geringfügig schwankt, aber kein eindeutiger Trend einer Zu- oder Abnahme zu erkennen ist.

Tabelle 14: Beziehungen zu Deutschen kombiniert mit dem Wunsch nach weiteren
Kontakten im Zeitvergleich 2001 bis 2008* – nur NRW (Spaltenprozent)

	2001	2002	2003	2004	2005	2006	2008
Freiwillige Isolation	1,9	1,7	2,3	1,3	2,2	1,4	2,4
Unfreiwillige Isolation	3,7	1,9	3,2	2,1	2,3	4,2	3,2
Wunsch trotz Kontakt	66,6	56,4	53,1	48,3	48,8	54,5	51,9
„Sättigung"	20,0	27,7	30,6	32,0	32,1	28,0	29,2
Nicht zuordenbar	7,8	12,4	10,8	16,3	14,6	11,9	13,3

* Interkulturelle Freundschaftsbeziehungen wurden in den Jahren 1999 und 2000 nicht erhoben

Zu sehen ist bis 2005 ein stetiges Anwachsen der Gruppe, für die die Sättigungshypothese zutrifft. 2006 ist dieser Anteil aber etwas geringer geworden, 2008 wieder geringfügig gestiegen. Zugleich hat der Anteil derer, die trotz bestehender Kontakte den Wunsch nach weiteren Kontakten verspüren, bis 2005 ab- und 2006 zugenommen. 2008 ist ihr Anteil wieder etwas gesunken. Dennoch übertrifft der Anteil derjenigen, die sich trotz bestehender Kontakte weitere Kontakte wünschen, den Anteil derjenigen, die über Kontakte verfügen, sich jedoch keine weiteren Kontakte mehr wünschen. Die Integration auf gesellschaftlicher Ebene bezogen auf interkulturelle Kontakte und Freundschaften ist nach Angaben der befragten Migranten nicht so schlecht, wie häufig von der Mehrheitsgesellschaft wahrgenommen wird.

Räumliche Segregation

Hoch bedeutend für die gesellschaftliche Integration ist die räumliche Komponente, also die Frage nach der städtischen Segregation.

Die Vorstellung, dass sich die Sozialstruktur einer Stadt in der räumlichen Gliederung niederschlägt, findet sich bereits bei einem der amerikanischen „Väter" der Migrationssoziologie, Robert E. Park, im Jahr 1925.[153] Der Mechanismus, den Park hier wirken sah, baut auf Max Webers Konzept der offenen und geschlossenen sozialen Beziehungen auf – Gruppen in der Stadt grenzen sich aufgrund bestimmter Merkmale (etwa Ethnie, Sprache oder sozialer Status) gegeneinander ab und versuchen, knappe Ressourcen zu monopolisieren. Dieses Paradigma war in der amerikanischen Stadtsoziologie bis in die 1950er Jahre dominierend und korrespondiert mit Vorstellungen einer konzentrischen Stadtentwicklung, in der einkommensstarke Haushalte die Zentren der Städte verlassen und das Umland „suburbanisieren".[154] Die Stadt „entmischt" sich aufgrund sozialer Ungleichheit.

Ab Mitte der 1950er Jahre wird dann auf der Grundlage empirischer Studien zur Segregationssituation in amerikanischen Städten das Bild komplexer und auf die Bedeutung der Historizität von sozialer Segregation hingewiesen[155] – was nichts anderes heißt als dass das Zusammenwirken einer großen Zahl endogener und exogener Faktoren für spezifische Segregationslagen in unterschiedlichen Städten verantwortlich sein kann:

- *Zunehmende internationale Arbeitsteilung* führt zu industriellem Strukturwandel und Armutslagen, wobei oft soziale und ethnische Segregation durch „Gastarbeiterherkünfte" deckungsgleich werden.[156]
- Die *demographische Entwicklung* kann Entmischungsprozesse durch Schrumpfung fördern, Mittelschichtshaushalte verlassen benachteiligte Stadtviertel aufgrund von Überangeboten im mittleren Preissegment.[157]

---

153 Vgl. Park, Robert E. The Urban Community as a Special Pattern and a Moral Order. In ASA 20 1925, S. 1-14.
154 Duncan, Otis: The Measurement of Population Distribution. In: Population Studies 11 1957, S. 27-45.
155 Shevky, Eshref/Bell, Wendell: Social Area Analysis. Theory, Illustrative Application and Computational Procedures. Stanford 1955.
156 Zu einer Analyse der Situation im Ruhrgebiet siehe Strohmeier, Karl-Peter: Bevölkerungsentwicklung und Sozialraumstruktur im Ruhrgebiet. Reihe Demografischer Wandel der Projekt Ruhr GmbH. Essen 2002. Siehe weiterhin Lanz, Stephan: Berlin aufgemischt: Abendländisch, multikulturell, kosmopolitisch? Die politische Konstruktion einer Einwanderungsstadt. Bielefeld 2007; Dangschat, Jens: Sag mir wo Du wohnst, und ich sag Dir, wer Du bist. Zum aktuellen Stand der deutschen Segregationsforschung. In: Prokla, 4/1997, S. 619-647; Häußermann, Hartmut/Oswald, Ingrid: Zuwanderung und Stadtentwicklung. In: Häußermann, Hartmut/Oswald, Ingrid (Hrsg.): Zuwanderung und Stadtentwicklung. Leviathan Sonderheft 17/1997, S. 9-29.
157 Farwick, Andreas: Segregation in schrumpfenden Städten – Entwicklung und Soziale Folgen. In: vhw FW Okt.-Nov. 2004, S. 257-261.

- *Mechanismen des Wohnungsmarktes* kanalisieren finanziell wenig leistungsfähige Haushalte in Stadtviertel mit günstigen Mieten.
- *Sozialökologische Faktoren* und *Exklusionsmechanismen* (inkl. Diskriminierung) können verhindern, dass soziale Mobilität zu räumlicher Mobilität wird. So sind die Segregationsraten von der Aufnahmegesellschaft kulturell differenter Gruppen in europäischen Städten ausgeprägter als die Segregationsraten weniger differenter Gruppen.[158] Dies weist auf die Existenz von Segregationsfaktoren jenseits der sozialen Lage hin.
- Die *funktionale Trennung* des Stadtraums kann den Zugang zu Beschäftigung erschweren.
- *Staatliche Interventionen auf dem Wohnungsmarkt* beeinflussen das Wohnstandortverhalten durch preisgebundenen Wohnungsbau und individuelle Fördermaßnahmen (Wohnungsbauförderung, Wohngeld).

Die vermeintliche Entstehung und Verfestigung ghettoähnlicher Strukturen in den Großstädten wird in der öffentlichen Diskussion mit großem Misstrauen beobachtet und in der politischen und wissenschaftlichen Diskussion mit unterschiedlichen Bewertungen belegt.[159] Dabei sind nicht nur die Ursachen der Entstehung ethnischer Segregation äußerst komplex, auch die Einschätzung ihrer Folge für die gesellschaftliche Integration ist nicht einfach. Deutlich wird, dass von einem komplexen Zusammenspiel sozialer und ethnischer Segregationsfaktoren auszugehen ist, wobei soziale Faktoren zu überwiegen scheinen. Dabei ist der Grad der ethnischen Segregation in Deutschland über die Jahre konstant und im Vergleich zu anderen europäischen Einwanderungsländern gering.[160]

Die tatsächliche empirische Wirkung sozialer Segregation etwa auf die Fortdauer von Armutslagen ist umstritten, aber wohl tendenziell vorhanden. Andreas Farwick belegt anhand der Analyse deutscher Städte, dass empirisch der Verbleib in benachteiligten Quartie-

---

158 Koopmans, Ruud: Tradeoffs between Equality and Difference. Immigrant Integration, Multiculturalism, and the Welfare State in Cross-National Perspective. WZB Discussion Paper 2008.

159 Vgl. zur Diskussion um die Bewertung von verdichteten Stadtteilen Schiffauer, Werner: Parallelgesellschaften. Wie viel Wertekonsens braucht unsere Gesellschaft? Für eine kluge Politik der Differenz. Bielefeld 2008; Lanz, Stephan: Berlin aufgemischt: Abendländisch, multikulturell, kosmopolitisch? Die politische Konstruktion einer Einwanderungsstadt. Bielefeld 2007; Micus, Matthias/Walter, Franz: Mangelt es an „Parallelgesellschaften"? In: Frech, Siegfried/Meier-Braun, Karl-Heinz (Hrsg.): Die offene Gesellschaft. Zuwanderung und Integration. Schwalbach 2007, S. 110; Esser, Hartmut: Integration und ethnische Schichtung. Arbeitspapier Mannheimer Zentrum für Europäische Sozialforschung Nr. 40. Mannheim 2001, S. 8; Heitmeyer, Wilhelm/Anhut, Reiner (Hrsg.): Bedrohte Stadtgesellschaft. Soziale Desintegrationsprozesse und ethnisch-kulturelle Konfliktkonstellationen. Weinheim 2000; Heckmann, Friedrich: Ethnische Kolonien: Schonraum für Integration oder Verstärker der Ausgrenzung? In: Friedrich-Ebert-Stiftung (Hrsg.): Ghettos oder ethnische Kolonie? Entwicklungschancen von Stadtteilen mit hohem Zuwandereranteil. Bonn 1998, S. 29-57; Häußermann, Hartmut/Siebel, Walter: Soziale Integration und ethnische Schichtung. Zusammenhänge zwischen räumlicher und sozialer Integration. Gutachten im Auftrag der Unabhängigen Kommission „Zuwanderung" 2001, S. 219-229; Bartelheimer, Peter: Soziale Durchmischung am Beispiel Frankfurt am Main – Problemwahrnehmung und empirische Befunde. In: Zeitschrift für Wohneigentum in der Stadtentwicklung und Immobilienwirtschaft 2000.

160 Ländervergleiche über soziale Segregationsraten sind aufgrund des Problems der Bildung vergleichbarer Segregationsindizes schwierig, eine Diskussion, die bis in die 1950er Jahre zurückreicht (siehe dazu insbesondere Duncan, Otis/Duncan, Beverly: Residential distribution and occupational stratification. In: American Journal of Sociology 60 1955, S. 493-503). In einem Aufsatz fasst Sako Musterd zusammen, was mit Blick auf soziale und ethnische Segregation auf der Grundlage seiner langjährigen Arbeit verglichen werden kann – siehe Musterd, Sako: Social and Ethnic Segregation in Europe: Levels, Causes, and Effects. In: Journal of Urban Affairs 27 2005, S. 331-348.

ren Armutslagen verstetigt.[161] Musterd u.a. können diesen Effekt in den Niederlanden nicht bzw. nur sehr schwach nachweisen, in Schweden hingegen schon, zumindest in bestimmten Quartieren.[162] Zu bedenken ist auch, dass politische Interventionen in den Stadtvierteln geneigt sein können, die Situation zu verbessern. Dies ist ein in Studien schwer zu kontrollierender Faktor. Liegt für soziale Segregation tendenziell der Schluss nahe, dass der räumliche Faktor ein eigenes, zusätzliches Hindernis für die soziale Mobilität darstellt, so gilt dies nicht unbedingt für ethnische Segregation. Diese ist empirisch oft gleichbedeutend mit sozialer Segregation und daher in der Praxis oft schwer von ihr zu unterscheiden, grundsätzlich sind mit Blick auf die ethnische Segregation aber weitere Überlegungen von Bedeutung. Einige Forschungsansätze beurteilen die Koloniebildung als hilfreichen Prozess bei der Integration, der erhebliche Vorteile wie Selbsthilfe, Selbstvergewisserung, Stabilisierung der Identität und Orientierung sowie den Aufbau sozialer Netzwerke bringen und insbesondere in der ersten Zeit der Zuwanderung hilfreich sein kann.[163] Andere Autoren – und vor allem die öffentliche Wahrnehmung – beurteilen sie als Gefährdung des gesellschaftlichen Friedens.[164]

Mit der Theorie der Sozialintegration sind die Möglichkeiten der Binnenintegration in Communities nicht ohne Weiteres vereinbar. Um zwischen integrationsfördernder und integrationshindernder räumlicher Trennung zu differenzieren, wird oftmals der Versuch unternommen, zwischen einer funktionalen (freiwilligen, in verschiedenen, milieuspezifischen Varianten stattfindenden) und einer strukturellen (erzwungenen) Trennung zu unterscheiden. Letztere wird dann sowohl für die Integration des Einzelnen als auch für die Integration der Gruppe der Zuwanderer als hinderlich, erstere als durchaus mit Vorteilen versehen verstanden.[165] Diese Einteilung ist wenig hilfreich, gleich in zweierlei Hinsicht: erstens entzieht sie sich einer empirischen Prüfung, denn die Messung, ob ein ethnisch verdichtetes Quartier Ergebnis freiwilliger oder unfreiwilliger Trennung ist, ist aufwändig und praktisch zwar für Haushalte[166], nicht aber für ganze Stadtviertel zu leisten. Zweitens

---

161 Vgl. Farwick, Andreas: Segregierte Armut: Zum Einfluss städtischer Wohnquartiere auf die Dauer von Armutslagen. In: Häußermann, Hartmut u.a. (Hrsg.): An den Rändern der Städte. Frankfurt/Main 2004, S. 286-314.

162 Vgl. Musterd, Sako u.a.: Environmental effects and social mobility. In: Housing Studies 18 2003, S. 877-892.

163 In Deutschland nahm diese Sichtweise ihren Ausgangspunkt im Text von Elwert, Georg: Probleme der Ausländerintegration – Gesellschaftliche Integration durch Binnenintegration? In: Kölner Zeitschrift für Soziologie und Sozialpsychologie 4/1982, S. 717-731; siehe später auch Heckmann, Friedrich: Ethnische Kolonien: Schonraum für Integration oder Verstärker der Ausgrenzung? In: Friedrich-Ebert-Stiftung (Hrsg.): Ghettos oder ethnische Kolonie? Entwicklungschancen von Stadtteilen mit hohem Zuwandereranteil. Bonn 1998, S. 29-57.

164 In diese Richtung Böltken, Ferdinand: Soziale Distanz und räumliche Nähe – Einstellungen und Erfahrungen im alltäglichen Zusammenleben von Ausländern und Deutschen im Wohngebiet. In: Alba, Richard/Schmidt, Peter/Wasmer, Martina (Hrsg.): Deutsche und Ausländer: Freunde, Fremde oder Feinde? Empirische Befunde und theoretische Erklärungen. Wiesbaden 2000, S. 147-194; Bartelheimer, Peter: Soziale Durchmischung am Beispiel Frankfurt am Main – Problemwahrnehmung und empirische Befunde. In: Zeitschrift für Wohneigentum in der Stadtentwicklung und Immobilienwirtschaft 2000, S. 219-229; Kelek, Necla: Die fremde Braut. Ein Bericht aus dem Inneren des türkischen Lebens in Deutschland. Köln 2005.

165 In diesem Sinne Häußermann, Hartmut/Siebel, Walter: Soziale Integration und ethnische Schichtung. Zusammenhänge zwischen räumlicher und sozialer Integration. Gutachten im Auftrag der Unabhängigen Kommission „Zuwanderung" 2001, S. 89f.; Esser, Hartmut: Integration und ethnische Schichtung. Arbeitspapier Mannheimer Zentrum für Europäische Sozialforschung Nr. 40. Mannheim 2001; Leggewie, Claus: Integration und Segregation. In: Bade, Klaus J./Münz, Heiner (Hrsg.): Migrationsreport 2000. Fakten, Analysen, Perspektiven. Frankfurt/Main/New York 2000, S. 85-108.

166 Siehe zu einem solchen Versuch ILS NRW/ZfT: Soziale und räumliche Mobilität von Menschen mit Zuwanderungsgeschichte in nordrhein-westfälischen Städten. Qualitative Untersuchung über das Wohnstandortverhalten

ist auch schon vom Modell her nicht plausibel, dass freiwillige Segregation eine individuelle Entscheidung ist, die im Ergebnis tatsächlich zu den intendierten Integrationsergebnissen führt. Individuelle Fehleinschätzungen können genau so gut zu gegenteiligen Wirkungen führen.[167]

In Deutschland leben 61% der Befragten der Mehrthemenbefragung nach eigener Einschätzung in deutsch geprägten Gegenden, 17% in gleichermaßen gemischten Stadtteilen, 16% in überwiegend von Türken bewohnten Gegenden und 6% in Gebieten, in denen überwiegend andere Einwanderer leben. Obwohl damit die Mehrheit der Befragten nicht in ethnisch geprägten Gegenden wohnt und somit auch mehr oder weniger automatisch mit Deutschen in Kontakt kommt, deutet der Anteil von knapp 16%, der in überwiegend türkisch geprägten Gegenden lebt, doch darauf hin, dass sich zumindest in einigen Stadtteilen ethnisch verdichtete Wohnquartiere herausgebildet haben.

Abbildung 39: Ethnische Zusammensetzung der Wohngegend (Prozentwerte) 2008

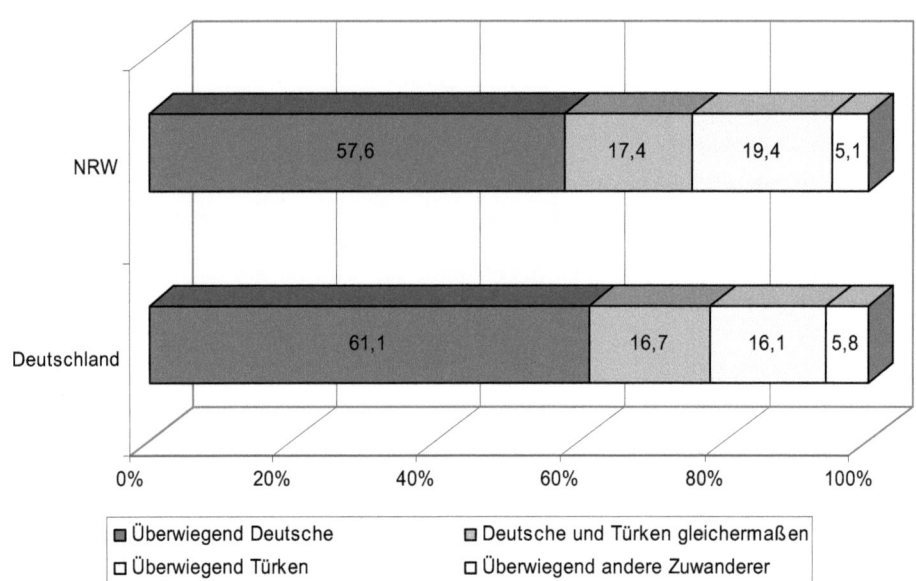

von türkischen Migrantinnen und Migranten in ethnisch-sozial segregierten Stadtteilen, im Auftrag des MGFFI NRW. Dortmund (ILS) 2008.
167 In diese Richtung geht Norbert F. Wiley mit seinen Überlegungen zu „ethnischen Mobilitätsfallen"; vgl. Wiley, Norbert. F.: The Ethnic Mobilty Trap and Stratification Theory. In: Rose, Peter I. (Hrsg.): The Study of Society. An Integrated Anthology. 3. Aufl. New York 1973, S. 400-411.

Im Zeitvergleich ist in NRW kein einheitlicher Trend einer wohnräumlichen Konzentration, aber auch kein Trend zur Entflechtung festzustellen, generell sind die Veränderungen sehr gering.

Abbildung 40: Ethnische Zusammensetzung der Wohngegend 1999 bis 2008 – nur NRW (Prozentwerte)

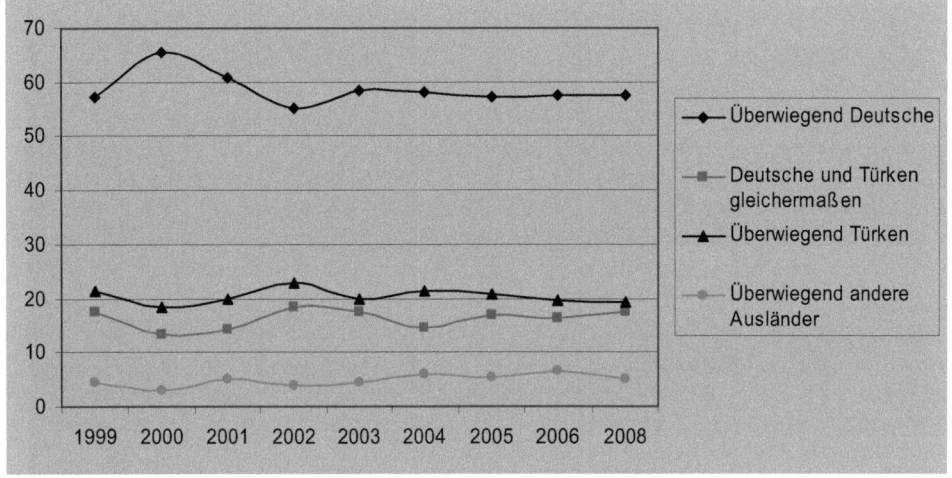

Zivilgesellschaft

Jenseits der räumlichen Segregation wird die Entstehung eigenethnischer Organisations-strukturen in der Öffentlichkeit häufig als ein deutliches Zeichen der Bildung von Parallel-gesellschaften wahrgenommen und weckt die Ängste vor einer Fragmentierung der Gesell-schaft. Inzwischen hat sich jedoch in Wissenschaft und Politik die Akzeptanz eigenethni-scher Organisationen herausgebildet und die Erkenntnis durchgesetzt, dass sie nicht per se Zeichen von Desintegration sein müssen, sondern auch ein Faktor sein können, der die Identitätsbildung unterstützt, der soziale Netzwerke schafft, vor allem aber auch die Interes-sen der Zuwanderer bündelt, artikuliert und in den politischen und gesellschaftlichen Pro-zess einbringt.[168] Die Kategorien der Beurteilung der Integrationswirkung von Migrante-norganisationen sind ganz ähnlich wie mit Blick auf die räumliche Segregation, und wie-derum werden auch hier die gegensätzlichen Positionen durch Georg Elwerts Binneninteg-rationsthese einerseits und Norbert Wileys Idee der ethnischen Mobilitätsfallen andererseits markiert. Mit Blick auf Netzwerke oder Organisationen von Einwanderern hat sich in den letzten Jahren ein alternativer Zugang der Forschung herausgebildet, der an das Konzept

168 So Janssen, Andrea/Polat, Ayça: Soziale Netzwerke türkischer Migranten. In: Aus Politik und Zeitgeschichte, 1-2/2006, S. 11-17; Diehl, Claudia/Urban, Julia/Esser, Hartmut: Die soziale und politische Partizipation von Zuwanderern in der Bundesrepublik. Hrsgg. von der Friedrich-Ebert-Stiftung. Bonn 1998, S. 26. Weiter hierzu Cappai, Gabriele: Im migratorischen Dreieck. Eine empirische Untersuchung über Migrantenorganisationen und ihre Stellung zwischen Herkunfts- und Aufnahmegesellschaft. Stuttgart 2005.

des Sozialkapitals[169] anknüpft. Alejandro Portes unterscheidet „bonding" und „bridging social capital",[170] und es ist nicht selbstverständlich vorauszusagen, welche der beiden Arten von Sozialkapital durch Migrantenorganisationen gebildet wird. Dies hängt im Übrigen nicht allein von den Einwanderercommunities ab, sondern auch von der politischen Opportunitätsstruktur im Aufnahmeland. Geringe politische Beteiligungsmöglichkeiten etwa erschweren die Bildung von in die Aufnahmegesellschaft hineinrechendem „bridging capital" und begünstigen „bonding capital" in Form von Netzwerken mit dem Herkunftsland.[171] Somit gilt, ähnlich wie für die Koloniebildung, dass nicht die Existenz der eigenethnischen Organisationen bzw. die Mitgliedschaft darin, sondern einerseits die Bedingungen unter denen sie entstehen, und andererseits die Funktion, die sie für Minderheits- und Mehrheitsgesellschaft ausüben, integrationsrelevant sind.

Der einzig klare Zusammenhang, den man annehmen kann, ist, dass – unabhängig vom ethnisch-kulturellen Kontext – ein niedriger Grad der Vergesellschaftung eher gegen die erfolgreiche Integration spricht. Eine Studie der Autoren des vorliegenden Bandes zum Bürgerschaftlichen Engagement in der türkischen Community zeigt, dass diese insgesamt nicht in geringerem Umfang vergesellschaftet ist als die deutsche Durchschnittsbevölkerung. Fast zwei Drittel (64%) der türkeistämmigen Migranten beteiligen sich aktiv in einem oder mehreren Vereinen, Verbänden, Gruppen oder Initiativen, im deutschen Durchschnitt sind es 66%. Allerdings nehmen die türkeistämmigen Einwanderer deutlich seltener als die Gesamtbevölkerung in diesen Kontexten spezifische Engagementaufgaben wahr, wobei es deutschen und türkischen Organisationen gleich schlecht gelingt, über die Mitgliedschaft hinausgehendes Engagement zu aktivieren.[172]

In Deutschland sind 50% der Befragten in keinem Verein organisiert. 16% sind ausschließlich in deutschen Vereinen, 22% in deutschen und türkischen Organisationen. Somit sind 38% der Befragten auch in deutschen Vereinen. Lediglich 12% sind nur in türkischen Vereinen. Diese im Vergleich zur oben zitierten Befragung der Autoren zum Bürgerschaftlichen Engagement niedrigeren Organisationsquoten ergeben sich aus der Tatsache, dass in der Mehrthemenbefragung die Fragestellung enger gefasst war, indem sie sich ausschließlich auf Vereinsmitgliedschaften bezog.

---

169 Mit dem Begriff Soziales Kapital bezeichnet Pierre Bourdieu die Gesamtheit der aktuellen und potenziellen Ressourcen, gegenseitigen Kennens und Anerkennens. Im Gegensatz zum Humankapital bezieht sich das Soziale Kapital nicht auf natürliche Personen an sich, sondern auf die Beziehungen zwischen ihnen; vgl. Bourdieu, Pierre: Ökonomisches Kapital – Kulturelles Kapital – Soziales Kapital. In: Kreckel, Reinhard (Hrsg.): Soziale Ungleichheiten. Göttingen 1983, S. 183-198.
170 Portes, Alejandro: Social Capital: Its origins and applications in modern sociology. In: Annual Review of Sociology 24 1998, S. 1-24. Siehe zur Sozialkapitalbildung bei Einwanderern auch den Sammelband von Weiss, Karin/Thränhardt, Dietrich (Hrsg.): SelbstHilfe. Wie Migranten Netzwerke knüpfen und soziales Kapital schaffen. Freiburg 2005.
171 In diese Richtung können die Befunde von Koopmans, Ruud/Statham, Paul: How national citizenship shapes transnationalism: A comparative analysis of migrant claims-making in Germany, Great Britain and the Netherlands. Transnational Communities Working Paper Series, WPTC-01-10. Oxford 2001, S. 1ff., interpretiert werden. Hier ist die Orientierung politischer Forderungen von Migrantenorganisationen auf die Aufnahmegesellschaft hin abhängig von einer günstigen politischen Opportunitätsstruktur.
172 Vgl. Halm, Dirk/Sauer, Martina: Bürgerschaftliches Engagement von Türkinnen und Türken in Deutschland. Wiesbaden 2007.

Abbildung 41: Mitgliedschaft in Vereinen (Prozentwerte) 2008

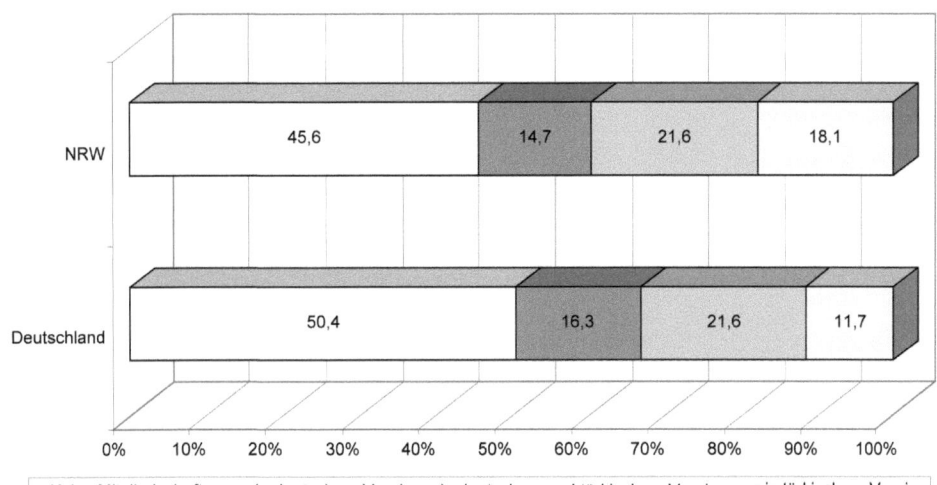

Frauen sind deutlich seltener als Männer in Vereinen organisiert. Der Alterszusammenhang zeigt, dass sich der höchste Anteil Nicht-Organisierter in der jüngsten Gruppe findet. Am geringsten ist dieser Anteil unter den 45- bis 59-Jährigen, sie sind am häufigsten organisiert. Wenig aktiv sind Migranten, die zwischen 4 und 9 Jahre in Deutschland leben, mit steigender Aufenthaltsdauer nimmt der Anteil der Nicht-Organisierten stetig ab. Heiratsmigranten der Nachfolgegeneration sind am häufigsten nicht organisiert, die Nachfolgegeneration weist hingegen das stärkste Engagement auf.

Der Alterszusammenhang der Mitglieder sowohl in NRW als auch in Deutschland verdeutlicht, dass mit zunehmendem Alter der Anteil derjenigen, die nur in deutschen Vereinen organisiert sind, ab- und der Anteil der nur in türkischen Vereinen Organisierten zunimmt. Die Aufenthaltsdauer zeigt keinen tendenziellen Zusammenhang.

Die Generationszugehörigkeit zeigt den Alterszusammenhang nochmals deutlich: Erstgenerationsangehörige sind überdurchschnittlich häufig und zu fast zwei Dritteln nur in türkischen, aber immerhin auch zu einem Viertel in deutschen und türkischen Vereinen tätig. Nachfolgegenerationsangehörige sind deutlich häufiger nur in deutschen und überdurchschnittlich häufig in deutschen und türkischen Vereinen, selten hingegen nur in türkischen. Heiratsmigranten tendieren jedoch überdurchschnittlich zu türkischen Organisationen.[173]

Der NRW-Zeitvergleich[174] zeigt, dass bis 2005 der Organisationsgrad insgesamt leicht und stetig angestiegen ist, 2006 aber um drei Prozentpunkte und 2008 um weitere 3 Prozentpunkte zurückging. Die Anteile nach ethnischem Kontext der Mitgliedschaft schwanken nur wenig und zeigen keinen einheitlichen Trend. 2008 hat sowohl die Mitgliedschaft nur in türkischen als auch die Mitgliedschaft nur in deutschen Vereinen abgenommen, zugleich hat die Mitgliedschaft sowohl in deutschen als auch in türkischen Vereinen zugenommen. Auf

---

173 Siehe Anhang Tabelle 20.
174 Die Mitgliedschaft in Vereinen wurde in den Befragungen 1999 und 2000 nicht erhoben.

dieser Datenbasis kann von einer zunehmenden „Abschottung" in eigenethnischen Vereinen schon aufgrund der zahlenmäßigen Entwicklung nicht gesprochen werden.

Abbildung 42: Mitgliedschaft in Vereinen 2001 bis 2008 – nur NRW (Prozentwerte)

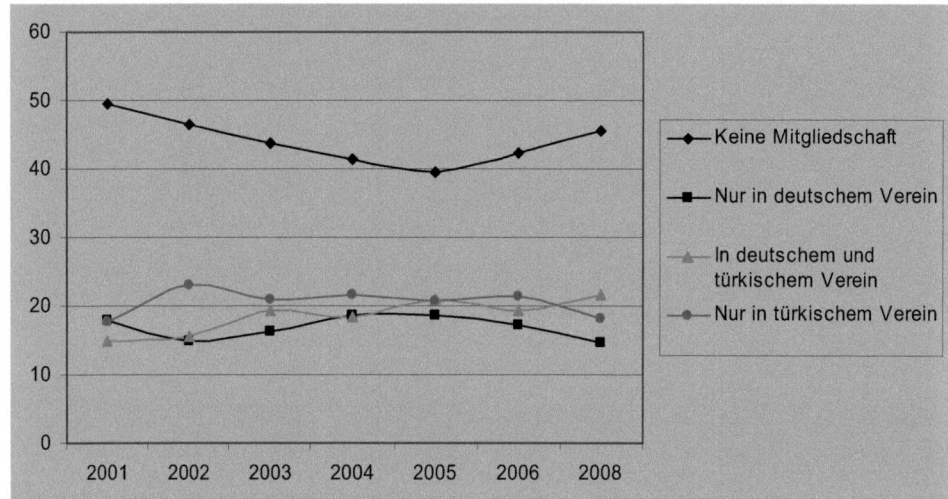

Die deutschen Organisationen, in denen die Migranten in der Bundesrepublik mit 12% am häufigsten anzutreffen sind, sind Sportvereine. An zweiter Stelle folgen mit 10% die Gewerkschaften. Die Gewerkschaftsmitgliedschaft ist traditionell unter allen „Gastarbeiterherkünften" stark ausgeprägt.[175] Weiter folgen mit großem Abstand politische Organisationen (5% bzw. 4%), Kulturvereine[176] (3% bzw. 4%) und Bildungsvereine (3% bzw. 4%).

Bei den türkischen Vereinen liegt das Schwergewicht eindeutig im kulturellen und religiösen Bereich. 24% gehören einer religiösen Gemeinschaft an. Mit großem Abstand und 9% folgen Kulturvereine, danach mit 6% Sportvereine und schließlich Bildungsvereine (4%).

Ein bemerkenswerter Befund ist die doppelte Organisationsquote in deutschen Sportvereinen im Vergleich zu türkischen Sportvereinen. Obwohl es in allen größeren Städten und insbesondere in denen mit hohen Anteilen an türkeistämmiger Bevölkerung türkische Sportvereine gibt, organisieren sich deutlich mehr Migranten in deutschen Vereinen. In NRW ist das Verhältnis der Organisierten in deutschen und türkischen Sportvereinen über die Jahre stabil geblieben.

Diese Befunde weisen darauf hin, dass die Organisation in türkischen und deutschen Kontexten eher in einem Komplementär- denn in einem Konkurrenzverhältnis steht. Der türkische Kontext wird insbesondere da gewählt, wo adäquate deutsche Angebote fehlen. Auch die Situation im Sport passt hier ins Bild. Der Sport befindet sich genau an der Schnittstelle zwischen der Notwendigkeit kulturautonomer Organisation und der Möglichkeit der Inanspruchnahme aufnahmegesellschaftlicher Angebote. Eine Mehrheit nimmt diese mehrheitsgesellschaftlichen Angebote wahr, eine Minderheit wählt aufgrund etwa

---

175 Siehe hierzu ausführlich Treichler, Andreas: Arbeitsmigration und Gewerkschaften. Münster 1998.
176 Hierunter sind in erster Linie internationale oder bikulturelle Organisationen im Sinne von Begegnungs- und Freundschaftsvereinen zu verstehen.

kulturbedingt anderen Freizeitverhaltens, anderer Zugänge zu Körperlichkeit u. Ä. den türkischen Kontext. Dass beide Kontexte über Jahre ohne große Veränderungen nebeneinander bestehen bleiben, spricht gegen die Annahme einer Konkurrenzsituation und eines fortschreitenden Segregationsprozesses im Sport.[177]

Tabelle 15: Verteilung nach deutschen und türkischen Organisationen
(Prozentwerte, Mehrfachnennungen) 2008

Deutsche Organisationen		Türkische Organisationen	
NRW			
Sportverein	15,4	Religiöse Organisation	26,0
Gewerkschaft	12,5	Kulturverein	8,7
Politische Vereinigung/Gruppe	4,5	Sportverein	4,3
Kulturverein	3,3	Bildungsverein	4,2
Bildungsverein	3,0	Ethnische/Nationale Gruppe	3,7
Berufsverband	3,0	Politische Vereinigung/Gruppe	1,6
Freizeitverein	1,9	Frauengruppe	1,0
Frauengruppe	1,1	Freizeitverein	0,9
Religiöse Organisation	1,0	Berufsverband	0,5
Deutschland			
Sportverein	12,1	Religiöse Organisation	24,2
Gewerkschaft	9,5	Kulturverein	8,7
Politische Vereinigung/Gruppe	4,0	Sportverein	5,5
Kulturverein	3,5	Bildungsverein	4,1
Bildungsverein	3,5	Ethnische/Nationale Gruppe	2,3
Berufsverband	3,2	Politische Vereinigung/Gruppe	1,4
Freizeitverein	1,2	Frauengruppe	0,5
Frauengruppe	0,9	Freizeitverein	0,5
Religiöse Organisation	1,2	Berufsverband	0,3

Betrachtet man die Veränderungen der Mitgliedschaftsanteile in den verschiedenen Vereinen in NRW, ergeben sich in der Regel nur geringfügige Abweichungen, mit der Ausnahme der Moscheevereine. Entsprechend der Zunahme der Religiosität unter den Befragten (siehe oben) hat der Organisationsgrad in religiösen Vereinen ebenfalls zugenommen. Der Anteil der in Moscheevereinen Organisierten stieg von 2003 zu 2004 deutlich an, zeitverzögert zum starken Anstieg der Religiosität von 2002 zu 2003. 2005 blieb er auf dem Niveau von 2004. 2006 lag er geringfügig über dem Niveau von 2005, um 2008 Jahr wiederum etwas zu steigen. Allerdings ist der Anstieg der Mitgliedschaft in Moscheevereinen bei weitem nicht so ausgeprägt wie die Zunahme der Religiosität. Dies entspricht dem, was die Forschung zum Islam in der Diaspora erwarten lässt. Diskutiert wird insbesondere, inwiefern sich eine jüngere Generation der so genannten „Neo-Muslime" noch durch die etablierten Verbände vertreten fühlt. Vollerhebungen zu den Moscheegemeinden in Deutschland

---

177 Damit bestätigen sich ältere Prognosen in Halm, Dirk: Turkish immigrants in German amateur football. In Tomlison, Alan/Young, Christopher (Hrsg.): German Football. History, Culture, Society. London 2005, S. 73-92; siehe hier auch ausführlich zur deutschen Debatte um die eigenethnischen Fußballvereine.

gibt es in den letzten Jahren nur auf lokaler und regionaler Ebene. Diese haben aber äußerst interessante Ergebnisse, die darauf hindeuten, dass wir es in Zukunft eher mit einer (weiteren) Fragmentierung des organisierten Islams in Deutschland zu tun haben werden. So ergab eine 2006 durch den Berliner Senat veröffentlichte Bestandsaufnahme der Moscheegemeinden in Berlin, dass rund die Hälfte der Berliner Gemeinden keinem der etablierten Dachverbände angehört.[178] 2007 wurde eine Bestandsaufnahme von Moscheegemeinden unternommen, die diesen Befund für das Land NRW stützt, ebenfalls bezogen auf sämtliche muslimische Herkunftsgruppen. Für NRW kommt die Studie zum Ergebnis, dass nach DITIB, die 45% der organisierten Muslime und weniger als ein Viertel der Muslime insgesamt in Deutschland vertritt, die zwar gemeindegebundenen, aber keinem Verband zugehörigen Muslime die zweitgrößte Gruppe im Land darstellen.[179] Die nachlassende Bindungsfähigkeit der etablierten Organisation scheint im Zusammenhang mit dem intergenerativen Wandel zu stehen.[180]

Tabelle 16: Mitgliedschaft in Vereinen 2001 bis 2008 – nur NRW (Prozentwerte)

Mitgliedschaft	2001	2002	2003	2004	2005	2006	2008
Deutsche Vereine							
Sportverein	12,9	15,0	17,7	16,6	17,9	15,6	15,4
Gewerkschaft	16,7	10,1	13,6	16,4	15,7	15,4	12,5
Politische Gruppe	2,7	2,2	1,8	2,5	2,6	2,7	4,5
Kulturverein	2,7	3,8	4,0	3,9	2,2	4,0	3,3
Bildungsverein	2,1	3,0	3,0	4,4	3,0	3,0	3,0
Berufsverband	4,1	2,4	3,1	3,2	2,3	2,4	3,0
Freizeitverein	1,8	0,9	1,6	1,9	1,4	1,2	1,9
Frauengruppe	-	-	-	0,9	0,9	1,2	1,1
Rel. Organisation	0,4	0,4	0,5	1,2	0,5	0,8	1,1
Türkische Vereine							
Religiöse Organisation	18,3	16,2	16,1	21,6	21,2	23,1	26,0
Kulturverein	9,1	11,1	19,7	11,8	13,5	11,0	8,7
Sportverein	6,8	7,0	8,7	9,3	7,5	7,4	4,3
Bildungsverein	2,4	10,4	5,5	5,3	3,5	3,1	4,2
Ethnische Gruppe	2,1	3,2	1,6	3,3	2,3	3,9	3,7
Politische Gruppe	1,5	1,9	2,3	1,4	1,3	1,7	1,6
Frauengruppe	-	-	-	1,1	1,0	1,5	1,0
Freizeitverein	0,4	1,1	0,6	1,7	0,3	1,5	0,9
Berufsverband	0,9	0,6	0,6	0,8	0,9	1,2	0,5

178 Vgl. Spielhaus, Riem: Organisationsstrukturen islamischer Gemeinden. In: Spielhaus, Riem/Färber, Alexa (Hrsg.): Islamisches Gemeindeleben in Berlin. Berlin 2006.
179 Vgl. Krech, Volkhard: Religion und Zuwanderung. Die politische Dimension religiöser Vielfalt. In: Hero, Markus/Krech, Volkhard/Zander, Helmut (Hrsg.): Religiöse Vielfalt in NRW. Empirische Befunde und Perspektiven der Globalisierung vor Ort. Paderborn 2008, S. 24-34.
180 Halm, Dirk: Der Islam als Diskursfeld. Bilder des Islams in Deutschland. Wiesbaden 2008, S. 130ff.

Die Betrachtung der Mitglieder der Organisationen mit den meisten Mitgliederanteilen nach Alter, Aufenthaltsdauer, Generation und Geschlecht ergibt, dass in Moschee- und türkischen Kulturvereinen das Durchschnittsalter der Mitglieder sehr hoch ist. In türkischen Sportvereinen ist es erwartungsgemäß niedriger. Die Mitglieder in deutschen Sportvereinen sind dabei noch deutlich jünger als in türkischen.[181] Bei den muslimischen Organisationen und den Gewerkschaften zeigt sich darüber hinaus die höchste durchschnittliche Aufenthaltsdauer. Entsprechend des Durchschnittsalters sind Erstgenerationsangehörige in den Moscheevereinen deutlich und in den Kulturvereinen leicht überproportional häufig Mitglieder. Auf Bundesebene gehören jedoch insbesondere Heiratsmigranten türkischen Kulturvereinen an. Angehörige der Nachfolgegenerationen sind dort unterrepräsentiert. Sie sind dagegen in den Sportvereinen überrepräsentiert, in den deutschen noch deutlich stärker als in den türkischen.

Frauen sind in den Organisationen generell unterrepräsentiert, am stärksten in den türkischen Kultur- und Sportvereinen. In den deutschen Sportvereinen sind sie jedoch überrepräsentiert.[182]

Insgesamt ist in der Zeit von 1999 bis 2005 in der türkischen Community in NRW eine leichte, aber stetige Zunahme der gesellschaftlichen Einbindung durch Organisationen festzustellen. Seit 2006 nimmt diese aber wieder ab. Die Verteilung der Mitglieder nach ethnischem Kontext ist dabei relativ gleich bleibend, sowohl die ausschließliche Mitgliedschaft in türkischen wie in deutschen Vereinen geht zugunsten von Mitgliedschaften in beiden zurück. Ein zentraler Teil der Mitgliedschaft in türkischen Organisationen gründet sich auf das Bedürfnis religiöser und kultureller Anbindung, das deutsche Organisationen nicht erfüllen können.

Parallelgesellschaften?

Mit dem Begriff „Parallelgesellschaft" wird in den Medien und der Öffentlichkeit seit einigen Jahren das vermeintliche Scheitern der Integration von zumeist muslimischen Einwanderern beschrieben. Insbesondere nach der Ermordung des islamkritischen Journalisten Theo van Gogh in den Niederlanden am 2. November 2004 erlebte der Begriff eine starke Konjunktur in Politik und Medien und kehrte dann in Zyklen wieder, so bei den Debatten um die Missstände an der Berliner Rütli-Schule, der „Ehrenmord"-Diskussion oder der Diskussion um die Studie des Berlin-Instituts[183] mit ihrem Ranking des Integrationserfolgs unterschiedlicher Einwanderergruppen. Wilhelm Heitmeyer verwendet den Begriff 1996 erstmalig in seiner Studie zum islamischen Fundamentalismus unter Jugendlichen in interpretativer Weise und beschreibt damit das zur Aufnahmegesellschaft weitgehend berührungslose Leben einer großen Gruppe türkeistämmiger Jugendlicher.[184]

---

181 Hierfür sind unterschiedliche Erklärungen denkbar. Zum einen betreiben deutsche Vereine in größerem Umfang Jugendarbeit oder die (älteren) Funktionsträger finden sich eher in türkischen Kontexten (die schon zitierte Engagementstudie der Autoren weist nach, dass Türkeistämmige in deutschen Kontexten seltener Leitungsfunktionen übernehmen; vgl. Halm, Dirk/Sauer, Martina: Bürgerschaftliches Engagement von Türkinnen und Türken in Deutschland. Wiesbaden 2007, S. 69). Möglicherweise kündigt diese Altersverteilung aber auch einen intergenerativen Wandel an und weist auf eine nachlassende Bindungsfähigkeit der türkischen Vereine hin.

182 Siehe Anhang Tabelle 21.

183 Woellert, Franziska/Kröhmer, Steffen/Sippel, Lilli/Klingholz, Reiner: Ungenutzte Potenziale. Zur Lage der Integration in Deutschland. Hrsgg. vom Berlin-Institut für Bevölkerung und Entwicklung. Berlin 2009.

184 Vgl. Heitmeyer, Wilhelm: Für türkische Jugendliche in Deutschland spielt der Islam eine wichtige Rolle. Erste empirische Studie: 27 Prozent befürworten Gewalt zur Durchsetzung religiöser Ziele. In: Die Zeit, 23.08.1996; zur beginnenden wissenschaftlichen Auseinandersetzung mit dem Begriff siehe Schiffauer, Werner:

Was unter dem alarmistischen, emotional aufgeladenen Begriff der Parallelgesellschaften zu verstehen ist, bleibt in der öffentlichen Diskussion zumeist diffus und wird
nicht diskutiert, sondern unreflektiert immer weiter übernommen. Parallelgesellschaften
gelten aber wohl deshalb als besonderes Bedrohungsszenario, weil sie implizieren, dass vor
ihnen die gesellschaftliche/politische Steuerungsfähigkeit endet und sie deshalb eine Gefahr
für den Bestand und die Stabilität von Gesellschaft darstellen. Damit machen sich die integ-
rationspolitischen Debatten der letzten Jahre weniger an Chancenungleichheit, sondern
mehr an gesamtgesellschaftlichen Bedrohungsszenarien fest, sei es in Form von „Parallelgesellschaften" oder islamistischem Terrorismus. Dies ist einerseits mit Blick auf die Funk-
tionsweisen der Medienöffentlichkeit wenig erstaunlich, zugleich aber auch die Erklärung
dafür, dass eine nüchterne gesellschaftliche Auseinandersetzung über die Integrationsthe-
matik schwierig zu führen ist.

Mit dem Ziel der Zusammenfassung der Befunde der Mehrthemenbefragung zur gesellschaftlichen Integrationsdimension beziehen wir uns folgend auf das nicht dem wissenschaftlichen, sondern dem Populärdiskurs entstammende Konzept der „Parallelgesellschaft". Wir unternehmen dies, um eine Anschlussfähigkeit der vorliegenden Arbeit nicht
nur an den wissenschaftlichen, sondern auch den Populärdiskurs zu befördern.

Aus wissenschaftlicher Perspektive hat sich Thomas Meyer der Definition von Parallelgesellschaften genähert, indem er fünf Indikatoren für die Existenz von Parallelgesellschaften benennt: kulturell-religiöse Homogenität, lebensweltliche und zivilgesellschaftliche Segregation, Verdopplung der mehrheitsgesellschaftlichen Institutionen, formal freiwillige Segregation und siedlungsräumliche Segregation.[185] Diese Definition legt die Messlatte
für das Vorliegen parallelgesellschaftlicher Strukturen ausgesprochen hoch – wohl nicht
zuletzt aufgrund der Absicht, das Konzept eben ad absurdum zu führen. Auch ohne empirische Prüfung kann man davon ausgehen, dass Parallelgesellschaften von Zuwanderern
zumindest in Deutschland in diesem Sinne nicht existieren. Die Möglichkeiten zur Segregation sind, gemessen an den oben formulierten Kriterien, doch eher begrenzt, insbesondere
was die Bildung alternativer Institutionen der Migrantengesellschaft betrifft. Eine Operationalisierung dieser Indikatoren ist aber für eine *dynamische* Betrachtung sinnvoll: Gibt es
eine Entwicklung hin zur oder weg von der Parallelgesellschaft?

Anhand der Merkmale Religiosität (kulturelle Homogenität), Kontakte zu Deutschen
(lebensweltliche und zivilgesellschaftliche Segregation), Organisationsgrade (Verdopplung
von Institutionen), freiwillige Isolation (Freiwilligkeit von Segregation) und ethnische

---

Parallelgesellschaften. Wie viel Wertekonsens braucht unsere Gesellschaft? Für eine kluge Politik der Differenz.
Bielefeld 2008; Nowak, Jürgen: Leitkultur und Parallelgesellschaft. Argumente wider einen deutschen Mythos.
Frankfurt/Main 2006; Halm, Dirk/Sauer, Martina: Das Zusammenleben von Deutschen und Türken – Entwicklung
einer Parallelgesellschaft. In: WSI-Mitteilungen, Monatszeitschrift des Wirtschafts- und Sozialwissenschaftlichen
Instituts der Hans-Böckler-Stiftung, 57/2004, S. 547-554; Halm, Dirk/Sauer, Martina: Parallelgesellschaft und
ethnische Schichtung – Zur empirischen Bedeutung unterschiedlicher Konzepte des Zusammenlebens von Deutschen und Türken. In: Aus Politik und Zeitgeschichte, 1-2/2006, S. 18-24; Halm, Dirk/Sauer, Martina: Parallelgesellschaft und Integration. In: Woyke, Wichard (Hrsg.): Integration und Einwanderung. Schwalbach 2007, S. 59-
82; Sauer, Martina/Halm, Dirk: Desintegration und Parallelgesellschaft. Aktuelle Befunde zur Integration türkeistämmiger Migranten. In: Vorgänge. Zeitschrift für Bürgerrechte und Gesellschaftspolitik 4/2006, S. 84-94. Vgl.
auch Dangschat, Jens: Segregation – Indikator für Desintegration? In: Journal für Konflikt- und Gewaltforschung
2/2004, S. 9-26.
185 Siehe Meyer, Thomas: Parallelgesellschaften und Demokratie. In: Meyer, Thomas/Weil, Reinhard (Hrsg.):
Die Bürgergesellschaft. Perspektiven für Bürgerbeteiligung und Bürgerkommunikation. Bonn 2002, S. 343-372.

Quartiersbildung (Wohnraumsegregation) können Meyers Indikatoren mit den vorliegenden Daten operationalisiert werden.[186]

Betrachtet man die Dynamik dieser Merkmale von 1999 bis 2008 in NRW, ist die seit 2002 anwachsende Religiosität das einzige Merkmal, das im Untersuchungszeitraum tatsächlich linear in Richtung der Entwicklung eben parallelgesellschaftlicher Strukturen weist, versteht man die anwachsende Religiosität als Homogenisierung der Community. Die Kontakte und freundschaftlichen Beziehungen zu Deutschen sind mit leichten Schwankungen relativ gleich bleibend und weisen somit zumindest keine rückläufige Tendenz auf. Auch der Organisationsgrad ergibt keine Hinweise auf eine stetige oder stabile Zunahme der Segregation in eigenethnischen Organisationen, der Organisationsgrad nahm insgesamt seit 2006 ab, dies betraf die Mitgliedschaft nur in deutschen wie nur in türkischen Vereinen, nicht die Mitgliedschaft sowohl in türkischen als auch in deutschen Vereinen.

Auch von einer zunehmenden freiwilligen Segregation kann nicht die Rede sein, die Anteile der Migranten ohne Kontakte bei gleichzeitig fehlendem Wunsch nach solchen zeigen keinen zunehmenden Trend, sondern liegen zwischen 1% und 2%. Auch die Wohnraumsegregation lässt keine einheitliche Tendenz zu einer Zunahme der Ghettobildung erkennen.

Dennoch gibt es kleine Gruppen innerhalb der türkischen Community, die eine Subgesellschaft gebildet haben. Wie groß ist diese und wer gehört dieser Subgesellschaft an? Wir hatten oben bereits erwähnt, dass vermutlich kaum Einwanderer nach allen fünf Kriterien in Parallelgesellschaften segregiert sein werden. Im Folgenden versuchen wir dennoch, durch Datenaggregation einen Beitrag zu einer ungefähren Einschätzung zu leisten, in welchem Umfang Parallelgesellschaften in einem weiteren Sinne von Bedeutung sind. Dabei wird sich zeigen, dass auch bei einer unorthodoxen Auslegung von Meyers Konzept türkische Parallelgesellschaften in Deutschland eher wenig ausgeprägt sind.

Um die türkeistämmigen Migranten als Angehörige einer Parallelgesellschaft in Anlehnung an die Definition Meyers zu identifizieren, müssen für die einzelnen Indikatoren Grenzwerte festgelegt werden, jenseits derer die Befragten als segregiert oder nicht segriert definiert werden. Für die einzelnen Bereiche wurden folgende Merkmale als Kennzeichen von Segregation definiert: Religion: sehr und eher religiös; Lebenswelt: nie und selten Freizeitbeziehungen zu Deutschen; Zivilgesellschaft/Institutionen: Organisation ausschließlich in türkischen Vereinen; Freiwilligkeit von Segregation: Keine Kontakte zu Deutschen bei gleichzeitig fehlendem Wunsch nach solchen Kontakten (Freiwillige Isolation); Wohnraum: Leben in Vierteln mit überwiegend türkischer Bevölkerung.

Nur eine Person überschreitet in Deutschland in allen fünf Bereichen, die als Indikatoren der Parallelgesellschaft herangezogen wurden, die definierten Segregationsgrenzwerte, 2% überschreiten diese Werte bei vier Merkmalen und 11% in drei Bereichen. 29% überschreiten in zwei Bereichen und 41% in einem Bereich die Grenze zur Segregation. 16% sind hinsichtlich keines der Merkmale als segregiert einzustufen.

---

186 Zwei frühere Beiträge der Autoren (Halm, Dirk/Sauer, Martina: Das Zusammenleben von Deutschen und Türken – Entwicklung einer Parallelgesellschaft? In: WSI-Mitteilungen, Monatszeitschrift des Wirtschafts- und Sozialwissenschaftlichen Instituts der Hans-Böckler-Stiftung, 57/2004, S. 547-554; Halm, Dirk/Sauer, Martina: Parallelgesellschaft und ethnische Schichtung – Zur empirischen Bedeutung unterschiedlicher Konzepte des Zusammenlebens von Deutschen und Türken. In: Aus Politik und Zeitgeschichte, 1-2/2006, S. 18-24) operieren mit einer leicht abweichenden Indikatorenbildung (Freiwilligkeit der Segregation indiziert durch berichtete Diskriminierungserfahrungen), so dass sich Abweichungen in den Ergebnissen zu den hier vorliegenden Daten ergeben.

Tabelle 17: Verteilung der Überschreitung der Segregationsgrenzwerte nach Anzahl der Bereiche 2008

Überschreitung der Grenzwerte in ...	Häufigkeit	Prozent		Prozent
NRW				
keinem Bereich	167	16,7	Nicht segregiert	85,6
einem Bereich	378	37,8		
zwei Bereichen	311	31,1		
drei Bereichen	117	11,7	Segregiert	14,4
vier Bereichen	26	2,6		
fünf Bereichen	1	0,1		
Gesamt	1.000	100,0		100,0
Überschreitung der Grenzwerte in ...	**Häufigkeit**	**Prozent**		**Prozent**
Deutschland				
keinem Bereich	175	17,5	Nicht segregiert	87,5
einem Bereich	412	41,2		
zwei Bereichen	288	28,8		
drei Bereichen	106	10,6	Segregiert	12,5
vier Bereichen	17	1,7		
fünf Bereichen	1	0,1		
Gesamt	1.000	100,0		100,0

Diejenigen Befragten, die in drei oder mehr Bereichen die Grenzwerte überschreiten, wurden anschließend in einer Gruppe, die als potenziell segregiert gelten kann, zusammengefasst, diejenigen, die in zwei oder weniger Bereichen die Grenzwerte überschreiten, zur Gruppe der nicht Segregierten. Daraus ergibt sich ein Anteil von 88% in Deutschland, der im Sinne Meyers als nicht segregiert gelten kann, und ein Anteil von 13%, der als tendenziell segregiert einzustufen ist bzw. parallelegesellschaftliche Strukturen ausbildet.

Bildet man nach diesem Muster einen Index, der sich *nur* auf die gesellschaftliche Integration[187] – also die interethnischen Kontakte und Freizeitbeziehungen, die zivilgesellschaftliche Einbindung, die wohnräumliche Segregation und die Freiwilligkeit von Isolation – bezieht, ohne die von Meyer für die Definition von Parallelgesellschaft herangezogene kulturelle Homogenität bzw. Religiosität einzubeziehen, erhält man einen noch geringeren Anteil derjenigen, die gesellschaftlich als nicht oder wenig integriert gelten können.

Danach können 47% der Türkeistämmigen in Deutschland als gesellschaftlich voll integriert gelten, gut ein Drittel ist gesellschaftlich eher integriert. Eher nicht oder gar nicht an die Mehrheitsgesellschaft angebunden sind danach rund 3%.

---

187 Summativer Index aus interkulturellen Freizeitbeziehungen, Organisationsanbindung, freiwilliger Isolation und Wohngegend. Als nicht integriert wurde definiert, wenn selten oder nie interkulturelle Freizeitbeziehungen bestehen, Mitgliedschaft nur in türkischen Organisationen vorliegt, kein Kontakt zu Deutschen und kein Wunsch danach besteht und die Befragten in überwiegend von Türken bewohnten Vierteln leben. Der Index ist angelehnt an die Indexbildung zur Parallelgesellschaft, berücksichtigt jedoch nicht die dort einbezogene Religiosität. Er kann Werte zwischen 0 und 4 annehmen.

Abbildung 43: Gesellschaftliche Integration (summativer Index, Prozentwerte) 2008

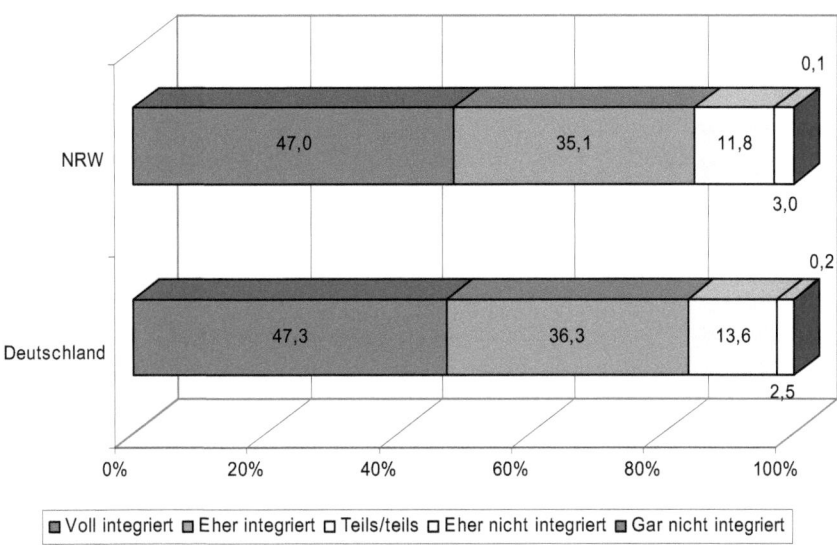

Abbildung 44: Verteilung nicht Segregierter und Segregierter im Vergleich 2001 bis 2008 – nur NRW (Prozentwerte)

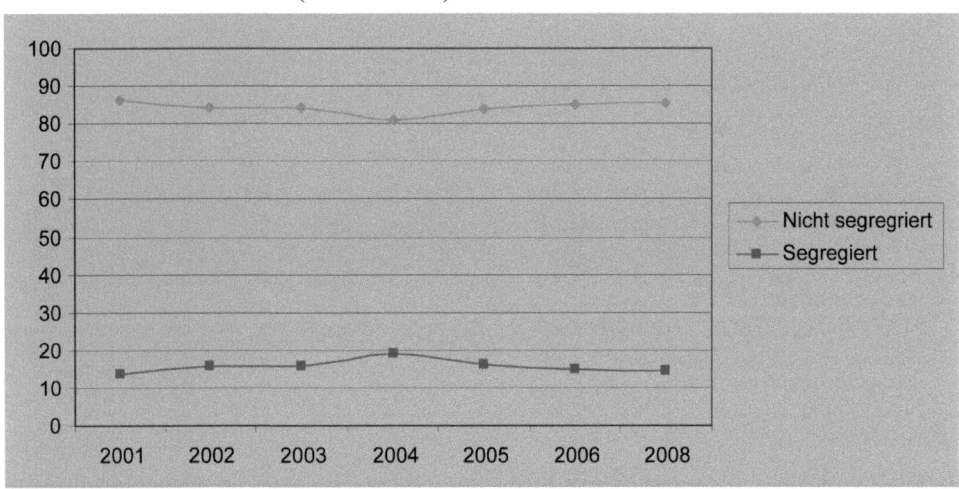

Bei der Betrachtung der parallelgesellschaftlichen Strukturen ergibt der Zeitvergleich zwischen 2001 und 2008[188] in NRW wie bei der Betrachtung der einzelnen Indikatoren keine eindeutige Tendenz einer Zunahme der Segregation türkeistämmiger Migranten. Somit

---

188 Da in den Jahren 1999 und 2000 interkulturelle Freundschaftsbeziehungen nicht erhoben wurden, kann für diese Jahre auch kein vergleichbarer Indikator der freiwilligen Segregation berechnet werden. Daher erfolgt die Berechnung und Darstellung im Zeitvergleich erst ab 2001.

kann man auch anhand dieser Berechnungen nicht davon sprechen, dass der Anteil der türkeistämmigen Migranten, die in parallelgesellschaftlichen Strukturen leben – und somit die Parallelgesellschaft – wächst. Die Anteile der Segregierten bewegen sich in NRW in einem Rahmen zwischen 14% im Jahre 2001 und 19% im Jahre 2004; 2005, 2006 und 2008 sinkt der Anteil der Segregierten, 2008 wieder auf 14%.

In der Gruppe der tendenziell in parallelgesellschaftlichen Strukturen Lebenden sind Migranten ab 60 Jahre deutlich überrepräsentiert. Mit zunehmendem Alter steigt der Anteil derjenigen, die in mindestens drei der fünf Bereiche parallelgesellschaftliche Tendenzen aufweisen. Besonders groß und mit deutlichem Abstand zur nächstjüngeren Gruppe ist der Anteil der Ab-60-Jährigen. Entsprechend sind Erstgenerationsangehörige überproportional häufig unter den Segregierten, aber auch die als Erwachsene nachgereisten Ehepartner der zweiten Generation sind hier überrepräsentiert, wodurch sich der Alterszusammenhang verwischt. Angehörige der zweiten Generation, die in Deutschland geboren oder aufgewachsen sind, sind seltener unter den Angehörigen der Parallelgesellschaft zu finden. Auch Frauen befinden sich etwas häufiger in parallelgesellschaftlichen Strukturen, ohne dass der Unterschied zu den Männern jedoch belegen würde, dass Frauen generell abgeschottet leben. Die Aufenthaltsdauer zeigt, dass insbesondere bis zu neun Jahre hier Lebende überdurchschnittlich häufig in parallelgesellschaftlichen Strukturen leben.

Tabelle 18: Soziodemographische Merkmale der Angehörigen der Parallelgesellschaft (Zeilenprozent) 2008

| | | Segregiert | |
		NRW	Deutschland
Geschlecht			
	Männlich	13,5	11,9
	Weiblich	15,4	13,1
Altersgruppe			
	Unter 30 Jahre	7,7	9,1
	30 bis 44 Jahre	13,0	11,8
	45 bis 59 Jahre	19,7	12,1
	60 Jahre und älter	26,4	22,2
Generationszugehörigkeit			
	Erste Generation	24,9	19,6
	Nachfolgegeneration	7,6	9,4
	Heiratsmigranten	20,4	13,2
Aufenthaltsdauer			
	4 bis 9 Jahre	24,3	18,0
	10 bis 19 Jahre	12,8	10,9
	20 und mehr Jahre	13,9	12,9
Gesamt		14,4	12,5

Von einer breiten Segregation oder Abschottung kann aufgrund der Analyse der gesellschaftlichen Integration nicht gesprochen werden. Die Ergebnisse – und dies ist einer der positiven Befunde der Untersuchung der letzten Jahre – lassen keinen Trend zur viel zitierten, aber selten empirisch gefassten „Parallelgesellschaft" erkennen, auch wenn es eine kleine, jedoch nicht wachsende Gruppe innerhalb der türkischen Community gibt, die in solchen Strukturen verbleibt.

Das hier genutzte Konzept der Parallelgesellschaft umfasst das „Wie" des Zusammenlebens, blendet aber die soziale und wirtschaftliche Teilhabe aus. Diese Teilhabedimension muss aber berücksichtigt werden, wenn es um die Einschätzung der gesellschaftlichen Folgen von Parallelgesellschaften geht, da sie der wohl wichtigste Bestandteil gesellschaftlicher Integration ist. Daher ist zu untersuchen, was die Existenz einer Parallelgesellschaft für die wirtschaftliche Integration ihrer Angehörigen bedeutet.

Am sichtbarsten ist der Zusammenhang von Segregation mit den Deutschkenntnissen. Bei sehr oder eher schlechten Deutschkenntnissen ist die Wahrscheinlichkeit, in parallelgesellschaftlichen Strukturen zu leben, deutlich größer als bei guten oder sehr guten Deutschkenntnissen. Einfluss auf die Tendenz zum Leben in Parallelgesellschaften haben aber auch die Schulbildung und die berufliche Stellung. Bei geringer Schulbildung – und zwar zunächst unabhängig davon, wo die Schule besucht wurde – ist der Anteil der segregierten Migranten deutlich höher als bei höherer Schulbildung. Relativ hoch ist auch die Segregationsquote von Arbeitslosen, die von derzeit Erwerbstätigen ist niedriger, doch zeigt sich, dass Arbeiter häufiger segregiert sind als Facharbeiter und diese wiederum häufiger als Angestellte. Entsprechend sind Migranten mit einem niedrigen Einkommen eher prädestiniert, sich in parallelgesellschaftlichen Strukturen zu bewegen als Migranten mit einem höheren Einkommen. Unterscheidet man danach, ob die Befragten in Haushalten leben, deren Haushaltsnettoeinkommen ober- oder unterhalb der Armutsrisikogrenze liegt[189], also als arm oder nicht arm definiert werden, wird der Zusammenhang zum Einkommen sehr deutlich. Jede zehnte Person, die in einem nicht armen Haushalt lebt, bewegt sich in parallelgesellschaftlichen Strukturen, jedoch jeder Vierte, der in einem armen Haushalt lebt.

Die segregiert lebenden Befragten zeigen eine schlechtere soziale Platzierung, gemessen an beruflichem Status und Einkommen, als diejenigen außerhalb parallelgesellschaftlicher Strukturen, und sie haben aufgrund schlechter Deutschkenntnisse und geringerer Qualifikation schlechtere Teilhabechancen. Bemerkenswert ist aber, wie wenig ausgeprägt dieser Zusammenhang eigentlich ist – denn immer noch drei Viertel der Personen, die in armen Haushalten leben, befinden sich eben nicht in parallelgesellschaftlichen Strukturen. Somit besteht kein Automatismus zwischen geringer Platzierung und Abschottung. Dieser Befund macht deutlich, dass die Bedeutung von Parallelgesellschaften für das Misslingen von Sozialintegration in der Öffentlichkeit dramatisch überschätzt wird.

---

189 Die Variable „Armutsrisikogrenze über- oder unterschritten" bezieht sich auf das bedarfsgewichtete Nettoäquivalenzeinkommen. Vgl. auch Kap. Armutsrisiko oben.

Tabelle 19: Kognitive und wirtschaftliche Teilhabe der Angehörigen der
Parallelgesellschaft (Zeilenprozent) 2008

		Segregiert	
		NRW	**Deutschland**
Deutschkenntnisse			
	Sehr gut / gut	5,9	7,5
	Mittelmäßig	19,0	15,2
	Schlecht / sehr schlecht	35,7	24,3
Schulabschluss			
	Kein Abschluss/Ilkokul	28,6	20,1
	Ortaokul	11,5	10,5
	Lise	14,9	11,1
	Hauptschule	12,1	13,5
	Realschule	3,9	7,7
	Fachschule/Fachabitur	1,9	6,5
	Abitur	1,4	1,4
Berufliche Stellung			
	Arbeitslos	16,0	17,4
	Arbeiter	14,0	10,1
	Facharbeiter	7,8	7,6
	Angestellte	5,9	5,2
Haushaltseinkommen			
	Unter 1.000 Euro	26,5	22,5
	1.000 bis unter 2.000 Euro	17,2	15,5
	2.000 bis unter 3.000 Euro	11,2	9,6
	3.000 Euro und mehr	2,8	6,3
Armutsrisikogrenze			
	überschritten	12,1	8,6
	unterschritten	25,5	22,8
Gesamt		14,4	12,5

3.6 Zusammenhang der Integrationsbereiche

Abschließend soll die Frage beantwortet werden, wie sich die hier präsentierten Befragungsdaten zum im einleitenden Theoriekapitel dargestellten Modell der Sozialintegration
Hartmut Essers[190] verhalten. Eingangs war bereits dargestellt worden, dass empirische Befunde zu Deutschland ebenso wie theoretische Überlegungen nicht in jedem Fall erwarten
lassen, dass sich die Zusammenhänge zwischen den Integrationsbereichen, die sich aus
Essers Modell ergeben, tatsächlich so einstellen. Hingewiesen wurde in diesem Zusammenhang unter anderem auf systemische Rahmenbedingungen, Transnationalisierungsent-

---

190 Esser, Hartmut: Integration und ethnische Schichtung. Arbeitspapier Mannheimer Zentrum für Europäische
Sozialforschung Nr. 40. Mannheim 2001, S.18.

wicklungen etc. Wenn wir analog zum Forschungsstand davon ausgehen, dass Prozesse der Sozialintegration zuvorderst durch intergenerativen Wandel katalysiert werden,[191] so ist insbesondere von Interesse, ob die Zusammenhänge in unterschiedlichen Einwanderergenerationen unterschiedlich ausgeprägt sind.

Anhand der Daten der Mehrthemenbefragung können die Merkmale der Sozialintegration nach Esser indiziert werden – kognitive Integration bzw. Akkulturation, Platzierung, Interaktion bzw. gesellschaftliche Integration und Identifikation mit Deutschland, ebenso ist eine Differenzierung der Einwanderergenerationen möglich.

Als Indikator für Akkulturation werden deutsche Sprachkenntnisse und Berufsausbildung herangezogen, für die Platzierung die Stellung am Arbeitsmarkt, für die Interaktion Kontakte und freundschaftliche Beziehungen zu Deutschen und für die Identifikation die Heimatbindung und Rückkehrabsicht. Aus den Daten dieser Indikatoren, die oben ausführlich für Deutschland dargestellt wurden, werden mit Ausnahme der Platzierung Indizes gebildet. Anschließend werden die Zusammenhänge der unterschiedlichen Integrationsindikatoren/Indizes analysiert.

Kognitive Integration/Akkulturation

Ausbildung und Sprachkenntnisse stehen im Zusammenhang: Befragte ohne berufliche Ausbildung verstehen seltener Deutsch sehr und eher gut als solche mit Ausbildung, unter Hochschulabsolventen und denjenigen, die sich derzeit in Ausbildung befinden, ist dieser Anteil am höchsten (Gamma[192]: .508). Bildet man aus Ausbildung und Sprache einen summativen Index[193] der Akkulturation, erhält man folgende Verteilung:

191 Kalter, Frank/Granato, Nadia: Sozialer Wandel und strukturelle Assimilation in der Bundesrepublik. Empirische Befunde mit Mikrodaten der amtlichen Statistik. In: IMIS-Beiträge 2/2004, S. 80.
192 Gamma ist ein Korrelationsmaß für ordinal skalierte Daten und gibt, neben der Stärke, mit den Vorzeichen auch die Richtung des Zusammenhangs an. Bei positivem Zusammenhang ist der Verlauf gleichgerichtet, bei negativem Zusammenhang ist er entgegengesetzt. Gamma kann somit Werte zwischen 0 und ±1 annehmen. Je höher der Wert, desto stärker ist der Zusammenhang.
193 Zur Bildung des summativen Index der Akkulturation wurden zunächst die Variablenausprägungen gleichgerichtet, wobei ein niedriger Wert ein geringeres Ausbildungsniveau und geringe Sprachkenntnisse, ein hoher Wert ein hohes Ausbildungsniveau und gute Sprachkenntnisse bedeuten. Befragte, die sich noch in Ausbildung befanden, wurden, wenn sie Studierende waren, einem Hochschulabschluss, die anderen der Lehre zugerechnet. Anschließend wurden beide Variablen summiert und die so entstandene 8-kategoriale Variable auf eine Verteilung zwischen 0 und 1 umgerechnet. Da in den summativen Index nur Fälle aufgenommen werden, für die für beide Variablen Werte vorliegen und die eindeutig einer Generation zugeordnet werden können, reduziert sich die Anzahl der Fälle auf N = 902.

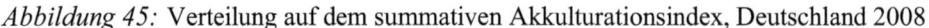

Abbildung 45: Verteilung auf dem summativen Akkulturationsindex, Deutschland 2008

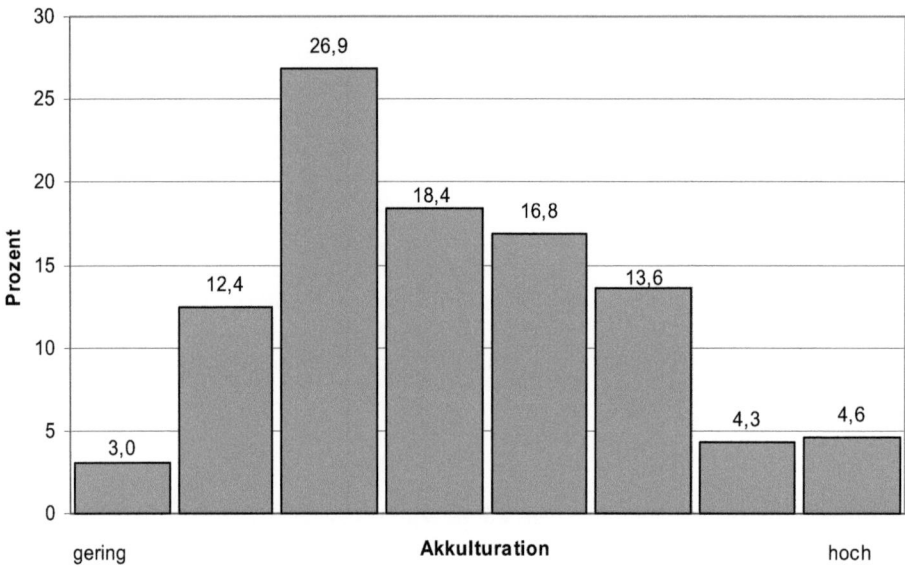

Der Mittelwert des Index, der von 0 bis 1 reicht (0 = geringe Akkulturation, 1 = hohe Akkulturation) liegt für die türkeistämmigen Migranten bei 0,45, der Median liegt bei 0,43. Beide Werte liegen somit leicht unterhalb der Skalenmitte. Zwar weist nur eine kleine Gruppe eine sehr geringe Akkulturation auf, doch ist die Gruppe derjenigen mit sehr hoher Akkulturation ebenfalls klein (4,6%).

Nicht überraschend ist die Akkulturation der Nachfolgegeneration deutlich höher als die der ersten Generation. Beachtenswert ist, dass die im Erwachsenenalter eingereisten Ehepartner der zweiten Generation nur geringfügig über der ersten Generation liegen.

Tabelle 20: Mittelwert und Median des Akkulturationsindex nach Generationszugehörigkeit, Deutschland 2008

	Index Akkulturation		
Generationszugehörigkeit	**Mittelwert**	**Median**	**Anzahl**
Erste Generation	0,31	0,29	178
Nachfolgegeneration	0,57	0,57	447
Heiratsmigranten	0,33	0,29	277
Insgesamt	0,45	0,43	902

Platzierung: Stellung auf dem Arbeitsmarkt

Die Platzierung wird anhand der Variable „Stellung auf dem Arbeitsmarkt"[194] abgebildet, die folgende Verteilung zeigt:

Abbildung 46: Verteilung nach Platzierung, Deutschland 2008

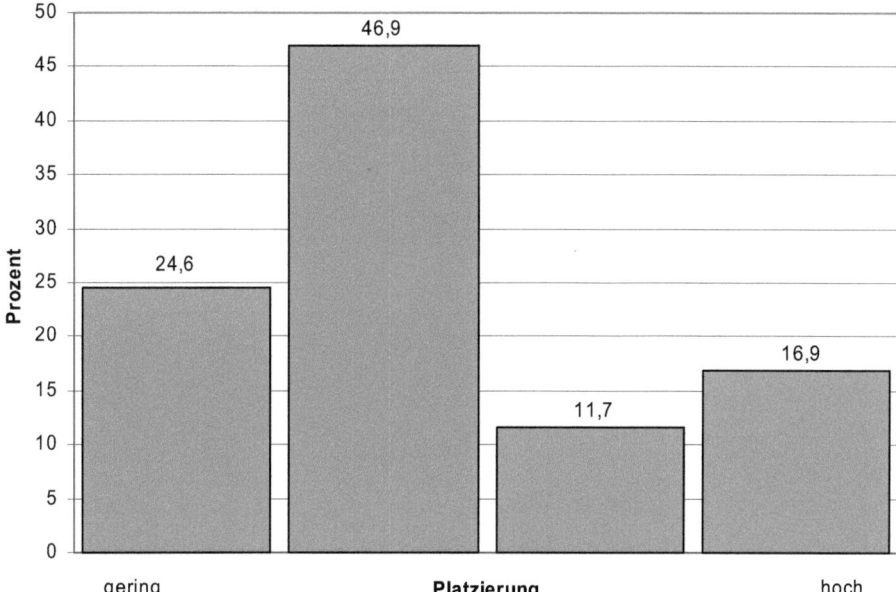

Der Mittelwert des Index, der von 0 bis 1 reicht (0 = geringe Platzierung, 1 = hohe Platzierung) liegt für die türkeistämmigen Migranten bei 0,40, der Median liegt bei 0,33. Der Durchschnitt liegt damit unterhalb der Mitte, der Median noch weiter unterhalb der Skalenmitte. Nur 17% der Migranten erreichen eine hohe Platzierung, ein Viertel jedoch eine geringe Platzierung.

Erwartungsgemäß ist auch die Platzierung der Nachfolgegeneration höher als die der ersten Generation, die deutlich niedriger liegt. Die im Erwachsenenalter eingereisten Ehepartner der zweiten Generation weisen eine zwischen der ersten und der Nachfolgegeneration liegende Platzierung auf. Der Mittelwert der ersten Generation liegt unterhalb des Medians, der der Nachfolgegeneration deutlich darüber. Dies deutet darauf hin, dass zahlreiche Nachfolgegenerationsangehörige eher schlecht platziert sind, einige jedoch offenbar sehr gut.

---

194 In die Variable „Stellung auf dem Arbeitsmarkt" fließen nur Arbeitslose, Arbeiter, Facharbeiter und Angestellte ein, die eindeutig einer Generation zugeordnet werden können (N = 541), da für alle anderen Gruppen keine hierarchische Zuordnung möglich ist. Ausgenommen aus der Berechnung sind Rentner, Hausfrauen, Studierende und Befragte, die sich im Erziehungsurlaub befinden sowie Selbstständige. Die Variable umfasst 4 Kategorien (0 = Arbeitslos, 1 = Arbeiter, 2 = Facharbeiter, 3 = Angestellte), die auf eine Verteilung zwischen 0 (niedrige Platzierung) und 1 (hohe Platzierung) umgerechnet wurden.

Tabelle 21: Mittelwert und Median des Platzierungsindex nach Generationszugehörigkeit, Deutschland 2008

| | Index Platzierung | | |
Generationszugehörigkeit	Mittelwert	Median	Anzahl
Erste Generation	0,26	0,33	76
Nachfolgegeneration	0,47	0,33	306
Heiratsmigranten	0,35	0,33	159
Insgesamt	0,40	0,33	541

Gesellschaftliche Integration/Interaktion: Kontakte, freundschaftliche Beziehungen und Kontaktwunsch

Berechnet man einen Index der Interaktion aus der Anzahl der Kontaktbereiche und der Häufigkeit interkultureller Freundschaftsbeziehungen[195], deren Zusammenhang einen signifikanten Gammawert von .516 ergibt, erhält man folgende Verteilung:

Abbildung 47: Verteilung auf dem summativen Interaktionsindex, Deutschland 2008

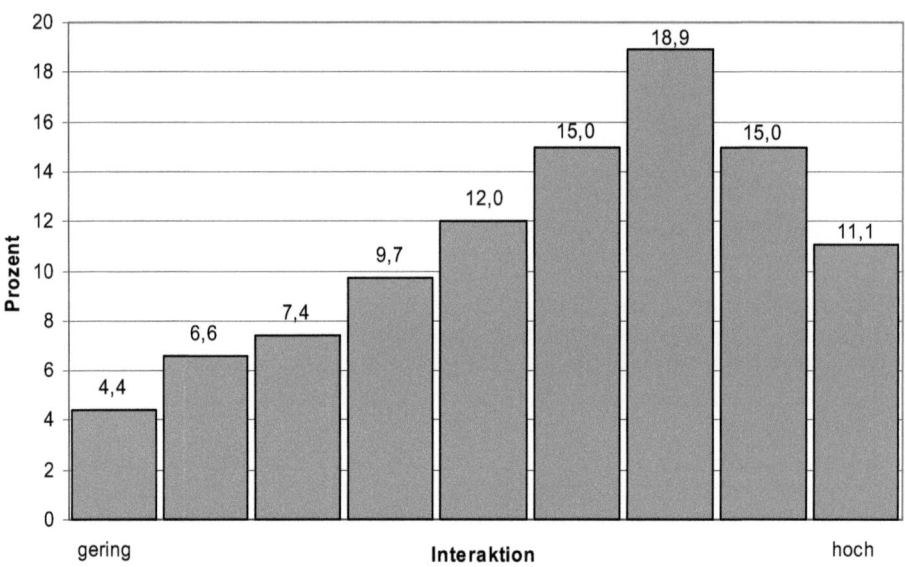

Der Mittelwert des Index, der von 0 bis 1 reicht (0 = geringe Interaktion, 1 = hohe Interaktion) liegt für die türkeistämmigen Migranten bei 0,60, der Median liegt bei 0,63. Beide

---

195 Zur Bildung des summativen Index wurden zunächst die Variablenausprägungen gleichgerichtet, so dass kleine Werte für wenig Kontaktbereiche und seltene Freundschaftsbeziehungen und hohe Werte für Kontakte in vielen Lebensbereichen und intensive interkulturelle Freundschaften stehen. Anschließend wurden beide Variablen summiert und die so entstandene 9-kategoriale Variable auf eine Verteilung zwischen 0 und 1 umgerechnet. Insgesamt fließen in die Indexberechnung 961 Befragte ein.

Werte liegen somit oberhalb der Skalenmitte. Obwohl die Mehrheit der Migranten eine mittlere oder hohe Interaktion aufweist, fallen 11% in die Kategorie geringe Interaktion (Kategorie 1 und 2).

Erwartungsgemäß ist auch die Interaktion der Nachfolgegeneration ausgeprägter als die der ersten Generation. Wie bei der Akkulturation und eingeschränkt der Platzierung zeigt sich bei den im Erwachsenenalter eingereisten Ehepartnern der zweiten Generation eine ebenso geringe Interaktion wie bei der ersten Generation.

Tabelle 22: Mittelwert und Median des Interaktionsindex nach Generationszugehörigkeit, Deutschland 2008

	Index Interaktion		
Generationszugehörigkeit	Mittelwert	Median	Anzahl
Erste Generation	0,52	0,63	188
Nachfolgegeneration	0,68	0,75	478
Heiratsmigranten	0,52	0,50	294
Insgesamt	0,60	0,63	961

Identifikation: Rückkehrabsicht und Verbundenheit mit Deutschland

Rückkehrabsicht und Deutschlandverbundenheit zeigen in der Korrelationsanalyse einen signifikanten Zusammenhang (Gamma .428). Der daraus gebildete Identifikationsindex[196] zeigt folgende Verteilung:

---

196 Zur Bildung des summativen Index der Identifikation wurden zunächst die Variablenausprägungen gleichge-richtet. Die Rückkehrabsicht erhielt einen niedrigen und die Bleibeabsicht einen hohen Wert. Die Antwort „Weiß noch nicht" wurde mit einem mittleren Wert codiert. Die Variable Heimatverbundenheit hatte bereits niedrige Werte für Befragte, die sich mit der Türkei und hohe Werte für Befragte, die sich mit Deutschland verbunden fühlen. Befragte, die sich mit beiden Ländern verbunden fühlen, erhielten einen mittleren Wert. Anschließend wurden beide Variablen summiert und die so entstandene 5-kategoriale Variable auf eine Verteilung zwischen 0 und 1 umgerechnet. Nicht in die Berechnung fließen Befragte ein, die bei einer der verwendeten Variablen keine Angaben machten, oder sich keinem der beiden Länder verbunden fühlen, sowie solche, für die keine eindeutige Generationszugehörigkeit ermittelt werden konnte. Daraus ergab sich eine Fallzahl von N = 897.

Abbildung 48: Verteilung auf dem summativen Identifikationsindex, Deutschland 2008

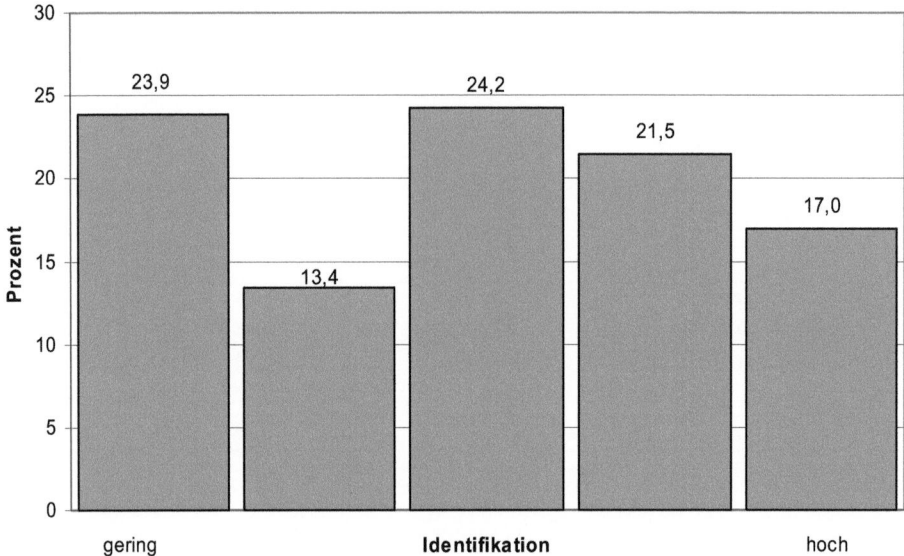

Der Mittelwert des Index, der von 0 bis 1 reicht (0 = geringe Identifikation, 1 = hohe Identifikation) liegt für die türkeistämmigen Migranten bei 0,49, der Median liegt bei 0,50. Der Mittelwert liegt somit leicht unterhalb des Median auf der Skalenmitte. Obwohl die Mehrheit der Migranten eine mittlere oder hohe Identifikation aufweist, zeigt knapp ein Viertel eine geringe Identifikation.

Bezüglich des Identifikationsindex unterscheiden sich die Generationen relativ gering, wenngleich auch hier die Nachfolgegeneration höhere Werte aufweist als die erste Generation, während die Identifikation bei Heiratsmigranten am geringsten ausfällt.

Tabelle 23: Mittelwert und Median des Identifikationsindex nach Generationszugehörigkeit, Deutschland 2008

	Index Interaktion		
Generationszugehörigkeit	**Mittelwert**	**Median**	**Anzahl**
Erste Generation	0,49	0,50	178
Nachfolgegeneration	0,52	0,50	450
Heiratsmigranten	0,43	0,50	270
Insgesamt	0,49	0,50	897

Zusammenhänge der Integrationsbereiche

Nach Essers Modell müssten starke Zusammenhänge zwischen den verschiedenen Integrationsbereichen bestehen, insbesondere zwischen Akkulturation und Platzierung. Die Platzierung wiederum müsste stark mit der Interaktion und diese wiederum mit der Identifikation in Zusammenhang stehen.

Abbildung 49: Schematische Zusammenhänge der Integrationsbereiche nach der Theorie Essers

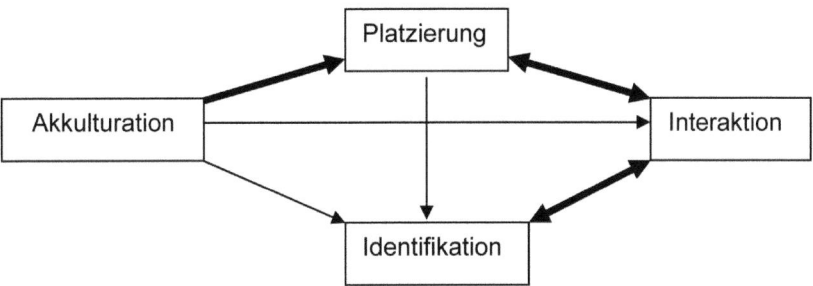

Die Daten[197] zeigen zwar einen signifikanten und starken Zusammenhang von Akkulturation zur Platzierung, doch ist der Zusammenhang zwischen Akkulturation und Interaktion ebenfalls stark ausgeprägt. Andres formuliert: Die in Essers Modell erwarteten Zusammenhänge sind kaum stärker ausgeprägt als die nicht erwarteten. Der Platzierungsindex weist neben dem ausgeprägten Zusammenhang mit der Akkulturation einen etwas geringeren Zusammenhang zur Interaktion auf, zur Identifikation ist er jedoch nur schwach und wenig signifikant. Die Zusammenhänge zwischen Interaktion und Identifikation sowie zwischen Identifikation und Akkulturation sind ebenfalls sehr schwach.

Abbildung 50: Schematische Darstellung der gemessenen Zusammenhänge der Integrationsbereiche (Gamma-Werte), Deutschland 2008[198]

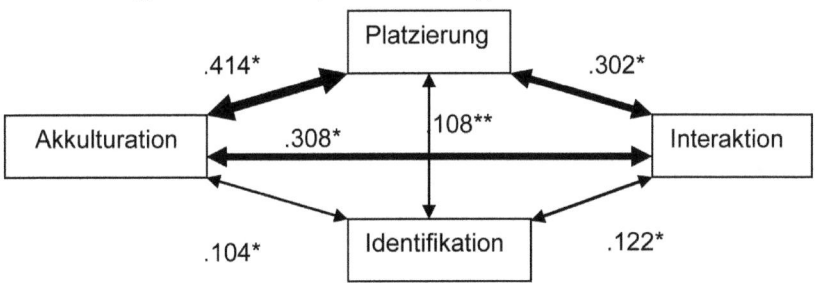

* Die Korrelation ist auf dem Niveau von 0,01 (2-seitig) signifikant.
** Die Korrelation ist auf dem Niveau von 0,05 (2-seitig) signifikant.

Somit wirkt sich die Akkulturation zwar stark auf die Platzierung aus – sie ist sicher in vielen Fällen Bedingung für eine gute Platzierung – aber es besteht kein Automatismus zwischen Akkulturation und Platzierung, d.h. nicht in jedem Fall führt hohe Akkulturation auch zu einer hohen Platzierung, zahlreichen hoch akkulturierten Migranten gelingt es nicht, eine gute Platzierung zu erreichen, wie auch im vorangegangenen Kapitel zu den „Parallelgesellschaften" gezeigt wurde. Zudem wirkt sich Akkulturation ebenfalls stark auf die Interaktion aus, ohne den Umweg über die günstige gesellschaftliche Platzierung. Die

---

197 In die Berechnung der Zusammenhänge wurden nur die Fälle einbezogen, für die bei allen vier Indizes Werte vorliegen. N = 480.
198 Die Stärke der Pfeile gibt die Größendimension des Wertes wider.

Identifikation scheint jedoch, ebenfalls entgegen Essers Modell, relativ unabhängig von Akkulturation, Platzierung und Interaktion zu sein und nicht, wie theoretisch vorhergesagt, mit zunehmender Akkulturation, Platzierung und Interaktion zu wachsen.

Betrachtet man die Zusammenhänge der Integrationsbereiche nur für die Nachfolgegeneration, ergeben sich deutliche Abweichungen.[199] Im Vergleich zu den Befragten insgesamt ist der Zusammenhang zwischen Akkulturation und Platzierung bei der Nachfolgegeneration noch weniger ausgeprägt. Etwas geringer ist auch der Zusammenhang von Platzierung und Interaktion. Der Zusammenhang zwischen Akkulturation und Interaktion ist nahezu ebenso ausgeprägt wie bei allen Befragten. In der zweiten Generation gelingt es offenbar hoch Akkulturierten auch nicht immer, eine höhere Platzierung zu erreichen, auch wenn durchaus ein positiver Zusammenhang zwischen beruflicher Ausbildung und Einbindung in den Arbeitsmarkt besteht. Keine signifikante Korrelation ergibt sich bei der Nachfolgegeneration zwischen Platzierung und Identifikation und zwischen Akkulturation und Identifikation. Identifikation ist in dieser Gruppe lediglich leicht beeinflusst durch die Interaktion.

Abbildung 51: Schematische Darstellung der gemessenen Zusammenhänge der Integrationsbereiche (Gamma-Werte), Deutschland 2008 – Nachfolgegeneration

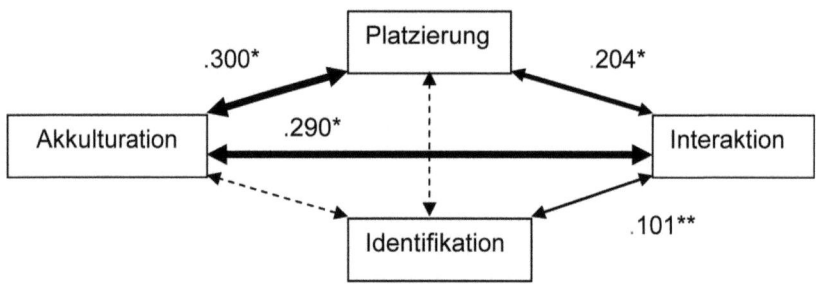

* Die Korrelation ist auf dem Niveau von 0,01 (2-seitig) signifikant.
** Die Korrelation ist auf dem Niveau von 0,05 (2-seitig) signifikant.
Gestrichelte Linie: Nicht signifikant

Bemerkenswert ist, dass für die Nachfolgegeneration der Zusammenhang zwischen Akkulturation und Platzierung – oder einfacher zwischen der Anpassungs- und der Teilhabedimension von Integration – noch weniger ausgeprägt ist als für die Befragten insgesamt. Überraschend ist dieser Befund keineswegs, bestand doch im Rahmen der Gastarbeitermigration vermutlich eine relativ genaue Passung zwischen eher niedriger Qualifikation und entsprechender Beschäftigung, die so in der Nachfolgegeneration nicht mehr gegeben ist. Sie muss stärker um ihre adäquate Platzierung kämpfen und stößt dabei auf Exklusionsme-

---

199 Nachfolgegeneration N = 265. Die Fallzahlen für die erste Generation und die Heiratsmigranten, bei denen eine Indexbildung vorgenommen werden kann, sind deutlich geringer, und es ergeben sich zudem zu geringe Varianzen in den Merkmalsausprägungen. Daher wird hier nur die Nachfolgegeneration ausgewertet.

chanismen. Erstaunlicherweise wirkt sich dies auch auf die Stärke des Zusammenhangs zwischen Platzierung und gesellschaftlicher Interaktion bzw. Integration aus.[200]

Die Ergebnisse lassen vermuten, dass die Mechanismen der Integration und die Dependenz der verschiedenen Integrationsbereiche offensichtlich komplexer sind als einfache Wirkungsmodelle dies nahe legen. Integration verläuft eben nicht stufenweise und quasi automatisch, sondern kann durchaus partiell oder zumindest zum Teil in den Bereichen unabhängig voneinander, dafür jedoch abhängig von Rahmenbedingungen, die nicht bei den Zuwanderern zu suchen sind, verlaufen. Insbesondere die Identifikation bildet sich relativ unabhängig von anderen Bereichen heraus. Offenbar wirken die im Modell dargestellten Mechanismen in der Nachfolgegeneration noch weniger als für alle Befragte. Daraus ergibt sich, dass gerade für die Untersuchung der Integrationschancen und -hemmnisse der Nachfolgegenerationen die strukturellen Bedingungen von noch größerer Relevanz sind als für die erste Zuwanderergeneration.

---

200 Die Auswertung des Datensatzes für NRW ergibt ein grundsätzlich ähnliches Ergebnis. Eine frühere Veröffentlichung beruhend auf dem NRW-Datensatz von 2005 unterschied sich von den hier vorgestellten Daten dadurch, dass in der Gesamtgruppe wie in der Nachfolgegeneration der Zusammenhang zwischen Akkulturation und Interaktion noch ausgeprägter war als der zwischen Akkulturation und Platzierung; vgl. Halm, Dirk/Sauer, Martina: Parallelgesellschaft und Integration. In: Politische Bildung, Heft 3/2006, S. 46-65.

4 Fazit

Die Ergebnisse der Mehrthemenbefragung zu den hier vorgestellten Integrationsbereichen zeigen im Zeitverlauf seit 1999 nur relativ geringe Veränderungen und eine hohe Stabilität sowohl bei den Lebensverhältnissen als auch in den Einstellungen und Meinungen der türkeistämmigen Migranten. Für den Integrationsprozess bedeutet dies, dass in den vergangenen zehn Jahren nur sehr langsame Fortschritte zu verzeichnen waren. Grundsätzlich zeigt der Vergleich der Ergebnisse zwischen Deutschland und NRW, dass sich die Situation der Befragten mit sehr wenigen Abweichungen ähnlich darstellt. Man kann mit einiger Sicherheit davon ausgehen, dass der Zeitvergleich in NRW auch die bundesweite Situation repräsentiert, schon weil jeder dritte Türkeistämmige in Deutschland eben in NRW lebt. Doch trotz der geringen Veränderungen im Zeitvergleich zwischen 1999 und 2008 lassen sich für alle untersuchten Indikatoren der Integrationsbereiche deutliche Unterschiede zwischen den Generationen ausmachen. Die Nachfolgegeneration, die inzwischen rund die Hälfte der erwachsenen türkeistämmigen Bevölkerung ausmacht, ist in erheblichem Maße besser integriert als die erste Generation, die nur noch knapp ein Fünftel umfasst. Deutlich wird aber auch, dass insbesondere die Heiratsmigranten – immerhin mehr als ein Viertel der Gesamtgruppe –, also diejenigen, die im Erwachsenenalter im Zuge der Familienzusammenführung als Ehepartner der Nachfolgegeneration nach Deutschland kamen, noch erhebliche Schwierigkeiten sowohl bei der Teilhabe an Ressourcen, aber auch mit der Identifikation und der gesellschaftlichen Einbindung haben.

Nicht nur zwischen der ersten und den Nachfolgegenerationen, sondern auch innerhalb der Nachfolgegenerationen sind deutliche Unterschiede in fast allen Lebensbereichen sichtbar. Festzustellen ist eine größer werdende Schere zwischen Migranten, die über gute Voraussetzungen der strukturellen, gesellschaftlichen und identifikativen Integration verfügen und relativ gut in die Mehrheitsgesellschaft eingebunden sind und solchen, denen die Voraussetzungen hierfür fehlen. Ungeachtet der insgesamt besseren Integration der jüngeren Migranten bleiben Defizite auch dieser Gruppe gegenüber der deutschen Bevölkerung erhalten.

Die **kognitive Integration** zeigt nur geringe Verbesserungen im gesamten Zeitverlauf auch bei der jüngeren Generation und den Bildungsinländern, deren Anteil naturgemäß leicht zunimmt. Der Vergleich zur Mehrheitsbevölkerung weist nach wie vor erhebliche Defizite aus. Die Zuwanderer konnten offenbar insbesondere mit der Bildungsexpansion der letzten Jahrzehnte nicht Schritt halten, auch wenn die Nachfolgegeneration im Vergleich zur ersten Generation ein erheblich höheres Schul- und Ausbildungsniveau und deutlich bessere Deutschkenntnisse aufweist. Zwar steigt in der jüngsten Gruppe das Ausbildungsniveau doch langsam an, zugleich bleibt jedoch der Anteil ohne berufliche Ausbildung auch aufgrund der Neuzuwanderung konstant hoch.

Die **strukturellen Integrationsdefizite** zeigen sich in der hohen Quote der Nichterwerbstätigen, die im Zeitverlauf zunimmt. Insbesondere unter Frauen ist der Anteil der nicht oder nur geringfügig Beschäftigten hoch. Aber auch die berufliche Stellung zeigt nur einen langsamen Abbau des im Vergleich zur Mehrheitsbevölkerung deutlich überproportionalen Arbeiteranteils und einen langsamen Anstieg des Angestelltenanteils. Zwar zeigen sich Verbesserungen in der beruflichen Stellung bei der zweiten im Vergleich zur ersten Generation, dennoch ist die Situation im Vergleich zur Mehrheitsgesellschaft nach wie vor defizitär und verbessert sich in der Nachfolgegeneration im Zeitverlauf nur sehr wenig. Die höhere kognitive Integration der Nachfolgegeneration setzt sich nur sehr abgeschwächt in ein höheres berufliches Tätigkeitsniveau um. Entsprechend der geringen Erwerbsquote und der niedrigen beruflichen Stellung ist das Haushaltseinkommen der türkischen Haushalte deutlich geringer als das einheimischer Haushalte. Nach starken Rückgängen nimmt das durchschnittliche Haushaltseinkommen seit 2006 wieder leicht zu – dies ist zum einen der zeitweisen Erholung der wirtschaftlichen Gesamtlage in Deutschland, aber auch der zunehmenden Vollzeitbeschäftigung geschuldet. Dennoch ist die Quote der armutsgefährdeten türkischen Haushalte wesentlich höher als die einheimischer Haushalte, insbesondere Rentner und Arbeitslose sind hiervon betroffen.

Die **identifikative Integration** lässt über den gesamten Zehnjahreszeitraum keine grundlegende Änderung erkennen, obwohl sich im Zeitverlauf hier relativ stark gesellschaftliche Stimmungen niederschlagen und in den letzten Jahren eine Zunahme der Identifikation mit Deutschland feststellen lässt. Eine Mehrheit fühlt sich inzwischen zumindest auch in Deutschland heimisch und hat keine Rückkehrabsichten mehr, bei Migranten der Nachfolgegeneration noch häufiger als bei der ersten. Seit 2004 hat sich die Rückkehrabsicht kaum verändert, die Verbundenheit mit Deutschland nimmt leicht zu. Rund ein Drittel fühlt sich mit beiden Ländern verbunden, was die eindeutige Positionierung des entweder Türkisch- oder Deutsch-Seins schwierig macht und zeigt, dass die Hinwendung zu Deutschland nicht mit einer Abwendung von der Herkunftskultur verbunden sein muss. Dies gilt insbesondere für religiöse Migranten, denen offenbar eine eindeutige Hinwendung zu Deutschland schwer fällt. Rund ein Drittel der türkeistämmigen Migranten weisen eine Mischidentität auf, 40% können als eindeutig deutschlandorientiert charakterisiert werden. Auszugehen ist von einer Doppel- oder Mischidentität der türkeistämmigen Migranten in Deutschland, die mehr als nur ein Übergangsphänomen ist.

Die **gesellschaftliche Einbindung**, die in der Öffentlichkeit als der zentrale Bereich der Integration wahrgenommen wird, nimmt hingegen insgesamt über die Zeit seit 1999 und auch in den letzten Jahren leicht zu. Die Kontaktdichte ist relativ hoch und stabil und die freundschaftlichen Beziehungen aus Sicht der Migranten sind nicht so selten. Auch hier ist die Einbindung der Nachfolgegeneration deutlich stärker ausgeprägt als die der ersten Generation und der Heiratsmigranten. Nur eine sehr kleine und gleich bleibend geringe Minderheit ist freiwillig von der deutschen Gesellschaft isoliert. Auch die räumliche Segregation zeigt kaum Veränderungen, wenngleich knapp ein Fünftel in überwiegend eigenethnisch geprägten Vierteln leben. Zwar organisieren sich Migranten in den letzten Jahren etwas seltener, doch wenn, dann sowohl in deutschen als auch in türkischen Organisationen, eine zunehmende „Abschottung" in eigenethnischen Vereinen ist jedenfalls nicht auszumachen. Ein zentraler Teil des Engagements in türkischen Organisationen gründet sich auf das Bedürfnis religiöser und kultureller Anbindung, das deutsche Organisationen nicht erfüllen können. „Parallelgesellschaftliche" Strukturen wachsen im Untersuchungszeitraum nicht, wobei eine kleine, aber eben nicht wachsende Gruppe von türkeistämmigen Migranten kaum an die deutsche Gesellschaft rückgebunden ist. Unter diesen finden sich überwiegend Migranten der ersten Generation sowie Heiratsmigranten.

Die Ergebnisse belegen insgesamt eher die These einer partiellen Integration, die in den Bereichen Identifikation und Interaktion in den letzten Jahren stärker voranschreitet als in den Bereichen Akkulturation und Platzierung. Es lassen sich damit ganz klar keine Belege finden, die die These der Zunahme parallelgesellschaftlicher Strukturen oder zunehmender Segregation unterstützen. Dabei sind die Zusammenhänge zwischen den Integrationsbereichen empirisch weniger stark ausgeprägt als theoretisch erwartbar gewesen wäre: Die höhere schulische und berufliche Ausbildung der Nachfolgegeneration schlägt sich nur bedingt in der beruflichen Position nieder, die wirtschaftliche Situation hängt mit der identifikativen und gesellschaftlichen Orientierung ebenfalls nur relativ schwach zusammen. Im Ergebnis führt dies zu einer Integrationssituation, die sich erheblich von der öffentlichen Wahrnehmung unterscheidet: Als eigentliches Integrationsproblem erscheint der Umstand, dass sich Erfolge der kognitiven und gesellschaftlichen Integration für die Migranten nicht in adäquaten Platzierungen niederschlagen. Hierhinter verbirgt sich eine strukturelle Exklusion, die der Blick auf den Verlauf der (individuellen) Sozialintegration nicht erfasst.

Damit bestätigt sich eine Einschätzung von Michael Bommes, der sich für eine systemische Orientierung der Integrationsforschung ausspricht:

> Für die Untersuchung der Integrationschancen von Migranten und ihrer Karrieren als kumulatives Resultat der Geschichte ihrer Inklusionen bedeutet dies, den Blick nicht ausschließlich oder vorrangig auf die Eigenschaften der Migranten als ihre individuellen Inklusionsvoraussetzungen zu richten, sondern die systemspezifischen Strukturbedingungen zu untersuchen, unter denen Migranten und ihre Ausstattungen zur Geltung kommen.[201]

Unter diesen Voraussetzungen dürfte sich in tatsächlichen Gesellschaften kein unbedingter Zusammenhang zwischen den Akkulturationsleistungen und den anderen Bestandteilen von Sozialintegration zeigen – und tatsächlich zeigt sich dieser Zusammenhang in der vorliegenden Studie auch nur bedingt.

Gerade für viele Angehörige der zweiten Generation hat sich offenbar nicht die ethnische Community, sondern vielmehr die Aufnahmegesellschaft selbst zu einer Mobilitätsfalle entwickelt. Die Diskussion um vermeintliche „Parallelgesellschaften" geht damit am Kern der sich heute stellenden Integrationsaufgaben in Deutschland vorbei. Angesichts der weitgehenden wirtschaftlichen Exklusion der türkeistämmigen Migranten ist es sogar erstaunlich, dass die „parallelgesellschaftlichen" Strukturen nicht viel ausgeprägter sind und die Türkeistämmigen stattdessen noch in so hohem Maße Interaktionsleistungen erbringen.

Mehr noch als die Platzierung widerspricht die Identifikation den erwarteten Zusammenhängen von Hartmut Essers Integrationsmodell. Sie präsentiert sich weitgehend unabhängig von den anderen Integrationsbereichen, was darauf hinweist, dass Transnationalisierungsprozesse, die sich in der befragten Gruppe in dauerhaften Mischidentitäten äußern, mit auf den Nationalstaat fokussierenden Integrationsmodellen nicht erfasst werden können. Auch erfolgreich verlaufende Prozesse der Sozialintegration münden nicht zwangsläufig in der Abwendung vom Herkunftsland und einer klar deutschen Identität. Bezieht man die subjektive Komponente ein (was wir bei der Analyse des Zusammenhangs der Integrationsbereiche unterlassen haben), so zeigt sich allerdings sehr wohl ein Zusammenhang zwischen der Zufriedenheit mit der eigenen wirtschaftlichen Lage und der Identifikation mit Deutschland, was kein überraschender Befund ist, da etwa die Rückkehrabsicht plausiblerweise von der Zufriedenheit mit der wirtschaftlichen Situation abhängt. Insgesamt zeigt

---

201 Bommes, Michael: Migration in der funktional differenzierten Gesellschaft. In: Swiss Political Science Review 2/2001, S. 114.

sich aber, dass die Fokussierung auf die Identifikation mit Deutschland am schlechtesten geeignet sein dürfte, Aussagen über die Integration der Türkeistämmigen zu treffen.

Die vorliegende Studie kann nicht die Frage beantworten, in welchem Umfang die offensichtlichen strukturellen Exklusionsmechanismen tatsächlich als migrationsspezifisch im engeren Sinne betrachtet werden müssen, d. h. inwieweit Angehörige der Mehrheitsgesellschaft mit gleichen Ausstattungen von Bildung, Sozialkapital in Form von Netzwerken usw. auf die gleichen Exklusionsmechanismen treffen. Inwiefern bleiben nach dem dringend notwendigen Abbau der Bildungsbenachteiligung und rechtlicher/politischer Ungleichheit spezifische Notwendigkeiten für eine Integrationspolitik bestehen, die speziell Migranten in den Blick nimmt? Aufgrund der geringen Varianz in der Gruppe der türkeistämmigen Migranten, mit einem geringen Anteil höher Qualifizierter, ist die Beantwortung dieser Frage durch die Statistik bisher nur begrenzt möglich. Wie eingangs im Theoriekapitel erwähnt, gibt es aber Hinweise darauf, dass von einem Erklärungsrest der Integrationsdefizite auszugehen ist[202], der in direkter oder indirekter Diskriminierung, kulturellen Spezifika und weiteren Faktoren bestehen kann. Und nicht zuletzt ist das subjektive Gefühl der Deprivation mit entscheidend für die Integrationsanstrengungen des Einzelnen, und dieses kann bei objektiv vergleichbaren sozialen Lagen in unterschiedlichen Bevölkerungsgruppen subjektiv unterschiedlich ausgeprägt sein. Insofern bleibt der Blick auf die Integration einzelner Zuwanderergruppen zwar ein wichtiges Thema, die Reichweite eines solchen Ansatzes ist aber eben begrenzt. Zusätzlich muss es um Fragen der generellen Steuerungsfähigkeit sozialer Ungleichheit gehen – dies erfasst zugleich den Großteil des Themas Einwandererintegration.

---

202 Seibert, Holger/Solga, Heike: Gleiche Chancen dank einer abgeschlossenen Ausbildung? Zum Signalwert von Ausbildungsabschlüssen bei ausländischen und deutschen jungen Erwachsenen. In: Zeitschrift für Soziologie 5/2005, S. 364-382.

Literaturverzeichnis

Amir, Yehuda: Contact Hypothesis in Ethnic Relations. In: Psychological Bulletin, No. 5/1969, S. 319-342.

Ates, Seref: Welches Bild verbreiten türkische Medien von der deutschen Gesellschaft? In: Becker, Jörg/Behnisch, Reinhard (Hrsg.): Zwischen Autonomie und Gängelung. Türkische Medienkultur in Deutschland II. Loccumer Protokolle, herausgegeben von der Evangelischen Akademie Loccum. Loccum 2003, S. 79-94.

Badawia, Tarek/Hamburger, Franz/Hummrich, Merle (Hrsg.): Wider die Ethnisierung einer Generation. Beiträge zur qualitativen Migrationsforschung. Frankfurt/Main/London 2003.

Bade, Klaus J./Bommes, Michael: Einleitung. IMIS-Beiträge 23/2004, S. 7-20.

Bade, Klaus J.: Zehn Jahre Gemeinsames Wort der Kirchen zu den Herausforderungen durch Migration und Flucht. In: Goldberg, Andreas/Halm, Dirk (Hrsg.): Integration des Fremden als politisches Handlungsfeld. Essen 2008, S. 13-27.

Bade, Klaus, J.: Integration: Versäumte Chancen und nachholende Politik. In: Aus Politik und Zeitgeschichte 22-23/2007, S. 32-38.

Baethge, Martin/Kupka, Peter: Bildung und soziale Strukturierung. In: Soziologisches Forschungsinstitut/Internationals Institut für empirische Sozialökonomie (Hrsg.): Berichterstattung zur sozioökonomischen Entwicklung in Deutschland. Wiesbaden 2005, S. 17-210.

Bartelheimer, Peter: Soziale Durchmischung am Beispiel Frankfurt am Main – Problemwahrnehmung und empirische Befunde. In: Zeitschrift für Wohneigentum in der Stadtentwicklung und Immobilienwirtschaft 2000, S. 219-229.

Beauftragte der Bundesregierung für Migration, Flüchtlinge und Integration: 7. Bericht der Beauftragten der Bundesregierung für Migration, Flüchtlinge und Integration über die Lage der Ausländerinnen und Ausländer in Deutschland. Berlin 2007.

Berry, John W.: Acculturation as Varieties of Adaption. In: Padilla, Amado (Hrsg.): Acculturation, Theories, Models and Spome Findings. New York 1980, S. 9-26.

Bertelsmann-Stiftung: Religionsmonitor 2008. Gütersloh 2007.

Bertelsmann-Stiftung: Religionsmonitor 2008. Muslimische Religiosität in Deutschland. Überblick zu religiösen Einstellungen und Praktiken. Gütersloh 2008.

Blohm, Michael/Diehl, Claudia: Wenn Migranten Migranten befragen: Zum Teilnahmeverhalten von Einwanderern bei Bevölkerungsbefragungen. In: Zeitschrift für Soziologie 3/2001, S. 223-242.

Bogardus, Emory S.: A Race-Relations-Cycle. In: American Journal of Sociology 1930, S. 612-617.

Böltken, Ferdinand: Soziale Distanz und räumliche Nähe – Einstellungen und Erfahrungen im alltäglichen Zusammenleben von Ausländern und Deutschen im Wohngebiet. In: Alba, Richard/ Schmidt, Peter/Wasmer, Martina (Hrsg.): Deutsche und Ausländer: Freunde, Fremde oder Feinde? Empirische Befunde und theoretische Erklärungen. Wiesbaden 2000, S. 147-194.

Bommes, Michael: Integration – gesellschaftliches Risiko und politisches Symbol. In: Aus Politik und Zeitgeschichte 22-23/2007, S. 3-5.

Bommes, Michael: Migration in der funktional differenzierten Gesellschaft. In: Swiss Political Science Review 2/2001, S. 108-116.

Bommes, Michael: Integration durch Sprache als politisches Konzept. In: Davy, Ulricke/Weber, Albrecht (Hrsg.): Paradigmenwechsel in Einwanderungsfragen? Überlegungen zum neuen Zuwanderungsgesetz. Baden-Baden 2006, S. 59-96.

Bourdieu, Pierre: Ökonomisches Kapital – Kulturelles Kapital – Soziales Kapital. In: Kreckel, Reinhard (Hrsg.): Soziale Ungleichheiten. Göttingen 1983, S. 183-198.

Brettfeld, Katrin/Wetzels, Peter: Muslime in Deutschland. Integration, Integrationsbarrieren, Religion sowie Einstellungen zu Demokratie, Rechtsstaat und politisch-religiös motivierter Gewalt – Ergebnisse von Befragungen im Rahmen einer multizentrischen Studie in städtischen Lebensräumen. Hamburg 2007.

Bromba, Michael/Edelstein, Wolfgang: Das anti-demokratische und rechtsextreme Potential unter Jugendlichen und jungen Erwachsenen in Deutschland. Expertise im Auftrag des Bundesministeriums für Bildung und Forschung 2001.

Bukow, Wolf Dietrich: Ethnisierung der Lebensführung. In: Apitzsch, Ursula (Hrsg.): Migration und Traditionsbildung. Opladen/Wiesbaden 1999, S. 92-104.

Bundesministerium für Arbeit und Soziales (Hrsg.): Nationaler Integrationsplan, Arbeitsgruppe 3 „Gute Bildung und Ausbildung sichern – Arbeitsmarktchancen erhöhen". Abschlussbericht. Berlin 2007.

Bundesministerium für Arbeit und Soziales: Dritter Armuts- und Reichtumsbericht der Bundesregierung. Berlin 2008.

Bundesministerium für Bildung und Forschung: Berufsbildungsbericht 2005. Berlin 2005.

Bundesregierung: Der Nationale Integrationsplan. Neue Wege – neue Chancen. Berlin 2007.

Butterwegge, Christoph/Hentges, Gudrun (Hrsg.): Massenmedien, Migration und Integration. Herausforderungen für Journalismus und politische Bildung. Wiesbaden 2006.

Butterwegge, Christoph: Medien, Migration und Integration. In: Frech, Siegfried/Meier-Braun, Karl-Heinz (Hrsg.): Die offene Gesellschaft. Zuwanderung und Integration. Schwalbach 2007, S. 209-226.

Cappai, Gabriele: Im migratorischen Dreieck. Eine empirische Untersuchung über Migrantenorganisationen und ihre Stellung zwischen Herkunfts- und Aufnahmegesellschaft. Stuttgart 2005.

Celik, Semra: Grenzen und Grenzgänger: Diskursive Positionierungen im Kontext türkischer Einwanderung. Münster 2006.

Dangschat, Jens: Sag mir wo Du wohnst, und ich sag Dir, wer Du bist. Zum aktuellen Stand der deutschen Segregationsforschung. In: Prokla 4/1997, S. 619-647.

Dangschat, Jens: Segregation – Indikator für Desintegration? In: Journal für Konflikt- und Gewaltforschung 2/2004, S. 9-26.

Deutsche Forschungsgemeinschaft: Qualitätskriterien der Umfrageforschung. Hrsgg. von Kaase, Max. Berlin 1999.

Diefenbach, Heike: Kinder und Jugendliche aus Migrantenfamilien im deutschen Bildungssystem. Wiesbaden 2007.

Diehl, Claudia/Urban, Julia/Esser, Hartmut: Die soziale und politische Partizipation von Zuwanderern in der Bundesrepublik. Hrsgg. von der Friedrich-Ebert-Stiftung. Bonn 1998.

Duncan, Otis/Duncan, Beverly: Residential distribution and occupational stratification. In: American Journal of Sociology 60 1955, S. 493-503.

Duncan, Otis: The Measurement of Population Distribution. In: Population Studies 11 1957, S. 27-45.

Dustmann, Christian/van Soest, Arthur: Language Fluency and Earnings: Estimation with Misclassified Language Indicators. The Review of Economics and Statistics 83/2001, S. 663-674.

Durkheim, Emile: Über die Teilung der sozialen Arbeit. Frankfurt/Main 1986 (Original: De la division du travail social, Paris 1893).

Elwert, Georg: Probleme der Ausländerintegration – Gesellschaftliche Integration durch Binnenintegration? In: Kölner Zeitschrift für Soziologie und Sozialpsychologie 4/1982, S. 717-731.

Esser, Hartmut: Zur Validität subjektiver Sprachkompetenzmessungen bei Arbeitsmigranten. In: Sieverding, Ulrich (Hrsg.): Arbeitsmigrantenforschung in der Bundesrepublik Deutschland. Methodenprobleme der Datenerhebung. Frankfurt/Main 1985, S. 192-226.

Esser, Hartmut: Nur eine Frage der Zeit? Zur Frage der Eingliederung von Migranten im Generationen-Zyklus und zu einer Möglichkeit, Unterschiede hierin theoretisch zu erklären. In: Esser, Hartmut/Friedrichs, Jürgen (Hrsg.): Generation und Identität. Theoretische und empirische Beiträge zur Migrationssoziologie. Opladen 1990. S. 73-100.

Esser, Hartmut: Soziologie. Spezielle Grundlagen Bd. 2: Die Konstruktion der Gesellschaft. Frankfurt/Main 2000, S. 287.

Esser, Hartmut: Integration und ethnische Schichtung. Arbeitspapier Mannheimer Zentrum für Europäische Sozialforschung Nr. 40. Mannheim 2001.

Esser, Hartmut: Welche Alternativen zur „Assimilation" gibt es eigentlich? In: IMIS-Beiträge 24/2004, S. 41-59.

Faist, Thomas: The Volume and Dynamics of International Migration and Transnational Social Spaces. Oxford 2000.

Farwick, Andreas: Segregation in schrumpfenden Städten – Entwicklung und Soziale Folgen. In: vhw FW Okt.-Nov. 2004, S. 257-261.

Farwick, Andreas: Segregierte Armut: Zum Einfluss städtischer Wohnquartiere auf die Dauer von Armutslagen. In: Häußermann, Hartmut u.a. (Hrsg.): An den Rändern der Städte. Frankfurt/Main 2004, S. 286-314.

Filsinger, Dieter: Bedingungen erfolgreicher Integration – Integrationsmonitoring und Evaluation. Expertise im Auftrag der Friedrich-Ebert-Stiftung. Bonn 2008.

Friedrichs, Jürgen/Jagodzinski, Wolfgang: Theorien sozialer Integration. In: Friedrichs, Jürgen/Jagodzinski, Wolfgang (Hrsg.): Soziale Integration. Opladen/Wiesbaden 1999, S. 9-43.

Gabler, Siegfried/Häder, Sabine (Hrsg.): Telefonstichproben. Methodische Innovationen und Anwendungen in Deutschland. Münster/New York/Berlin/München 2002.

Geißler, Rainer: Einheit-in-Verschiedenheit. Interkulturelle Integration von Migranten – ein Mittelweg zwischen Assimilation und Segregation. In: Berliner Journal für Soziologie, 14/2004, S. 287-298.

Geißler, Rainer/Pöttker, Horst: Bilanz. In: Geißler, Rainer/Pöttker, Horst (Hrsg.): Massenmedien und die Integration ethnischer Minderheiten in Deutschland. Bielefeld 2005, S. 391-396.

Geißler, Rainer: Interkulturelle Integration von Migranten – ein humaner Mittelweg zwischen Assimilation und Segregation. In: Geißler, Rainer/Pöttker, Horst (Hrsg.): Massenmedien und die Integration ethnischer Minderheiten in Deutschland. Bielefeld 2005, S. 45-70.

Geißler, Rainer/Pöttker, Horst: Mediale Integration von Migranten. In: Geißler, Rainer/Pöttker, Horst (Hrsg.): Integration durch Massenmedien. Bielefeld 2006, S. 16-43.

Gestring, Norbert/Janssen, Andrea/Polat, Ayca: Integrationspfade – Die zweite Generation in den USA und in Deutschland. In: Siebel, Walter (Hrsg.): Die europäische Stadt. Frankfurt/Main 2004, S. 230-243.

Goldberg, Andreas/Halm, Dirk/Şen, Faruk: Die deutschen Türken. Münster 2005.

Granato, Mona: Berufliche Ausbildung und Lehrstellenmarkt: Chancengerechtigkeit für Jugendliche mit Migrationshintergrund verwirklichen. WISO-direkt, hrsgg. von der Friedrich-Ebert-Stiftung. Bonn 2007.

Hafez, Kai/Richter, Carola: Das Islambild von ARD und ZDF. In: Aus Politik und Zeitgeschichte 26-27/2007, S. 40-46.

Halm, Dirk/Sauer, Martina: Das Zusammenleben von Deutschen und Türken – Entwicklung einer Parallelgesellschaft? In: WSI-Mitteilungen, Monatszeitschrift des Wirtschafts- und Sozialwissenschaftlichen Instituts der Hans-Böckler-Stiftung, 57/2004, S. 547-554.

Halm, Dirk: Turkish immigrants in German amateur football. In Tomlison, Alan/Young, Christopher (Hrsg.): German Football. History, Culture, Society. London 2005, S. 73-92.

Halm, Dirk/Liakova, Marina/Yetik, Zeliha: Zur Wahrnehmung des Islams und der Muslime in der deutschen Öffentlichkeit 2000-2005. In: Zeitschrift für Ausländerrecht und Ausländerpolitik 5-6/2006, S. 199-206.

Halm, Dirk/Sauer, Martina: Parallelgesellschaft und ethnische Schichtung. In: Aus Politik und Zeitgeschichte 1-2/2006, S. 18-24.

Halm, Dirk/Sauer, Martina: Parallelgesellschaft und Integration. In: Politische Bildung, Heft 3/2006, S. 46-65.

Halm, Dirk: Die Medien der türkischen Bevölkerung in Deutschland. Berichterstattung, Nutzung und Funktion. In: Geißler, Rainer/Pöttker, Horst (Hrsg.): Integration durch Massenmedien. Medien und Migration im internationalen Vergleich. Bielefeld 2006, S. 77-92.

Halm, Dirk/Sauer, Martina: Bürgerschaftliches Engagement von Türkinnen und Türken in Deutschland. Wiesbaden 2007.

Halm, Dirk/Sauer, Martina: Parallelgesellschaft und Integration. In: Woyke, Wichard (Hrsg.): Integration und Einwanderung. Schwalbach: Wochenschau Verlag, 2007, S. 59-82.

Halm, Dirk: Der Islam als Diskursfeld. Bilder des Islams in Deutschland. Wiesbaden 2008.

Halm, Dirk/Sauer, Martina/Aver, Caner: Religiosität türkeistämmiger Muslime im Ruhrgebiet. Unveröffentlichtes Manuskript 2008.

Hammeran, Regine/Baspinar, Deniz: Selbstbild und Mediennutzung junger Erwachsener mit türkischer Herkunft. In: Westdeutscher Rundfunk (Hrsg.): Zwischen den Kulturen. Fernsehen, Einstellungen und Integration junger Erwachsener mit türkischer Herkunft in Nordrhein-Westfalen. Köln 2006, S. 4-15.

Hämmig, Oliver: Zwischen zwei Kulturen. Spannungen, Konflikte und ihre Bewältigung bei der zweiten Ausländergeneration. Opladen 2000.

Hansen, Georg: Die Deutschmachung. Ethnizität und Ethnisierung im Prozess von Ein- und Ausgrenzung. Münster 2001.

Häußermann, Hartmut/Oswald, Ingrid: Zuwanderung und Stadtentwicklung. In: Häußermann, Hartmut/Oswald, Ingrid (Hrsg.): Zuwanderung und Stadtentwicklung. Leviathan Sonderheft 17/1997, S. 9-29.

Häußermann, Hartmut/Siebel, Walter: Soziale Integration und ethnische Schichtung. Zusammenhänge zwischen räumlicher und sozialer Integration. Gutachten im Auftrag der Unabhängigen Kommission „Zuwanderung". Berlin/Oldenburg 2001.

Heckmann, Friedrich: Ethnische Kolonien: Schonraum für Integration oder Verstärker der Ausgrenzung? In: Friedrich-Ebert-Stiftung (Hrsg.): Ghettos oder ethnische Kolonie? Entwicklungschancen von Stadtteilen mit hohem Zuwandereranteil. Bonn 1998, S. 29-57.

Heitmeyer, Wilhelm: Für türkische Jugendliche in Deutschland spielt der Islam eine wichtige Rolle. Erste empirische Studie: 27 Prozent befürworten Gewalt zur Durchsetzung religiöser Ziele. In: Die Zeit, 23.08.1996.

Heitmeyer, Wilhelm/Kühnel, Wolfgang/Strobel, Rainer: Junge Aussiedler zwischen Assimilation und Marginalität. Abschlussbericht an das Ministerium für Arbeit, Soziales und Stadtentwicklung, Kultur und Sport NRW. Düsseldorf 1999.

Heitmeyer, Wilhelm/Anhut, Reiner (Hrsg.): Bedrohte Stadtgesellschaft. Soziale Desintegrationsprozesse und ethnisch-kulturelle Konfliktkonstellationen. Weinheim 2000.

Heitmeyer, Wilhelm: Gibt es eine Radikalisierung des Integrationsproblems? In: Heitmeyer, Wilhelm (Hrsg.): Was hält die Gesellschaft zusammen? Frankfurt/Main 2007, S. 23-65.

Hönekopp, Elmar: Situation und Perspektiven von Migranten auf dem Arbeitsmarkt in Deutschland – Ein Problemaufriss in 14 Befunden. In: Bundesministerium für Arbeit und Soziales: Nationaler Integrationsplan. Arbeitsgruppe 3 „Gute Bildung und Ausbildung sichern, Arbeitsmarktchancen erhöhen." Dokumentation des Beratungsprozesses. Berlin 2007.

Humpert, Andreas/Schneiderheinze, Klaus: Stichprobenziehung für telefonische Zuwandererumfragen. In: ZUMA-Nachrichten, Heft 47. Mannheim 2000, S. 36-48.

ILS NRW/ZfT: Soziale und räumliche Mobilität von Menschen mit Zuwanderungsgeschichte in nordrhein-westfälischen Städten. Qualitative Untersuchung über das Wohnstandortverhalten von türkischen Migrantinnen und Migranten in ethnisch-sozial segregierten Stadtteilen, im Auftrag des MGFFI NRW. Dortmund (ILS) 2008.

Imbusch, Peter/Rucht, Dieter: Integration und Desintegration in modernen Gesellschaften. In: Heitmeyer, Wilhelm/Imbusch, Peter (Hrsg.): Integrationspotenziale einer modernen Gesellschaft. Wiesbaden 2005, S. 13-71.

Janssen, Andrea/Polat, Ayça: Soziale Netzwerke türkischer Migrantinnen und Migranten. In: Aus Politik und Zeitgeschichte, 1-2/2006, S. 11-17.

Jesse, Eckhardt/Sturm, Roland (Hrsg.): Bilanz der Bundestagswahl 2005: Voraussetzungen, Ergebnisse, Folgen. Wiesbaden 2006.

Kalter, Frank/Granato, Nadia: Sozialer Wandel und strukturelle Assimilation in der Bundesrepublik. Empirische Befunde mit Mikrodaten der amtlichen Statistik. In: IMIS-Beiträge 2/2004, S. 61-81.

Kalter, Frank: Auf der Suche nach einer Erklärung für die spezifischen Arbeitsmarktnachteile von Jugendlichen türkischer Herkunft. In: Zeitschrift für Soziologe 2/2006, S. 144-160.

Kalter, Frank: Ethnische Kapitalien und der Arbeitsmarkterfolg Jugendlicher türkischer Herkunft. In: Soziale Welt 17/2007, S. 393-417.

Kecskes, Robert: Die starken Gründe unter sich zu bleiben. Zur Begründung und Entstehung ethnisch homogener sozialer Netzwerke unter türkischen Jugendlichen. In: Zeitschrift für Türkeistudien 1/2 2001, S. 161-185.

Kelek, Necla: Die fremde Braut. Ein Bericht aus dem Inneren des türkischen Lebens in Deutschland. Köln 2005.

Keupp, Heiner/Ahbe, Thomas/Gmür, Wolfgang/Höfer, Renate/Mitzscherlich, Beate/Kraus, Wolfgang/Straus, Florian: Identitätskonstruktionen. Das Patchwork der Identitäten in der Spätmoderne. Hamburg 1999.

Konsortium Bildungsberichterstattung (Hrsg.): Bildung in Deutschland: Ein indikatorengestützter Bericht mit einer Analyse zu Bildung und Migration. 2006. http://www.bildungsbericht.de/daten/gesamtbericht.pdf.

Koopmans, Ruud/Statham, Paul: How national citizenship shapes transnationalism: A comparative analysis of migrant claims-making in Germany, Great Britain and the Netherlands. Transnational Communities Working Paper Series, WPTC-01-10. Oxford 2001, S. 1-42.

Koopmans, Ruud: Tradeoffs between Equality and Difference. Immigrant Integration, Multiculturalism, and the Welfare State in Cross-National Perspective. WZB Discussion Paper 2008.

Krech, Volkhard: Religion und Zuwanderung. Die politische Dimension religiöser Vielfalt. In: Hero, Markus/Krech, Volkhard/Zander, Helmut (Hrsg.): Religiöse Vielfalt in NRW. Empirische Befunde und Perspektiven der Globalisierung vor Ort. Paderborn 2008, S. 24-34.

Lanz, Stephan: Berlin aufgemischt: Abendländisch, multikulturell, kosmopolitisch? Die politische Konstruktion einer Einwanderungsstadt. Bielefeld 2007.

Leggewie, Claus: Integration und Segregation. In: Bade, Klaus J./Münz, Heiner (Hrsg.): Migrationsreport 2000. Fakten, Analysen, Perspektiven. Frankfurt/Main/New York 2000, S. 85-108.

Lindner, Arthur/Berchtold, Willi: Elemente statistischer Methoden. Basel/Boston/Stuttgart 1979.

Lockwood, David: Social Integration ans System Integration. In: Zollschan, Georg L./Hirsch, Walter (Hrsg.): Explorations in Social Change. London 1964, S. 244-257.

Mannitz, Sabine: Die verkannte Integration. Eine Langzeitstudie unter Heranwachsenden aus Immigrantenfamilien. Bielefeld 2006.

Meyer, Thomas: Parallelgesellschaften und Demokratie. In: Meyer, Thomas/Weil, Reinhard (Hrsg.): Die Bürgergesellschaft. Perspektiven für Bürgerbeteiligung und Bürgerkommunikation. Bonn 2002, S. 343-372.

Micus, Matthias/Walter, Franz: Mangelt es an „Parallelgesellschaften"? In: Frech, Siegfried/Meier-Braun, Karl-Heinz (Hrsg.): Die offene Gesellschaft. Zuwanderung und Integration. Schwalbach 2007, S. 89-120.

Ministerium für Generationen, Familie, Frauen und Integration des Landes Nordrhein-Westfalen: Nordrhein-Westfalen: Land der neuen Integrationschancen. 1. Integrationsbericht der Landesregierung. Düsseldorf 2008.

Müller, Daniel: Die Mediennutzung der ethnischen Minderheiten. In: Geißler, Rainer/Pöttker, Horst (Hrsg.): Massenmedien und die Integration ethnischer Minderheiten in Deutschland: Problemaufriss – Forschungsstand – Bibliographie. Bielefeld 2005, S. 359-388.

Musterd, Sako u.a.: Environmental effects and social mobility. In: Housing Studies 18 2003, S. 877-892.

Musterd, Sako: Social and Ethnic Segregation in Europe: Levels, Causes, and Effects. In: Journal of Urban Affairs 27 2005, S. 331-348.

Nassehi, Armin: Inklusion, Exklusion, Integration, Desintegration. Die Theorie funktionaler Differenzierung und die Desintegrationshypothese. In: Heitmeyer, Wilhelm (Hrsg.): Was hält die Gesellschaft zusammen? Frankfurt/Main 2007, S. 113-148.

Nauck, Bernhard/Steinbach, Anja: Intergeneratives Verhalten und Selbstethnisierung von Zuwanderern. Gutachten für die Unabhängige Kommission „Zuwanderung". Chemnitz 2001.

Niessen, Jan/Huddleston, Thomas/Citron, Laura: Migrant Integration Policy Index. Brüssel 2007.

Nowak, Jürgen: Leitkultur und Parallelgesellschaft. Argumente wider einen deutschen Mythos. Frankfurt/Main 2006.

OECD: Arbeitsmarktintegration von Zuwanderern in Deutschland. Paris. OECD 2005. www.oecd. org/dataoecd/62/12/35796774.pdf.

OECD: Jobs for Immigrants – Labour Market Integration in Australia, Denmark, Germany and Sweden. Juli 2007.

Öztoprak, Ümit: Identitäts- und Akkulturationsstile türkischer Jugendlicher. Frankfurt/Main 2007.

Park, Robert E. The Urban Community as a Special Pattern and a Moral Order. In ASA 20 1925, S. 1-14.

Park, Robert E.: Race and Culture. Clencoe 1950.

Pettigrew, Thomas/Tropp, Linda: Does intergroup contact reduce prejudice? Recent meta-analytic findings. In: Oskamp, Stuart (Hrsg.): Reducing prejudice and discrimination. Mahwah 2000, S. 93-115.

Philipps, Axel: Die Perspektive der Mainstream-Soziologie zu Migranten und Arbeitsmarkt. In: Flam, Helena (Hrsg.): Migranten in Deutschland. Statistiken – Fakten – Diskurse. Konstanz 2007, S. 101-132.

Portes, Alejandro: Social Capital: Its origins and applications in modern sociology. In: Annual Review of Sociology 24 1998, S. 1-24.

Pöttker, Horst: Soziale Integration: Ein Schlüsselbegriff für die Forschung über Medien und ethnische Minderheiten. In: Geißler, Rainer/Pöttker, Horst (Hrsg.): Massenmedien und die Integration ethnischer Minderheiten in Deutschland: Problemaufriss – Forschungsstand – Bibliographie. Bielefeld 2005, S. 25-44.

Pries, Ludger: Die Transnationalisierung der sozialen Welt. Frankfurt/Main 2008.

Reiff, Gesa: Identitätskonstruktionen in Deutschland lebender Türken der 2. Generation. Stuttgart 2006.

Riphahn, Regina T.: Are there diverging time trends in the educational attainment of nationals and second generation immigrants? In: Jahrbücher für Nationalökonomie und Statistik; Band 225/3 2006, S. 325-346.

Sackmann, Rosemarie: Zuwanderung und Integration. Theorien und empirische Befunde aus Frankreich, den Niederlanden und Deutschland. Wiesbaden 2004, S. 25-33.

Sackmann, Rosemarie/Schultz, Tanjev/Prümm, Kathrin/Peters, Bernhard: Kollektive Identitäten: Selbstverortungen türkischer MigrantInnen und ihrer Kinder. Frankfurt/Main 2005.

Sauer, Martina: Die Einbürgerung türkischer Migranten in Deutschland. Befragung zu Einbürgerungsabsichten und dem Für und Wider der Einbürgerung. In: Goldberg, Andreas/Halm, Dirk/ Sauer, Martina: Migrationsbericht des Zentrums für Türkeistudien 2002. Münster 2001, S. 165-227.

Sauer, Martina/Halm, Dirk: Integration vs. Segregation bei türkischen Migranten. In: Assion, Hans-Jörg (Hrsg.): Mensch. Migration. Mental Health. Dokumentation der Fachtagung des Westfälischen Zentrums für Psychiatrie und Psychotherapie der Ruhr-Universität Bochum am 2. und 3. Mai in Bochum. Heidelberg 2005, S. 67-82.

Sauer, Martina/Şen, Faruk: Junge Türken und Türkinnen in Deutschland – Re-Ethnisierung? In: Keim, Wolfgang/Gatzemann, Thomas/Uhlig, Christa (Hrsg.): Jahrbuch für Pädagogik 2005 „Religion – kulturelle Identität – Bildung". Berlin 2006, S. 117-133.

Sauer, Martina/Halm, Dirk: Desintegration und Parallelgesellschaft. Aktuelle Befunde zur Integration türkeistämmiger Migranten. In: Vorgänge 4/2006, S. 84-94.

Scheller, Johannes: AWA 2008.Mediennutzung gestern – heute – morgen. Herausgegeben vom Institut für Demoskopie Allensbach. www.awa-online.de.

Schiffauer, Werner: Parallelgesellschaften. Wie viel Wertekonsens braucht unsere Gesellschaft? Für eine kluge Politik der Differenz. Bielefeld 2008.

Schneider, Beate/Arnold, Anne-Katrin: Die Kontroverse um die Mediennutzung von Migranten: Massenmediale Ghettoisierung oder Einheit durch Mainstream? In: Geißler, Rainer/Pöttker, Horst (Hrsg.): Integration durch Massenmedien. Medien und Migration im internationalen Vergleich. Bielefeld 2006, S. 93-120.

Schneider, Beate/Arnold, Anne-Katrin: Türkische Journalisten in Deutschland. Zwischen Integration und Bewahrung. In: Neubert, Kurt/Scherer, Helmut (Hrsg.): Die Zukunft der Kommunikationsberufe. Ausbildung, Berufsfelder, Arbeitsweisen. Konstanz 2004, S. 245-263.

Schubert, Hans-Joachim/Stölting, Erhard: Ethnische Identität und Staatsbürgerschaft: Die Bedeutung türkischer und kurdischer Herkunft und Identität für Studierende (Bildungsinländer) bei der Wahl ihrer Staatsbürgerschaft. In: Rehberg, Karl-Siegbert (Hrsg.): Soziale Ungleichheit, kulturelle Unterschiede. Verhandlungen des 32. Kongresses der Deutschen Gesellschaft für Soziologie in München. Frankfurt/Main 2006.

Seibert, Holger/Solga, Heike: Gleiche Chancen dank einer abgeschlossenen Ausbildung?: Zum Signalwert von Ausbildungsabschlüssen bei ausländischen und deutschen jungen Erwachsenen. In: Zeitschrift für Soziologie. 5/2005, S. 364-382.

Seifert, Wolfgang: Integration und Arbeit. In: Aus Politik und Zeitgeschichte 22-23/2007, S. 12-18.

Shevky, Eshref/Bell, Wendell: Social Area Analysis. Theory, Illustrative Application and Computational Procedures. Stanford 1955.

Simon, Erk/Kloppenburg, Gerhard: Das Fernsehpublikum türkischer Herkunft – Programmerwartung, Fernsehnutzung und Einstellungen. In: Westdeutscher Rundfunk (Hrsg.): Zwischen den Kulturen. Fernsehen, Einstellungen und Integration junger Erwachsener mit türkischer Herkunft in Nordrhein-Westfalen. Köln 2006, S. 16-31.

Spielhaus, Riem: Organisationsstrukturen islamischer Gemeinden. In: Spielhaus, Riem/Färber, Alexa (Hrsg.): Islamisches Gemeindeleben in Berlin. Berlin 2006, S. 12-17.

Stanat, Petra: Heranwachsende mit Migrationshintergrund im deutschen Bildungswesen. In: Cortina, Kai/Baumert, Jürgen/Leschinski, Achim/Mayer, Karl-Ulrich/Tromme, Luitgard (Hrsg.): Das Bildungswesen in der Bundesrepublik Deutschland. Hamburg 2008, S. 685-744.

Strohmeier, Karl-Peter: Bevölkerungsentwicklung und Sozialraumstruktur im Ruhrgebiet. Reihe Demografischer Wandel der Projekt Ruhr GmbH. Essen 2002.

Thränhardt, Dietrich/Wiggerink, Guido: Migrantenkinder und die Defizite des deutschen Schulsystems. In: Goldberg, Andreas/Halm, Dirk (Hrsg.): Integration des Fremden als politisches Handlungsfeld. Festschrift für Faruk Şen zum 60. Geburtstag. Essen 2008, S. 59-80.

Thränhardt, Dietrich: Entwicklung durch Migration – ein neuer Forschungs- und Politikansatz. In: Ders. (Hrsg.): Entwicklung und Migration. Jahrbuch Migration 2006/2007. Münster/Berlin 2008, S. 102-127.

Tiesler, Nina Clara: Muslime in Europa. Religion und Identitätspolitiken unter veränderten gesellschaftlichen Verhältnissen. Münster 2006.

Tietze, Nikola: Islamische Identitäten. Formen muslimischer Religiosität junger Männer in Deutschland und Frankreich. Hamburg 2001.

Trebbe, Joachim/Weiß, Hans-Jürgen: Integration und Mediennutzung – Eine Typologie junger Erwachsener mit türkischer Herkunft in NRW. In: Westdeutscher Rundfunk (Hrsg.): Zwischen den Kulturen. Fernsehen, Einstellungen und Integration junger Erwachsener mit türkischer Herkunft in Nordrhein-Westfalen. Köln 2006, S. 32-41.

Trebbe, Joachim: Akkulturation und Mediennutzung von türkischen Jugendlichen in Deutschland. In: Bonfadelli, Heinz/Moser, Heinz (Hrsg.): Medien und Migration: Europa als multikultureller Raum? Wiesbaden 2007, S. 183-206.

Treichler, Andreas: Arbeitsmigration und Gewerkschaften. Münster 1998.

Weber-Menges, Sonja: Die Wirkungen der Präsentation ethnischer Minderheiten in deutschen Medien. In: Geißler, Rainer/Pöttker, Horst (Hrsg.): Massenmedien und die Integration ethnischer Minderheiten in Deutschland: Problemaufriss – Forschungsstand – Bibliographie. Bielefeld 2005, S. 127-184.

Weidacher, Alois (Hrsg.): In Deutschland zu Hause. Politische Orientierungen griechischer, italienischer, türkischer und deutscher junger Erwachsener im Vergleich – DJI-Ausländersurvey. Opladen 2000.

Weiss, Karin/Thränhardt, Dietrich (Hrsg.): SelbstHilfe. Wie Migranten Netzwerke knüpfen und soziales Kapital schaffen. Freiburg 2005.

Wiley, Norbert F.: The Ethnic Mobility Trap and Stratification Theory. In: Rose, Peter I. (Hrsg.): The Study of Society. An Integrated Anthology. 3. Aufl. New York 1973, S. 400-411.

Weischer, Christoph: Risiken sozialer Polarisierung in der Bundesrepublik Deutschland – Forschungsbericht im Auftrag des Ministeriums für Wissenschaft und Forschung des Landes Nordrhein-Westfalen. Bochum 2003.

Woellert, Franziska/Kröhmer, Steffen/Sippel, Lilli/Klingholz, Reiner: Ungenutzte Potenziale. Zur Lage der Integration in Deutschland. Hrsgg. vom Berlin-Institut für Bevölkerung und Entwicklung. Berlin 2009.

Wüst, Andreas M.: Wahlverhalten und politische Repräsentation von Migranten. In: Frech, Siegfried/Meier-Braun, Karl-Heinz (Hrsg.): Die offene Gesellschaft. Zuwanderung und Integration. Schwalbach 2007, S. 145-173.

Yildiz, Erol: Umgang mit Differenz: Die Migrationsgesellschaft im Kontext globaler Öffnungsprozesse. In: Tschernokoshewa, Elka/Gransow, Volker (Hrsg.): Beziehungsgeschichten: Minderheiten – Mehrheiten in europäischer Perspektive. Bautzen 2007, S. 49-62.

Zimmermann, Klaus F.: Migrant ethnic identity: Concept and policy implications. Discussion Paper/ Forschungsinstitut zur Zukunft der Arbeit GmbH, No. 3056, 2007.

Zimmermann, Klaus F./DeVoretz, Don/Kahanec, Martin/Gataullina, Liliyan/Constant, Amelie/ Zaiceva, Anzelika: Study on the Social and Labour Market Integration of Ethnic Minorities. IZA Research Report No. 16/2008.

Anhang

Veröffentlichungen unter Rückgriff auf die Mehrthemenbefragung 2000-2008
Methodik
Tabellen, auf die im Text verwiesen wird
Tabellen Zeitvergleich NRW 1999-2008
Fragebogen Standarderhebungsteil
Fehlertoleranztabellen

Veröffentlichungen unter Rückgriff auf die Mehrthemenbefragung 2000-2008

Sauer, Martina: Kulturell-religiöse Einstellungen und sozioökonomische Lage junger türkischer Migranten. In: Zeitschrift für Ausländerrecht und Ausländerpolitik 2/2000.

Sauer, Martina: Die Lebens- und Wohnsituation türkischstämmiger Migranten in Deutschland: Tendenzen der Etablierung und Eigentumsbildung. In: vhw Forum Wohneigentum, Zeitschrift für Wohneigentum in der Stadtentwicklung und Immobilienwirtschaft 9/2000.

Halm, Dirk/Sauer, Martina: So leben Türken in Deutschland. Zu ihrer Betroffenheit von Diskriminierung und Fremdenfeindlichkeit. In: Die Brücke, Forum für antirassistische Politik und Kultur 1/2001.

Sauer, Martina/Goldberg, Andreas: Die Lebenssituation und Partizipation türkischer Migranten in Nordrhein-Westfalen – Ergebnisse der zweiten Mehrthemenbefragung, hrsgg. vom Zentrum für Türkeistudien. Münster 2001.

Halm, Dirk/Şen, Faruk/Sauer, Martina: Integration oder Abschottung? Zur Situation türkischer Zuwanderer in Deutschland. In: Zeitschrift für Ausländerrecht und Ausländerpolitik 5/2001.

Sauer, Martina: Die Lebenssituation türkischer Migranten in Nordrhein-Westfalen. In: Zeitschrift für Türkeistudien 1/2001.

Sauer, Martina: Lebenssituation türkischer Migranten in Nordrhein-Westfalen. In: iza – Zeitschrift für Migration und Soziale Arbeit 3-4/2001.

Halm, Dirk/Sauer, Martina/Şen, Faruk: Intergeneratives Verhalten und (Selbst-) Ethnisierung von türkischen Zuwanderern. Gutachten des ZfT für die Unabhängige Kommission „Zuwanderung". In: Goldberg, Andreas/Halm, Dirk/Sauer, Martina (Hrsg.): Migrationsbericht 2002 des Zentrums für Türkeistudien. Münster 2002.

Sauer, Martina: Die Partizipation türkischer Migranten in Nordrhein-Westfalen. In: Zeitschrift für Türkeistudien 1-2/2002.

Sauer, Martina/Goldberg, Andreas: Perspektiven der Integration der türkischstämmigen Migranten in Nordrhein-Westfalen – Ergebnisse der vierten Mehrthemenbefragung 2002, hrsgg. vom Zentrum für Türkeistudien. Münster 2003.

Şen, Faruk/Halm, Dirk: Kulturelle Infrastrukturen türkischstämmiger Zuwanderer. In: Röbke, Thomas/Wagner, Bernd (Hrsg.): Jahrbuch für Kulturpolitik 2002/2003. Essen 2003.

Sauer, Martina: Kulturelle Integration, Deprivation und Segregationstendenzen türkischer Migranten in Nordrhein-Westfalen. In: Goldberg, Andreas/Halm, Dirk/Sauer, Martina (Hrsg.): Migrationsbericht 2003 der Stiftung Zentrum für Türkeistudien. Münster 2003.

Halm, Dirk/Sauer, Martina: Das Zusammenleben von Deutschen und Türken – Entwicklung einer Parallelgesellschaft? In: WSI-Mitteilungen, Monatszeitschrift des Wirtschafts- und Sozialwissenschaftlichen Instituts der Hans-Böckler-Stiftung 5/2004.

Sauer, Martina/Halm, Dirk: Integration vs. Segregation bei türkischen Migranten. In: Assion, Hans-Jörg (Hrsg.): Mensch. Migration. Mental Health. Dokumentation der Fachtagung des Westfälischen Zentrums für Psychiatrie und Psychotherapie der Ruhr-Universität Bochum am 2. und 3. Mai in Bochum. Heidelberg 2005.

Halm, Dirk/Sauer, Martina: Parallelgesellschaft und ethnische Schichtung. In Aus Politik und Zeitgeschichte 1-2/2006.

Sauer, Martina/Halm, Dirk: Desintegration und Parallelgesellschaft. Aktuelle Befunde zur Integration türkeistämmiger Migranten. In: Vorgänge. Zeitschrift für Bürgerrechte und Gesellschaftspolitik 4/2006.

Sauer, Martina/Şen, Faruk: Junge Türken und Türkinnen in Deutschland – Re-Ethnisierung? In: Keim, Wolfgang/Gatzemann, Thomas/Uhlig, Christa (Hrsg.): Jahrbuch für Pädagogik 2005 „Religion – kulturelle Identität – Bildung". Bern u.a. 2006.

Halm, Dirk/Sauer, Martina: Parallelgesellschaft und Integration. In: Politische Bildung 3/2006.

Halm, Dirk/Sauer, Martina/Şen, Faruk: Integration junger türkeistämmiger Migranten in NRW. In: Briesen, Detlef/Weinhauer, Klaus (Hrsg.): Jugend, Delinquenz und gesellschaftlicher Wandel. Bundesrepublik und USA nach dem Zweiten Weltkrieg. Essen 2007.

Sauer, Martina: Integrationsprobleme, Diskriminierung und soziale Benachteiligung junger türkischstämmiger Muslime. In: von Wensierski, Hans-Jürgen/Lübcke, Claudia (Hrsg.) Junge Muslime in Deutschland. Lebenslagen, Aufwachsprozesse und Jugendkulturen. Opladen 2007.

Halm, Dirk/Sauer, Martina: Parallelgesellschaft und Integration. In: Goldberg, Andreas/Halm, Dirk (Hrsg.): Integration des Fremden als politisches Handlungsfeld. Essen 2008.

Methodik und Durchführung der Befragung

Grundgesamtheit und Stichprobenziehung

Um eine repräsentative Auswahlgrundlage[203] für zufällige Adressen- bzw. Telefonnummernziehungen türkischer Haushalte in Nordrhein-Westfalen und im Bundesgebiet zu bilden, wurde ein spezifisches Verfahren entwickelt, da landes- oder bundesweite, umfassende Pools solcher Daten nicht existieren. Dabei wurden für jede der neun Befragungen Adressen und Telefonnummern von einem elektronischen Telefonverzeichnis (KlickTel) über eine in der Stiftung Zentrum für Türkeistudien erstellte und ständig aktualisierte Liste von rund 12.000 typischen türkischen Nachnamen und einer ebensolchen Liste mit rund 9.000 türkischen Vornamen selektiert, um ein möglichst umfangreiches Verzeichnis der Grundgesamtheit, nämlich türkischer Haushalte in Nordrhein-Westfalen bzw. in Deutschland, zu erhalten. In der so erstellten Adressendatei sind somit auch türkische Privathaushalte enthalten, deren Mitglieder die deutsche Staatsangehörigkeit haben.

Die Namensziehung gewährleistet, dass eine systematische Verzerrung sozialer Gruppen ausgeschlossen werden kann und die Sozialstruktur der türkischen Bevölkerung in Deutschland widergespiegelt wird, da Namen im Türkischen nicht in einer kausalen Beziehung zu bestimmten Sozialmerkmalen stehen.[204]

---

203 Das bedeutendste Element für Repräsentativität ist die Zufälligkeit der ausgewählten Personen. Vgl. Deutsche Forschungsgemeinschaft: Qualitätskriterien der Umfrageforschung. Hrsgg. von Kaase, Max. Berlin 1999, S. 13.

204 In der Türkei wurde erst 1923 durch eine Namensreform die Einführung von Nachnamen vorgenommen. Dadurch ist die Gesamtzahl der verwendeten Nachnamen im Vergleich zu anderen Nationalitäten relativ überschaubar. Zudem gibt es keine regionale oder ethnische Bindung von Namen. Vgl. dazu auch Humpert, Andreas/ Schneiderheinze, Klaus: Stichprobenziehung für telefonische Zuwandererumfragen. In: ZUMA-Nachrichten, Heft 47, Mannheim 2000, S. 36ff; Gabler, Siegfried/Häder, Sabine (Hrsg.): Telefonstichproben. Methodische Innovationen und Anwendungen in Deutschland. Münster/New York/Berlin/München 2002.

Die aktuelle Adressendatei aus KlickTel 2008 enthält rund 90.000 Adressen und Fest-netz-Telefonnummern türkeistämmiger Haushalte in Nordrhein-Westfalen, sowie weitere 200.000 Festnetz-Telefonnummern in den anderen Bundesländern, insgesamt für Deutsch-land somit rund 290.000 Haushalte. Diese Adressendateien bieten eine umfassendere und repräsentativere Grundlage für die dann anhand eines computergenerierten Algorithmus nach dem Zufallsprinzip ausgewählte Stichproben als die willkürliche und manuelle Aus-wahl der Stichprobe direkt aus den die gesamte Bevölkerung umfassenden und nach Orten sortierten Telefonbüchern oder Einwohnermelderegistern, wie sie in den meisten anderen Telefonbefragungen angewandt wird.[205] Ein Vergleich der Befragtengruppe mit amtlichen Daten (Alter, Geschlecht etc.) bietet weitere Einsicht in die Stichprobenqualität (siehe un-ten).

Die Stichproben wurden 2008 getrennt für Nordrhein-Westfalen und die anderen Bun-desländer gezogen. Für die Erhebungen in NRW wurde aus der Grundgesamtheit der rund 90.000 türkischen Haushalte, die in der Datenbank des ZfT enthalten sind, eine Zufalls-stichprobe mit 5.000 Telefonnummern gezogen, um ausreichend Spielraum für die anvisier-te Befragtenzahl von 1.000 Personen zu erhalten. Diese flossen, mit Ausnahme der Jahre 2000 und 2001, komplett und ungewichtet in die Auswertung für Nordrhein-Westfalen ein. 2000 wurde bei der Auswertung nach Erwerbsstatus gewichtet, 2001 nach Altersgruppen. Um 2008 auch in den anderen 15 Bundesländern eine repräsentative Auswahl der Stichpro-be zu erhalten, wurde aus der restlichen Grundgesamtheit der 200.000 Adressen und Tele-fonnummern türkischer Haushalte (ohne NRW) der ZfT-Datenbank eine ebenfalls 5.000 Adressen umfassende Zufallsstichprobe über einen computergesteuerten Algorithmus aus-gewählt, wobei die Bevölkerungsverteilung nach Bundesländern auch bei der Stichprobe berücksichtigt wurde.

Die Zufallsauswahl der zu befragenden Personen im Haushalt wird dadurch sicherge-stellt, dass das Haushaltsmitglied befragt wurde, welches zuletzt Geburtstag hatte. Dadurch wird auch auf der Ebene der Personenauswahl ein Verfahren genutzt, das Stichproben pro-duziert, die weitestgehend frei von systematischen Fehlern bzw. Verzerrungen sind.[206]

In Nordrhein-Westfalen leben nach den Ergebnissen des Mikrozensus 2006[207] 34,5% der türkeistämmigen Bevölkerung, im restlichen Bundesgebiet 65,5%. Um für die Bundes-ebene eine nach Bundesländern, Geschlecht und Alter repräsentative Datenbasis zu erhal-ten, wurden die 1.000 Interviews, die in Nordrhein-Westfalen durchgeführt wurden, mit dem Faktor 0,345 gewichtet, so dass eine gewichtete Befragtenzahl von 345 entstand. In den anderen 15 Bundesländern wurden zeitgleich und mit dem gleichen Erhebungsinstru-ment insgesamt 655 türkeistämmige Migranten befragt, proportional zu ihrer Verteilung nach Bundesländern. Die gewichteten Interviews aus NRW, die jeweils nur zu gut einem Drittel gewertet werden, wurden zu den 655 in den anderen Bundesländern durchgeführten Interviews zugespielt, so dass insgesamt eine gewichtete Befragtenzahl von 1.000 Personen auf Bundesebene (345 aus NRW und 655 aus den anderen Bundesländern) vorliegt, die in

---

205 Vgl. zur Stichprobenziehung Deutsche Forschungsgemeinschaft: Qualitätskriterien der Umfrageforschung. Hrsgg. von Kaase, Max. Berlin 1999, S. 35, sowie Humpert, Andreas/Schneiderheinze, Klaus: Stichprobenziehung für telefonische Zuwandererumfragen. In: ZUMA-Nachrichten, Heft 47, Mannheim 2000, S. 36ff.
206 Zu den Methoden der Sicherung der Repräsentativität von Stichproben siehe Deutsche Forschungsgemein-schaft: Qualitätskriterien der Umfrageforschung. Hrsgg. von Kaase, Max. Berlin 1999, S. 19.
207 Statistisches Bundesamt: Mikrozensus 2006. Fachserie 1, Reihe 2.2 Bevölkerung und Erwerbstätigkeit – Bevölkerung mit Migrationshintergrund. Wiesbaden 2008.

der Zusammensetzung dem Anteil der türkeistämmigen Migranten in Deutschland nach Bundesländern entspricht.

Durchführung der Erhebung

Nach der Konstruktion des Fragebogens wurden zunächst Probeinterviews in deutscher Sprache durchgeführt. Nach der Einarbeitung der Korrekturen und der Intervieweranweisungen wurden die türkische Übersetzung des Fragebogens angefertigt, rückübersetzt und Unklarheiten korrigiert. Die deutsche und türkische Version des Fragebogens wurde von den Mitarbeitern und Interviewern kontrolliert und die türkische Version ebenfalls in einem Pre-Test geprüft. Diesem Arbeitsschritt folgte die Programmierung der Dateneingabemaske in Deutsch und Türkisch, die den Fragebogen und die Eingabefelder am Computer miteinander verbindet.[208] Damit entfällt die im herkömmlichen, nicht-computerunterstützten Verfahren notwendige Dateneingabe im Anschluss an die telefonische Befragung, die eine erhebliche Fehlerquelle bedeutet. Über Voreinstellungen können bei der CATI-Befragung zulässige Werte und unzulässige Fragen (Filterführung) definiert werden. Dadurch werden Fehleingaben weiter minimiert. Die Interviewer führten nach der Besprechung des Fragebogens und der besonderen Gesprächssituationen einige Test-Interviews durch. Die Stiftung Zentrum für Türkeistudien kann auf erfahrene Interviewerinnen und Interviewer zurückgreifen, die zweisprachig aufgewachsen sind. Dadurch ist es möglich, auch während des Interviews die Sprache zu wechseln. Darüber hinaus erhöht die Ansprache in der Muttersprache die Teilnahmebereitschaft erheblich.[209]

Die Interviews von durchschnittlich 30 Minuten Dauer der aktuellsten Erhebung wurden vom 06.10.2008 bis zum 30.10.2008 durchgeführt. An Werktagen (Montag bis Donnerstag) wurde zwischen 16.30 Uhr und 21.30 Uhr interviewt, am Freitag zwischen 15 und 21 Uhr, am Samstag und Sonntag zwischen 12 und 20 Uhr.

Der Erfolg bzw. Misserfolg der Kontaktversuche wurde für jede Adresse benannt. Bei Haushalten, die nicht erreicht werden konnten, wurden weitere Kontaktversuche unternommen. Insgesamt wurde die Stichprobe der 5.000 Adressen in NRW zur Erreichung der angestrebten Befragtenzahl von 1.000 Personen in drei Wellen bearbeitet, ebenso die Stichprobe der 5.000 Adressen in den anderen Bundesländern. Bei den Befragungen in NRW 1999-2006 wurde analog verfahren.

Repräsentativität: Fehlertoleranz und Vergleich von Befragten und Grundgesamtheit

Die Repräsentativität von Befragungsdaten bezieht sich auf die möglichst genaue Widerspiegelung bekannter Charakteristika der Grundgesamtheit in der Stichprobe. Der statistisch-theoretisch berechenbare Grad der Abweichung von dieser Deckung (Fehlertoleranz) ist abhängig von der Relation zwischen der Größe der Grundgesamtheit und der Stichprobe. Für NRW lag diese Fehlertoleranz der Ergebnisse 2008 bei einer Stichprobe von 1.000 Befragten und einer Grundgesamtheit von rund 630.000 Personen (türkeistämmige Zuwan-

---

208 Verwendet wurde das Programm DataEntry, ein Modul des Statistikprogramms SPSS.
209 So der Nachweis in Blohm, Michael/Diehl, Claudia: Wenn Migranten Migranten befragen: Zum Teilnahmeverhalten von Einwanderern bei Bevölkerungsbefragungen. In: Zeitschrift für Soziologie 3/2001, S. 223-242.

derer ab 18 Jahren in Nordrhein-Westfalen[210]) mit einer Wahrscheinlichkeit von 95% zwischen 1,9% und 4,4% – je nach Anteil der Untergruppen.[211] Für die bundesweite Erhebung liegt diese Fehlertoleranz einer Stichprobe von 1.000 Befragten und einer Grundgesamtheit von rund 1.756.000 Personen (türkeistämmige Zuwanderer ab 18 Jahren in Deutschland[212]) mit einer Wahrscheinlichkeit von 95% ebenfalls zwischen 1,9% und 4,4% – je nach Anteil der Untergruppen.[213] Diese Größendimension der theoretischen Fehlertoleranz wird in der Wissenschaft akzeptiert, so dass man von Repräsentativität der hier vorgestellten Daten sprechen kann.[214]

Ein weiterer Indikator für den Grad der Repräsentativität der Befragungsdaten für die Grundgesamtheit ist der Vergleich mit den amtlichen Daten zur türkeistämmigen Bevölkerung. Soziodemographische Übereinstimmungen der Befragtengruppe mit der Grundgesamtheit zeigen an, dass die Grundgesamtheit durch die Zufallsstichprobe repräsentiert wird.

Als amtliche Statistik werden 2008 die Angaben des Mikrozensus von 2005 für Nordrhein-Westfalen, die vom Landesamt für Datenverarbeitung und Statistik Nordrhein-Westfalen (LDS NRW) speziell für die Personen mit türkischem Migrationshintergrund ab 18 Jahre zur Verfügung gestellt wurden, verwendet.[215] Der Mikrozensus ist die einzige amtliche Statistik, die – erstmalig 2005 – nicht nur nach Staatsangehörigkeit unterscheidet, sondern auch den Migrationshintergrund[216] erfasst. So ist es seit Vorliegen der Ergebnisse des Mikrozensus 2005 nun möglich, die türkeistämmigen Befragten insgesamt und nicht nur die darin enthaltenen türkischen Staatsbürger auf ihre Repräsentativität zu prüfen. Al-

---

210 Quelle: Landesamt für Statistik und Datenverarbeitung des Landes Nordrhein-Westfalen, Sonderauswertung des Mikrozensus 2005. Dezember 2005, E-Mail auf Anfrage.

211 Da die theoretische Fehlertoleranz nicht proportional zur Stichprobengröße abnimmt (vgl. die im Anhang beiliegenden Fehlertoleranztabellen), wäre für Reduzierung der Fehlertoleranz ein erheblich größerer Stichprobenumfang notwendig. Hier stellt sich grundsätzlich die Frage nach dem Verhältnis des zusätzlichen Aufwandes und erreichbarer Verbesserung der Repräsentativität.

212 Quelle: Statistisches Bundesamt: Mikrozensus 2006. Fachserie 1, Reihe 2.2 Bevölkerung und Erwerbstätigkeit – Bevölkerung mit Migrationshintergrund. Wiesbaden 2008.

213 In NRW leben laut offizieller Statistik rund 851.000 türkeistämmige Einwanderer, darunter 630.000 türkische Staatsbürger und rund 221.000 Eingebürgerte (Quelle: Ministerium für Generationen, Familie, Frauen und Integration des Landes Nordrhein-Westfalen: Nordrhein-Westfalen: Land der neuen Integrationschancen. 1. Integrationsbericht der Landesregierung. Düsseldorf 2008, S. 210). Datengrundlage ist hier der Mikrozensus 2006. Allerdings lässt der Mikrozensus nur Rückschlüsse auf die Herkunftsnationalität bei ausländischen Staatsbürgern und bei eingebürgerten Deutschen zu. Personen, die durch Geburt Deutsche sind, aber türkeistämmige Eltern haben – weil ein oder beide Elternteile deutsche Staatsbürger sind oder aufgrund des neuen Staatsangehörigengesetzes wurden – sind in dieser Zahl nicht enthalten. Rechnet man diese mit ein, kann die Gesamtzahl der türkeistämmigen Zuwanderer in NRW auf ca. 980.000 geschätzt werden. Für Deutschland insgesamt liegen exakte Zahlen aus dem Mikrozensus 2007 vor. Die Gesamtzahl beträgt hier 2.527.000 Menschen mit türkischem Migrationshintergrund, darunter 1.860.000 türkische Staatsbürger, 538.000 Eingebürgerte sowie 129.000 Deutsche mit türkischem Migrationshintergrund ohne Einbürgerung.

214 Vgl. zur Fehlertoleranz Lindner, Arthur/Berchtold, Willi: Elemente statistischer Methoden. Basel/Boston/Stuttgart 1979.

215 Quelle: Landesamt für Statistik und Datenverarbeitung des Landes Nordrhein-Westfalen, Sonderauswertung des Mikrozensus 2005. E-Mail auf Anfrage.

216 Im Mikrozensus 2005 wurden erstmals neben der aktuellen Staatsbürgerschaft frühere Staatsbürgerschaften, Geburtsland, Zuzug nach Deutschland und Einbürgerung sowohl der Befragten als auch der Eltern erfasst, so dass es möglich ist, die türkeistämmigen Migranten weitgehend statistisch zu identifizieren. Nach Herkunftsnationalitäten sind jedoch nur Personen erfasst, die ausländische Staatsbürger sind oder per Einbürgerung die deutsche Staatsangehörigkeit erhalten haben, also früher eine andere Staatsbürgerschaft hatten. Personen mit Migrationshintergrund, die per Geburt Deutsche sind, sind nicht nach Herkunftsnationalität ausgewiesen.

lerdings enthält der Mikrozensus 2005, wenn er die Personen mit Migrationshintergrund nach Herkunft unterscheidet, nur Daten solcher Migranten, die derzeit oder früher eine ausländische bzw. türkische Staatsbürgerschaft hatten (N = 630.000). Türkeistämmige Personen, die durch Geburt – aufgrund des geänderten Einbürgerungsgesetzes aus dem Jahr 2000 oder weil ein oder beide Elternteile deutsche Staatsbürger sind – und nicht durch Einbürgerung Deutsche wurden, können in den Daten des Mikrozensus nicht als türkeistämmig, sondern nur als Personen mit Migrationshintergrund identifiziert werden, ohne Zuweisung an eine Herkunftsnationalität. Somit unterscheidet sich die Gruppe der Türkeistämmigen der NRW-Mehrthemenbefragung von den im Mikrozensus identifizierbaren Türkeistämmigen, da in der NRW-Mehrthemenbefragung als türkeistämmig alle Personen definiert sind, die einen türkischen Vor- und/oder Nachnamen haben und sich selbst als türkeistämmig bezeichnen – unabhängig davon, welche Staatsbürgerschaft sie haben und wie sie die deutsche Staatsbürgerschaft erhalten haben. Ihre Zahl ist höher zu vermuten als die im Mikrozensus ausgewiesene.

Tabelle 24a: Vergleich der Befragten mit dem Mikrozensus 2005
(NRW – Personen ab 18 Jahre)

		NRW-		
	Mikrozensus	Befragung	Differenz	Fehler-
	Prozent	Prozent	Prozent	toleranz
Geschlecht				
Männlich	51,7	51,3	-0,4	4,4
Weiblich	48,3	48,7	+0,4	4,4
Alter				
18 bis 24 Jahre	16,1	16,8	+0,7	3,1
25 bis 44 Jahre	55,6	54,3	-1,3	4,4
45 bis 54 Jahre	10,8	11,0	+0,2	2,6
55 bis 64 Jahre	12,6	12,2	-0,4	3,1
65 Jahre und älter	4,9	5,7	+0,8	1,9
Erwerbstätigkeit				
Erwerbstätig	44,4	46,4	+2,0	4,4
Nicht erwerbstätig	55,6	53,6	-2,0	4,4

Quelle: Landesamt für Statistik und Datenverarbeitung des Landes Nordrhein-Westfalen, Sonderauswertung des Mikrozensus 2005. E-Mail auf Anfrage, 20.02.2008.

Für den Vergleich der bundesweit Befragten wurde der Mikrozensus von 2006 für Deutschland, den das Statistische Bundesamt bereitstellt[217], verwendet. Hierbei gelten die gleichen Einschränkungen bei der Übereinstimmung des definierten Personenkreises wie für den NRW-Vergleich Mikrozensus/Befragung.

Es zeigen sich nach dem Mikrozensus leichte Abweichungen in der Zusammensetzung der Bevölkerung mit türkischem Migrationshintergrund in NRW und in Gesamtdeutschland, insbesondere bei den Anteilen der Erwerbstätigen und Nichterwerbstätigen: Bundesweit sind 3% mehr Personen mit türkischem Migrationshintergrund erwerbstätig als in NRW. Bei Geschlecht und Altersgruppen sind die Anteilsunterschiede geringer.

---

217 Statistisches Bundesamt: Mikrozensus 2006. Fachserie 1, Reihe 2.2 Bevölkerung und Erwerbstätigkeit – Bevölkerung mit Migrationshintergrund. Wiesbaden 2008.

Tabelle 25a: Vergleich der Befragten mit dem Mikrozensus 2006
(bundesweit, einschließlich NRW)

	Bundesweit			
	Mikrozensus	Befragung	Differenz	Fehlertoleranz
	Prozent	Prozent	Prozent	
Geschlecht				
Männlich	52,7	52,0	-0,7	4,4
Weiblich	47,3	48,0	+0,7	4,4
Alter				
20 bis 24 Jahre	16,4	14,6	-1,8	2,6
25 bis 44 Jahre	53,8	52,9	-0,9	4,3
45 bis 54 Jahre	11,5	14,0	+2,5	3,1
55 bis 64 Jahre	12,1	12,0	-0,1	3,1
65 Jahre und älter	6,2	6,5	+0,3	1,9
Erwerbstätigkeit				
Erwerbstätig	47,4	50,4	+3,0	4,3
Nicht erwerbstätig	52,6	49,6	-3,0	4,3

Statistisches Bundesamt: Mikrozensus 2006. Fachserie 1, Reihe 2.2 Bevölkerung und Erwerbstätigkeit – Bevölkerung mit Migrationshintergrund. Wiesbaden 2008.

Der Vergleich der Daten des Mikrozensus und der Befragtengruppe der türkeistämmigen Migranten zeigt keine Über- bzw. Unterrepräsentationen, die über die jeweilige Fehlertoleranz hinausgehen. Somit muss keine Gewichtung vorgenommen werden.

In der NRW-Befragung sind die Erwerbstätigen mit 2 Prozentpunkten leicht überrepräsentiert, im gesamtdeutschen Datensatz sind ebenfalls Erwerbstätige mit 3 Prozentpunkten sowie die Altersgruppe 45 bis 54 Jahre mit 2,5 Prozentpunkten leicht überrepräsentiert.

Tabelle 26a: Vergleich der Befragten mit dem Mikrozensus 2006 nach Bundesländern

	Mikrozensus	Befragung	Differenz	Fehler-
	Prozent	Prozent	Prozent	toleranz
Baden-Württemberg	17,5	18,2	+0,7	3,1
Bayern	12,6	12,3	-0,3	2,6
Berlin	6,8	7,2	+0,4	1,9
Bremen	1,6	1,2	-0,4	1,9
Hamburg	3,3	4,1	+0,8	1,9
Hessen	9,2	10,2	+1,0	2,6
Niedersachsen	6,8	5,9	-0,9	1,9
Nordrhein-Westfalen	34,5	34,5	0,0	4,2
Rheinland Pfalz	3,9	3,3	-0,6	1,9
Saarland	0,8	1,2	+0,4	1,9
Schleswig-Holstein	2,1	1,9	-0,2	1,9
Neue Bundesländer	0,8	-	-0,8	1,9
Gesamt	100,0	100,0		

Statistisches Bundesamt: Mikrozensus 2006. Fachserie 1, Reihe 2.2 Bevölkerung und Erwerbstätigkeit – Bevölkerung mit Migrationshintergrund. Wiesbaden 2008.

Tabellen, auf die im Text verwiesen wird

Tabelle 1: Anteile religiöser Befragter nach soziodemographischen Merkmalen (Zeilenprozent)

	Religiöse*	
	NRW	Deutschland
Generationszugehörigkeit		
Erste Generation	73,5	65,3
Nachfolgegeneration	71,2	70,1
Heiratsmigranten der zweiten Generation	75,6	65,8
Aufenthaltsdauer		
bis 3 Jahre	56,3	54,5
4 bis 9 Jahre	71,4	59,0
10 bis 19 Jahre	72,8	70,2
20 und mehr Jahre	72,0	66,6
Geschlecht		
Männlich	69,4	64,2
Weiblich	74,5	69,8
Schulbildung		
Kein Abschluss/Ilkokul	80,4	72,0
Ortaokul	69,5	57,9
Lise	64,2	62,1
Hauptschule	70,9	73,5
Realschule	73,6	69,2
Fachoberschule/Fachabitur	70,4	78,7
Abitur	58,1	55,1
Gesamt	71,9	66,9
Anzahl	719	669

* Zusammengefasste Variable: religiös = sehr und eher religiös

Tabelle 2: Land des Schulbesuchs nach soziodemographischen Merkmalen (Zeilenprozent)

	Land des Schulbesuchs			
	NRW		Deutschland	
	Türkei	Deutschland	Türkei	Deutschland
Geschlecht				
Männlich	52,8	45,8	52,2	46,1
Weiblich	50,1	46,0	52,5	44,0
Altersgruppen				
Unter 30 Jahre	23,9	76,1	19,6	80,4
30 bis 44 Jahre	50,1	49,3	53,8	45,3
45 bis 59 Jahre	69,4	22,5	65,2	29,4
60 Jahre und älter	88,2	-	86,2	5,2
Generationszugehörigkeit				
Erste Generation	90,5*	-	89,5	-
Nachfolgegeneration	12,5	86,9	10,6	89,2
Heiratsmigranten	97,8*	-	97,3	-
Aufenthaltsdauer				
Bis 3 Jahre	100,0	-	91,7	8,3
4 bis 9 Jahre	91,4	8,6	93,4	6,6
10 bis 19 Jahre	62,3	36,7	63,7	35,5
20 und mehr Jahre	41,9	54,6	43,2	53,3
Gesamt	52,9	47,1	52,4	45,0

* Fehlend zu 100% = nie eine Schule besucht.

Tabelle 3: Berufsausbildung nach Altersgruppen (Zeilenprozent*)

	Kein Ausbildungs-abschluss	Lehre	Meister/ Techniker	Hoch-schule	In Aus-bildung
NRW					
Altersgruppen					
Unter 30 Jahre	27,4	31,6	5,6	6,0	28,6
30 bis 44 Jahre	50,9	34,0	7,7	6,8	0,6
45 bis 59 Jahre	67,1	19,1	6,4	6,4	-
60 Jahre und älter	76,4	10,9	2,7	7,3	-
Gesamt	51,0	28,3	6,4	6,6	7,0
Deutschland					
Altersgruppen					
Unter 30 Jahre	33,6	27,6	1,8	5,5	30,9
30 bis 44 Jahre	56,1	27,6	5,7	7,9	0,4
45 bis 59 Jahre	69,4	17,5	3,4	7,3	-
60 Jahre und älter	74,4	8,5	2,6	8,5	-
Gesamt	56,1	23,3	4,0	7,3	6,9

Tabelle 4: Merkmale von Personen, die in Haushalten unterhalb der Armutsgrenze leben (Prozentwerte)

	Haushalt unterhalb der Armutsgrenze	
	NRW	Deutschland
Gesamt	40,3	35,2
Schulbildung		
Keine Schulbildung	57,4	47,8
Ortaokul	43,5	34.0
Lise	37,5	27,8
Hauptschule	28,6	29,2
Realschule	34,3	21,4
Fach-/Abitur	28,0	25,6
Berufliche Ausbildung		
Keine Berufsausbildung	45,4	38,9
Lehre	36,1	31,6
Meister/Techniker	25,0	11,1
Fachhochschul-/Hochschulabschluss	33,3	20,0
Erwerbstätigkeit		
Erwerbstätig	24,7	19,3
Nicht erwerbstätig	54,2	48,8
Soziale Stellung		
Rentner	66,7	58,3
Arbeitslos	55,0	54,5
Arbeiter	29,2	20,8
Angestellt	7,3	11,1

Tabelle 5: Einschätzung der wirtschaftlichen Lage nach Altersgruppen (Mittelwert*)

	Allgemeine wirtschaftliche Lage		Eigene wirtschaftliche Lage	
	NRW	Deutschland	NRW	Deutschland
Altersgruppen				
Unter 30 Jahre	2,47	2,46	1,91	1,88
30 bis 44 Jahre	2,55	2,60	2,07	2,04
45 bis 59 Jahre	2,58	2,57	2,12	2,06
60 Jahre und älter	2,53	2,61	2,11	2,12
Gesamt	2,54	2,57	2,05	2,02

* Mittelwert auf der Skala 1 = gut bis 3 = schlecht. Ohne „Weiß nicht" und „keine Angabe"

Tabelle 6: Einschätzung der wirtschaftliche Lage nach sozioökonomischer Situation (Mittelwert*)

	Allgemeine wirtschaftliche Lage		Eigene wirtschaftliche Lage	
	NRW	Deutschland	NRW	Deutschland
Erwerbstätigkeit				
Erwerbstätig	2,48	2,50	1,97	1,94
Nicht erwerbstätig	2,58	2,63	2,11	2,09
Nichterwerbstätige				
Student/in	2,29	2,30	1,75	1,69
Rentner/in	2,53	2,66	2,14	2,19
Arbeitslos	2,56	2,60	2,15	2,13
Hausfrau/-mann	2,63	2,72	2,16	2,14
Erwerbstätige				
Arbeiter/Facharbeiter	2,52	2,55	2,02	2,02
Angestellte	2,40	2,36	1,89	1,78
Selbstständige	2,47	2,49	1,69	1,82
Haushaltseinkommen				
Unter 1.000 €	2,51	2,56	2,26	2,20
1.000 bis unter 2.000 €	2,58	2,59	2,19	2,16
2.000 bis unter 3.000 €	2,51	2,55	1,95	1,97
3.000 € und mehr	2,40	3,49	1,69	1,67
Gesamt	2,54	2,57	2,05	2,02

* Mittelwert auf der Skala 1 = gut bis 3 = schlecht. Ohne „Weiß nicht" und „keine Angabe"

Tabelle 7: Nutzung deutscher und türkischer Medien nach soziodemographischen Merkmalen (Zeilenprozent)

	Nur türkische Medien		Nur deutsche Medien		Deutsche und türkische Medien	
	NRW	D	NRW	D	NRW	D
Deutschkenntnisse						
Sehr gut / gut	3,2	3,2	4,4	4,2	91,8	92,7
Mittelmäßig	12,1	15,1	0,9	1,4	85,5	85,5
Schlecht / sehr schlecht	29,3	39,9	-	-	67,9	60,1
Geschlecht						
Männlich	8,6	10,5	2,9	1,9	88,1	87,5
Weiblich	11,1	14,6	2,5	3,4	84,6	82,1
Altersgruppen						
Unter 30 Jahre	4,3	4,2	3,8	3,3	91,0	92,5
30 bis 44 Jahre	8,5	11,0	2,9	2,4	87,2	86,5
45 bis 59 Jahre	14,5	14,1	1,2	3,4	83,8	82,4
60 Jahre und älter	20,0	29,9	1,8	1,7	77,3	68,4
Generation						
Erste Generation	18,5	27,3	-	-	80,4	71,1
Nachfolgegeneration	4,9	4,8	3,9	4,2	90,2	91,0
Heiratsmigranten	13,3	16,6	1,5	0,7	83,3	82,8
Schulabschluss						
Kein Abschluss/Ilkokul	17,4	27,2	1,1	0,8	80,8	72,0
Ortaokul	9,9	13,0	1,5	1,5	87,0	85,5
Lise	12,2	10,5	-	1,3	85,8	88,2
Hauptschule	3,6	4,9	3,0	3,8	91,5	91,2
Realschule	7,8	5,3	7,0	5,3	85,3	89,5
Fachoberschule/Fachabitur	1,9	2,2	5,6	2,2	92,6	85,7
Abitur	2,7	1,4	4,1	4,3	91,9	94,2
Gesamt	9,8	12,3	2,7	2,6	86,4	83,9

Tabelle 8: Rückkehrabsicht nach Heimatverbundenheit (Zeilenprozent)

	Rückkehr	Keine Rückkehr	Weiß nicht
NRW			
Heimatverbundenheit			
Türkei	50,7	43,7	5,3
Deutschland	11,3	82,3	6,5
Beide Länder	29,6	60,1	9,2
Keinem der beiden Länder	45,1	51,0	3,9
Gesamt	33,6	58,7	7,1
Deutschland			
Heimatverbundenheit			
Türkei	56,5	36,1	7,4
Deutschland	24,5	69,0	6,6
Beide Länder	31,0	59,4	9,0
Keinem der beiden Länder	38,2	50,9	10,9
Gesamt	38,9	51,9	7,8

Tabelle 9: Rückkehrabsicht und Heimatverbundenheit nach Einschätzung der wirtschaftlichen Situation (Zeilenprozent)*

	Rückkehrabsicht		Heimatverbundenheit		
	Ja	Nein	Türkei	Deutschland	Beide Länder
NRW					
Positive Einschätzung					
Allgemeine wirtschaftliche Lage	30,8	59,3	35,2	29,7	30,8
Eigene wirtschaftliche Lage	27,8	63,9	33,8	25,0	37,0
Arbeitsplatzsicherheit	32,1	60,3	34,5	21,8	39,7
Gesamt	33,6	58,7	35,7	23,1	34,8
Deutschland					
Positive Einschätzung					
Allgemeine wirtschaftliche Lage	39,3	53,9	37,5	29,5	27,3
Eigene wirtschaftliche Lage	36,8	55,0	38,4	24,7	31,5
Arbeitsplatzsicherheit	41,4	51,3	35,5	23,8	34,8
Gesamt	38,9	51,9	39,1	22,9	31,1

* Fehlend zu 100%: „Weiß nicht" oder „keine Angabe"

Tabelle 10: Rückkehrabsicht und Heimatverbundenheit nach soziodemographischen Merkmalen – nur NRW (Zeilenprozent)*

	Rückkehrabsicht	Heimatverbundenheit		
	Ja	Türkei	Deutschland	Beide
Geschlecht				
Männlich	35,3	37,0	20,3	35,7
Weiblich	31,8	34,3	26,1	33,9
Alter				
18 bis 29 Jahre	26,9	31,2	30,3	32,1
30 bis 44 Jahre	38,3	35,6	22,4	35,2
45 bis 59 Jahre	33,5	37,6	20,8	35,8
60 Jahre und älter	27,3	42,7	14,5	37,3
Aufenthaltsdauer				
bis 3 Jahre	37,5	56,3	25,0	6,3
4 bis 9 Jahre	37,1	57,1	14,3	22,9
10 bis 19 Jahre	35,8	36,2	22,2	34,2
20 und mehr Jahre	32,3	32,7	24,4	37,0
Zuwanderungsgrund				
Gastarbeiter	27,1	44,1	14,4	38,1
Familiennachzug als Ehepartner	36,1	44,6	17,9	30,8
Familiennachzug als Kind	37,3	33,1	24,2	36,5
Hier geboren	28,7	23,1	32,3	37,5
Generationszugehörigkeit				
Erste Generation	28,0	40,7	15,9	39,7
Nachfolgegeneration	33,1	28,2	28,2	37,0
Heiratsmigranten	37,8	47,0	17,8	27,8
Berufliche Stellung				
Arbeiter/Facharbeiter	34,4	34,8	25,4	33,1
Angestellte	37,4	31,3	25,3	35,4
Selbstständige	37,1	45,7	20,0	31,4
Einkommen				
Unter 1.000 €	27,6	38,8	27,6	28,6
1.000 € bis unter 2.000 €	34,1	37,2	20,6	34,4
2.000 € bis unter 3.000 €	33,2	30,6	26,7	34,1
3.000 € und mehr	38,9	31,5	23,1	39,8
Gesamt	33,6	35,7	23,1	34,8

* Fehlend zu 100%: „Weiß nicht" oder „keine Angabe"

Tabelle 11: Identifikative Orientierung nach soziostrukturellen Merkmalen – nur Deutschland (Index, Zeilenprozent)

		Identifikative Orientierung		
		Eindeutig türkei-orientiert	Misch-identität	Eindeutig deutschland-orientiert
Geschlecht				
	Männlich	29,2	34,9	36,0
	Weiblich	22,4	33,4	44,2
Altersgruppen				
	Unter 30 Jahre	21,4	34,2	44,4
	30 bis 44 Jahre	27,4	33,0	39,6
	45 bis 59 Jahre	28,4	33,5	38,1
	60 Jahre und älter	24,0	40,0	36,0
Aufenthaltsdauer				
	Bis 3 Jahre	55,6	22,2	22,2
	4 bis 9 Jahre	33,9	30,4	35,7
	10 bis 19 Jahre	29,3	32,4	38,3
	20 und mehr Jahre	23,1	35,4	41,5
Generationszugehörigkeit				
	Erste Generation	23,2	39,0	37,8
	Nachfolgegeneration	21,4	33,7	44,8
	Heiratsmigranten	34,0	33,6	32,4
Schulbildung				
	Kein Abschluss/Ilkokul	25,1	39,2	35,7
	Ortaokul	31,6	35,0	33,3
	Lise	36,4	30,2	33,3
	Hauptschule	23,8	33,1	43,1
	Realschule	17,8	31,7	50,5
	Fachschule/Fachabitur	23,1	35,9	41,0
	Abitur	9,4	34,0	56,6
Religiosität				
	Gar nicht/eher religiös	23,6	27,4	49,0
	Eher und sehr religiös	26,7	37,1	36,2
Gesamt		25,9	34,2	39,9

Tabelle 12: Deutsche Staatsangehörigkeit* nach soziodemographischen Merkmalen (Zeilenprozent)

	Deutsche Staatsbürgerschaft	
	NRW	Deutschland
Geschlecht		
Männlich	35,1	33,8
Weiblich	39,0	34,6
Altersgruppen		
Unter 30 Jahre	39,7	45,5
30 bis 44 Jahre	40,2	33,6
45 bis 59 Jahre	32,9	34,0
60 Jahre und älter	23,6	15,4
Mittelwert in Jahren	37,6	37,1
Aufenthaltsdauer		
Bis 3 Jahre	0	-
4 bis 9 Jahre	1,4	4,9
10 bis 19 Jahre	33,9	29,8
20 und mehr Jahre	42,9	39,0
Mittelwert in Jahren	27,1	26,6
Zuwanderungsgrund		
Gastarbeiter	23,7	20,9
Familienzusammenführung als Ehepartner/in	19,1	18,6
Familienzusammenführung als Kind	46,9	39,8
In Deutschland geboren	53,8	58,8
Generation		
Erste Generation	23,8	20,5
Nachfolgegeneration	50,3	48,1
Heiratsmigranten	17,8	18,6
Gesamt	37,0	34,2

* Einschließlich Doppelstaatsbürger

Tabelle 13: Deutsche Staatsangehörigkeit* nach Rückkehrabsicht und Heimatverbundenheit (Zeilenprozent)

	Deutsche Staatsbürgerschaft	
	NRW	Deutschland
Rückkehrabsicht		
Ja	30,7	27,1
Nein	40,5	40,3
Heimatverbundenheit		
Türkei	28,6	24,3
Deutschland	48,1	43,0
Beide Länder	38,5	40,0
Gesamt	37,0	34,2

* Einschließlich Doppelstaatsbürger

Tabelle 14: Einbürgerungsabsicht nach soziodemographischen Merkmalen – nur NRW
(nur türkische Staatsbürger – Zeilenprozent)

	Einbürgerungsabsicht		
	Ja / Antrag gestellt	Vielleicht	Nein
Geschlecht			
Männlich	17,1	5,7	75,7
Weiblich	16,2	5,7	77,8
Altersgruppen			
Unter 30 Jahre	36,1	11,3	49,6
30 bis 44 Jahre	13,1	4,8	81,7
45 bis 59 Jahre	11,2	3,4	85,3
60 Jahre und älter	3,6	2,4	92,9
Aufenthaltsdauer			
Bis 3 Jahre	37,5	6,3	50,0
4 bis 9 Jahre	31,8	10,1	56,5
10 bis 19 Jahre	25,9	5,9	67,6
20 und mehr Jahre	8,8	4,8	85,6
Zuwanderungsgrund			
Gastarbeiter	3,3	1,1	95,6
Familienzusammenführung als Ehepartner/in	17,0	5,8	76,1
Familienzusammenführung als Kind	11,5	6,5	81,9
Bin in Deutschland geboren	29,3	8,6	59,5
Generationszugehörigkeit			
Erste Generation	5,6	2,8	91,0
Nachfolgegeneration	19,7	7,5	71,7
Heiratsmigranten	19,0	5,9	74,3
Gesamt	16,6	5,7	76,7

Tabelle 15: Starkes Interesse an deutscher und türkischer Politik nach soziodemographischen Merkmalen (Zeilenprozent)

	NRW		Deutschland	
	Starkes Interesse an...			
	deutscher Politik	türkischer Politik	deutscher Politik	türkischer Politik
Geschlecht				
Männlich	11,3	25,3	13,8	26,1
Weiblich	5,7	14,4	7,3	16,2
Altersgruppe				
Unter 30 Jahre	8,1	18,4	8,6	20,0
30 bis 44 Jahre	8,7	19,9	10,7	20,1
45 bis 59 Jahre	8,7	20,2	11,7	23,9
60 Jahre und älter	9,1	23,6	12,1	24,8
Generationszugehörigkeit				
Erste Generation	7,4	23,3	7,4	25,9
Nachfolgegeneration	11,0	16,8	12,9	18,7
Heiratsmigranten	2,6	21,1	5,4	20,7
Schulabschluss				
Kein Abschluss/Ilkokul	4,0	14,9	4,5	18,6
Ortaokul	5,3	24,4	6,1	23,3
Lise	10,1	32,4	11,1	27,9
Hauptschule	6,7	17,0	8,6	16,7
Realschule	10,1	14,0	10,3	14,7
Fachoberschule/Fachabitur	11,1	22,2	17,4	19,1
Abitur	25,7	25,7	35,2	29,6
Berufliche Stellung				
Arbeiter/Facharbeiter	6,0	19,1	8,4	19,4
Angestellte	19,2	27,3	23,9	27,5
Selbstständige	20,0	25,7	18,4	26,0
Gesamt	8,6	20,0	10,7	21,4

Tabelle 16: Keine Kontakte zu Deutschen nach soziodemographischen Merkmalen
(Zeilenprozent)

	Keine Kontakte zu Deutschen	
	NRW	Deutschland
Geschlecht		
Männlich	7,0	8,1
Weiblich	9,4	10,0
Altersgruppen		
Unter 30 Jahre	5,6	8,2
30 bis 44 Jahre	7,2	7,6
45 bis 59 Jahre	10,4	9,3
60 Jahre und älter	14,5	15,4
Aufenthaltsdauer		
Bis 3 Jahre	-	-
4 bis 9 Jahre	14,3	10,0
10 bis 19 Jahre	7,4	9,7
20 und mehr Jahre	7,9	8,8
Zuwanderungsgrund		
Gastarbeiter	13,6	15,6
Familienzusammenführung als Ehepartner/in	10,6	11,0
Familienzusammenführung als Kind	5,8	6,1
Bin in Deutschland geboren	4,4	7,0
Generationszugehörigkeit		
Erste Generation	13,2	14,7
Nachfolgegeneration	5,1	6,4
Heiratsmigranten	10,0	10,1
Schulabschluss		
Kein Abschluss/Ilkokul	14,9	14,4
Ortaokul	6,1	9,0
Lise	8,8	7,9
Hauptschule	6,7	6,5
Realschule	3,1	8,6
Fachoberschule/Fachabitur	1,9	2,2
Abitur	2,7	1,4
Erwerbstätigkeit		
Erwerbstätig	2,4	4,2
Nicht erwerbstätig	13,2	13,7
Gesamt	8,2	9,0

Tabelle 17: Kontakte zu Deutschen in verschiedenen Lebensbereichen nach soziodemographischen Merkmalen (Prozentwerte)

	Nachbarschaft		Freundes- und Bekanntenkreis		Arbeitsplatz		Familie oder Verwandtschaft	
	NRW	D	NRW	D	NRW	D	NRW	D
Geschlecht								
Männlich	81,5	81,7	75,0	76,5	75,2	73,8	42,3	47,5
Weiblich	81,1	80,2	73,5	73,0	41,7	52,5	37,6	44,4
Alter								
Unter 30 Jahre	85,9	81,3	82,5	78,6	73,9	72,7	37,2	40,9
30 bis 44 Jahre	80,1	80,8	72,3	74,6	60,9	67,0	39,8	45,1
45 bis 59 Jahre	81,5	83,5	72,8	74,6	51,4	63,1	41,0	52,2
60 Jahre und älter	76,4	77,8	68,2	69,2	30,0	34,2	45,5	47,9
Aufenthaltsdauer								
4 bis 9 Jahre	67,1	72,1	61,4	59,0	45,7	47,5	27,1	29,0
10 bis 19 Jahre	84,8	80,9	75,9	75,5	65,0	66,3	36,6	40,9
20 und mehr Jahre	81,6	82,0	75,6	76,5	58,6	64,5	43,2	49,4
Generation								
Erste Generation	77,8	76,7	67,7	67,2	34,9	37,0	41,8	48,7
Nachfolgegeneration	84,9	84,0	81,4	81,7	73,0	78,6	43,2	49,9
Heiratsmigranten	78,9	78,6	66,3	67,8	48,5	54,6	31,9	36,9
Schulbildung								
Kein Abschluss/Ilkokul	74,6	75,0	61,6	64,2	36,2	40,8	31,9	37,1
Ortaokul	80,9	78,4	69,5	68,4	51,9	57,9	41,2	47,0
Lise	78,4	84,3	73,6	75,8	59,5	62,7	41,9	46,4
Hauptschule	83,0	82,7	75,2	77,3	64,8	73,5	44,8	50,3
Realschule	89,1	80,3	83,7	81,9	76,7	79,3	47,3	48,3
Fachschule/Fachabitur	94,4	87,2	90,7	93,6	85,2	87,2	42,6	53,2
Abitur	83,8	91,3	95,9	92,8	83,8	87,0	30,2	52,9
Berufliche Stellung								
Arbeiter/Facharbeiter	84,9	85,5	75,3	80,0	93,3	88,3	44,1	49,8
Angestellte	90,9	90,1	84,8	86,8	90,9	91,2	45,5	58,7
Selbstständige	82,9	84,0	80,0	80,0	97,1	92,0	45,7	54,9
Gesamt	81,3	81,0	74,3	74,8	58,9	63,6	40,0	46,0

Tabelle 18: Interkulturelle Freizeitkontakte* nach soziodemographischen Merkmalen (Mittelwerte**)

	Interkulturelle Freizeitkontakte	
	NRW	Deutschland
Geschlecht		
Männlich	1,89	1,84
Weiblich	1,99	1,94
Altersgruppen		
Unter 30 Jahre	1,81	1,82
30 bis 44 Jahre	1,94	1,90
45 bis 59 Jahre	2,02	1,96
60 Jahre und älter	2,07	2,02
Aufenthaltsdauer		
4 bis 9 Jahre	2,16	2,24
10 bis 19 Jahre	1,95	1,96
20 und mehr Jahre	1,91	1,82
Zuwanderungsgrund		
Gastarbeiter	2,07	2,06
Familienzusammenführung als Ehepartner/in	2,19	2,11
Familienzusammenführung als Kind	1,76	1,69
In Deutschland geboren	1,72	1,69
Generationszugehörigkeit		
Erste Generation	2,15	2,05
Nachfolgegeneration	1,74	1,69
Heiratsmigranten	2,16	2,13
Deutschkenntnisse		
Sehr gut / gut	1,65	1,64
Mittelmäßig	2,12	2,04
Schlecht / sehr schlecht	2,61	2,41
Schulabschluss		
Kein Abschluss/Ilkokul	2,25	2,13
Ortaokul	2,08	2,08
Lise	1,97	1,96
Hauptschule	1,85	1,76
Realschule	1,60	1,64
Fachoberschule/Fachabitur	1,59	1,64
Abitur	1,64	1,48
Berufliche Stellung		
Arbeiter/Facharbeiter	1,86	1,78
Angestellte	1,67	1,65
Selbstständige	1,60	1,62
Nichterwerbstätige		
Schüler/Studenten	1,55	1,69
Rentner	2,14	2,05
Arbeitslose	1,95	2,02
Hausfrauen	2,25	2,17
Gesamt	1,94	1,89

* Zusammengefasste Kategorien: Häufig = Jeden Tag/fast jeden Tag und Häufig – mindestens einmal in der Woche; Manchmal = Manchmal – mindestens einmal im Monat; Selten = Selten – mehrmals im Jahr und nie
** Mittelwert auf der dreistelligen Skala von 1 = häufig bis 3 = nie/selten. Je niedriger der Wert, desto häufiger findet freundschaftlicher Kontakt statt.

Tabelle 19: Wunsch nach mehr Kontakten zu Deutschen nach Anzahl der Bereiche mit Kontakten zu Deutschen und nach interkulturellen Freundschaftsbeziehungen (Zeilenprozent)

		Wunsch nach mehr Kontakt	
		NRW	Deutschland
Anzahl der Lebensbereiche mit Kontakt			
	Kein Kontakt	46,3	44,9
	1 Bereich	50,4	54,7
	2 Bereiche	61,6	58,3
	3 Bereiche	58,3	54,6
	4 Bereiche	49,6	48,3
Interkultureller Freizeitkontakt			
	Häufig	55,3	55,4
	Manchmal	57,3	53,2
	Selten/Nie	53,9	48,1
Gesamt		55,1	52,3

Tabelle 20: Mitgliedschaft in Vereinen nach soziodemographischen Merkmalen (Zeilenprozent)

	Keine Mitglied-schaft		Mitglieder*					
			Nur in deut-schem Verein		In deutschem und türki-schem Verein		Nur in türki-schem Verein	
	NRW	D	NRW	D	NRW	D	NRW	D
Geschlecht								
Männlich	35,9	41,8	23,1	19,9	40,7	33,8	36,2	46,4
Weiblich	55,9	59,9	33,0	29,9	38,1	31,2	28,8	39,6
Altersgruppen								
Unter 30 Jahre	51,7	58,9	51,3	35,6	37,2	28,9	11,5	35,6
30 bis 44 Jahre	46,4	49,2	25,1	22,4	50,6	39,7	24,3	37,9
45 bis 59 Jahre	37,0	44,2	17,4	21,7	25,7	27,8	56,9	50,4
60 Jahre und älter	42,7	50,4	7,9	13,8	23,8	20,7	68,3	65,5
Aufenthaltsdauer								
4 bis 9 Jahre	65,7	70,5	25,0	27,8	41,7	27,8	33,3	44,4
10 bis 19 Jahre	51,4	54,3	32,0	28,0	46,4	30,5	21,6	41,5
20 und mehr Jahre	40,6	46,4	25,1	21,8	37,4	33,7	37,4	44,5
Generationszugehörigkeit								
Erste Generation	41,8	51,3	10,9	14,1	25,5	23,9	63,6	62,0
Nachfolgegeneration	39,9	43,7	35,8	28,8	44,0	36,2	20,2	35,1
Heiratsmigranten	58,3	61,2	18,6	18,4	44,2	31,6	37,2	50,0
Gesamt	45,6	50,5	27,0	23,5	39,7	32,8	33,3	43,7

* Prozentzahlen bezogen nur auf die Mitglieder (NRW: N = 544, Deutschland N = 504)

Tabelle 21: Mitgliedschaft in ausgewählten Organisationen nach soziodemographischen Merkmalen (Mittelwerte* und Prozentwerte)

| | | Türkische Vereine | | | Deutsche Vereine | |
		Religion	Kultur	Sport	Sport	Gewerk-schaften
NRW						
Alter*		42,9	43,1	37,3	31,6	40,3
Aufenthaltsdauer*		27,4	26,7	24,2	26,7	27,8
Generation						
	Erste	40,2	9,0	1,6	3,7	9,5
	Nachfolge	23,1	8,6	5,3	23,9	16,0
	Heiratsmigranten	22,2	8,1	4,4	8,1	8,5
Geschlecht						
	Männlich	30,6	12,9	6,0	17,2	16,0
	Weiblich	21,1	4,3	2,5	13,6	8,8
Gesamt		26,0	8,7	4,3	15,4	12,5
Deutschland						
Alter*		42,4	42,7	41,2	34,8	42,9
Aufenthaltsdauer*		27,1	25,5	26,3	25,4	28,2
Generation						
	Erste	30,2	7,9	4,2	3,7	8,5
	Nachfolge	25,5	7,9	6,9	19,3	11,9
	Heiratsmigranten	19,7	9,8	3,7	6,3	6,8
Geschlecht						
	Männlich	28,7	11,5	8,5	11,5	11,7
	Weiblich	19,4	5,6	2,3	12,7	7,1
Gesamt		24,2	8,7	5,5	12,1	9,5

* Mittelwert in Jahren

Tabellarischer Zeitvergleich NRW 1999-2008

Tabelle 22: Soziodemographische Struktur im Zeitvergleich* (Prozentwerte)

	1999	2000	2001	2002	2003	2004	2005	2006	2008
Geschlecht									
Männlich	52,0	52,0	52,3	51,7	50,4	52,4	52,8	50,9	51,3
Weiblich	48,0	48,0	47,7	48,3	49,6	47,6	47,2	49,1	48,7
Alter									
Unter 30 Jahre	36,9	42,2	40,4	32,7	34,0	29,2	29,9	26,6	23,4
30 bis 44 Jahre	38,4	36,1	31,2	44,6	42,2	44,7	43,2	45,0	48,3
45 bis 59 Jahre	20,3	17,5	21,0	16,8	18,1	20,4	21,0	18,1	17,3
60 Jahre und älter	4,5	4,3	7,4	5,8	5,7	5,7	6,0	10,4	11,0
Mittelwert (Jahre)	36,0	35,2	36,4	36,3	36,3	37,2	37,9	38,9	39,5
Haushaltsgröße (Mittelwert)	4,1	3,9	3,8	4,0	3,9	3,9	3,8	3,9	3,8
Kinder pro Haushalt (Mittelwert)	1,4	1,3	1,4	1,5	1,4	1,4	1,2	1,3	1,2
Anzahl eigene Kinder (Mittelwert)	-	-	-	2,0	1,9	1,9	2,0	2,1	2,0
Familienstand									
Ledig	17,2	22,0	18,9	17,9	19,6	18,8	19,0	15,7	17,8
Verheiratet	78,9	75,2	78,5	78,3	77,3	77,9	76,7	80,6	77,6
Verwitwet/geschieden	1,9	2,4	2,6	3,7	3,1	3,3	4,4	3,8	4,6
Aufenthaltsdauer in Deutschland									
Bis 3 Jahre	2,1	3,0	2,6	2,4	1,5	1,9	1,9	2,4	1,6
4 bis 9 Jahre	11,3	9,8	11,3	6,3	8,0	7,4	8,0	7,8	7,0
10 bis 19 Jahre	22,5	21,9	19,3	21,6	24,2	25,5	25,7	24,2	25,7
20 und mehr Jahre	64,1	65,2	66,9	69,7	66,4	65,2	64,3	65,6	65,7
Mittelwert (Jahre)	20,9	20,8	21,4	22,4	22,2	23,0	23,2	23,7	25,1
Zuwanderungsgrund									
Gastarbeiter	17,0	13,9	18,5	19,7	15,7	12,7	12,5	12,9	11,8
Flüchtling/Asylbewerber	0,8	1,8	2,3	1,9	1,1	1,2	0,7	0,8	1,2
Familienzusammenführung	57,9	57,1	52,2	51,9	55,5	55,9	59,5	61,0	60,1
Studium oder Ausbildung	2,7	2,1	2,9	1,9	2,0	3,2	2,7	3,2	1,8
In Deutschland geboren	15,5	21,6	21,2	20,7	24,6	24,3	24,6	22,1	25,1
Gesamt	998	1.007	1.009	1.015	1.002	1.018	1.007	1.013	1.000

* Die Anzahl der eigenen Kinder wurde erst seit 2002 erhoben.

Tabelle 23: Religionszugehörigkeit im Zeitvergleich* (Prozentwerte)

Glaubensgemeinschaft	1999	2000	2001	2002	2003	2004	2005	2006	2008
Muslimisch	90,0	94,9	91,5	95,9	95,5	94,6	97,1	94,2	95,4
Davon: Sunnitisch	90,0	77,1	86,3	87,8	90,2	-	-	-	90,0
Alevitisch	9,5	16,6	13,1	11,7	9,3	-	-	-	9,3
Schiitisch	0,6	1,3	0,6	0,5	0,5	-	-	-	0,7
Christlich	0,7	1,0	0,7	0,3	0,6	0,4	0,5	0,2	0,1
Andere	2,1	1,2	1,8	1,2	0,9	1,3	0,6	1,0	0,4
Keine	1,0	1,4	4,6	1,6	1,9	3,1	1,5	2,4	1,9

* Zwischen 2004 und 2006 wurden Muslime nicht nach Glaubensrichtungen differenziert.

Tabelle 24: Grad der Religiosität im Zeitvergleich* (Prozentwerte)

Religiosität	1999	2000	2001	2002	2003	2004	2005	2006	2008
Sehr religiös	-	7,8	7,2	10,9	18,1	21,7	22,1	17,2	18,6
Eher religiös	-	48,9	49,7	47,9	52,7	49,8	53,8	50,9	53,3
Eher nicht religiös	-	32,9	32,1	30,5	20,9	24,3	18,9	22,7	19,4
Gar nicht religiös	-	7,4	8,4	8,0	5,6	3,8	5,1	4,5	2,9

* Der Grad der Religiosität wurde in der Untersuchung 1999 nicht erhoben.

Tabelle 25: Schulabschluss im Zeitvergleich[218] (Prozentwerte)

Schulabschluss	1999	2000	2001	2002	2003	2004	2005	2006	2008
Noch Schüler	2,7	3,5	1,3	2,1	1,5	2,3	2,2	1,9	2,1
Kein Schulabschluss/ Grundschule/ Ilkokul	31,6	27,1	28,1	26,6	26,2	24,7	24,9	25,5	27,6
Ortaokul	-	-	-	-	8,8	10,9	11,8	13,2	13,1
Lise	-	-	-	-	17,8	21,0	17,6	16,9	14,8
Hauptschulabschluss	20,0	23,7	20,8	26,4	16,8	14,6	16,1	15,2	16,5
Realschule/Mittlere Reife	9,4	6,8	10,8	10,4	10,1	11,0	12,1	12,9	12,9
Fachoberschule/Berufskolleg/ Fachabitur	19,6	19,4	15,8	16,3	8,2	7,0	7,3	6,2	5,4
Abitur	15,8	18,0	20,6	15,0	9,1	7,5	7,1	7,4	7,4

Tabelle 26: Schulabschluss 2003-2008 (Spaltenprozentwerte)

Schulabschluss	In Deutschland				
	2003	2004	2005	2006	2008
Noch Schüler	3,2	5,1	4,6	4,0	4,5
Keinen Schulabschluss	1,5	2,4	2,1	1,9	2,2
Grundschule	0,8	1,1	1,5	2,6	2,1
Hauptschulabschluss	35,4	33,0	34,0	32,8	35,6
Realschule/Mittlere Reife	21,3	24,8	25,6	27,9	27,9
Fachoberschule/Berufskolleg	5,9	6,4	7,3	7,4	7,1
Fachabitur	11,4	9,3	8,2	6,0	4,5
Abitur	19,2	16,8	15,1	16,0	16,0
Gesamt	475	452	477	470	459
Schulabschluss	**In der Türkei**				
	2003	2004	2005	2006	2008
Nie eine Schule besucht	4,7	3,5	2,8	2,2	3,6
Keinen Schulabschluss	1,3	0,5	2,1	1,1	2,1
Ilkokul	41,7	37,5	39,2	40,3	42,2
Ortaokul	16,7	19,6	22,5	24,7	24,5
Lise	33,8	37,8	33,4	24,5	27,7
Anderer Abschluss	1,7	1,1	-	7,0	-
Gesamt	527	566	530	543	515

---

218 Der Schulabschluss wurde seit der Untersuchung 2003 in einem anderen Format als davor erhoben. Es wurde zunächst das Land des Schulbesuchs bzw. -abschlusses erhoben und dann getrennt nach Abschluss in Deutschland und in der Türkei die Art des Abschlusses erfragt, da die Schulsysteme nicht gänzlich kompatibel sind.

Tabelle 27: Schulabschluss nach Ländern im Zeitvergleich* (Prozentwerte)

Land des Schulabschlusses	1999	2000	2001	2002	2003	2004	2005	2006	2008
Deutschland	-	43,6	46,7	48,0	47,1	44,2	47,4	46,4	47,1
Türkei	-	56,4	53,3	52,0	52,6	53,7	52,6	53,6	52,9

* Das Land des Schulbesuchs wurde in der Untersuchung 1999 nicht erhoben.

Tabelle 28: Berufliche Ausbildung im Zeitvergleich (Prozentwerte)

Berufliche Ausbildung	1999	2000	2001	2002	2003	2004	2005	2006	2008
In beruflicher Ausbildung/Studium	7,3	10,7	12,1	10,2	11,5	6,9	4,5	5,0	7,0
Kein Ausbildungsabschluss	51,5	48,1	45,4	45,3	47,8	49,0	49,9	50,6	51,0
Berufsfachschulabschluss (betrieblich und schulisch)	19,4	21,4	21,7	22,4	21,2	22,8	24,2	26,9	28,3
Meisterbrief/Techniker/Fachakademie	4,1	2,5	9,8	10,3	2,8	4,7	7,1	6,7	6,4
Fachhochschulabschluss/ Universitätsabschluss	4,6	6,2	7,7	8,4	7,2	10,3	7,8	7,4	6,6

Tabelle 29: Deutschkenntnisse (Verstehen) im Zeitvergleich* (Prozentwerte)

Deutschkenntnisse (Verstehen)	1999	2000	2001	2002	2003	2004	2005	2006	2008
Sehr gut/gut	-	51,5	56,6	50,5	56,1	51,3	45,4	50,8	52,8
Mittelmäßig	-	35,9	30,7	36,0	32,3	34,1	39,7	33,9	33,2
Schlecht/sehr schlecht	-	12,2	12,7	13,5	11,6	14,6	14,9	15,3	14,0

*Die Deutschkenntnisse wurden in der Untersuchung 1999 nicht erhoben.

Tabelle 30: Erwerbstätigkeit im Zeitvergleich (Prozentwerte)

Erwerbstätigkeit	1999	2000	2001	2002	2003	2004	2005	2006	2008
Vollzeit erwerbstätig (34 WSt oder mehr)	46,2	38,6	48,8	43,1	41,3	40,6	41,0	35,5	39,3
Teilzeit erwerbstätig (weniger als 34 WSt)	5,8	6,8	7,7	10,2	8,9	7,4	6,6	11,5	7,1
Geringfügig beschäftigt (bis 400 €)	4,5	8,0	4,2	2,9	5,8	5,9	3,7	3,8	2,8
Nicht erwerbstätig	40,1	46,1	39,3	43,1	44,0	45,7	48,8	49,2	51,0

Tabelle 31: Struktur der Nichterwerbstätigen im Zeitvergleich (Prozentwerte)

Nichterwerbstätige	1999	2000	2001	2002	2003	2004	2005	2006	2008
Schüler/Studenten	6,8	13,1	14,1	12,7	15,4	12,3	8,0	7,8	9,9
Rentner	12,3	10,3	16,6	14,7	12,4	12,5	17,0	17,5	18,9
Arbeitslose	15,2	24,7	16,8	21,6	24,8	27,0	29,4	26,7	24,5
Hausfrauen	51,1	42,0	44,1	40,5	37,5	36,4	43,8	44,6	43,3
Erziehungsurlaub	-	-	-	3,9	5,2	4,9	1,9	3,4	3,0
Sonstiges	10,5	8,9	8,4	3,0	3,8	4,9	-	-	0,4

Tabelle 32: Struktur der Erwerbstätigen im Zeitvergleich* (Prozentwerte)

Berufliche Stellung	1999	2000	2001	2002	2003	2004	2005	2006	2008**
Arbeiter (an-/ungelernt)	44,2	55,8	55,4	61,8	50,8	51,1	53,0	52,2	50,9
Facharbeiter	22,9	16,2	11,8	12,1	12,0	13,6	16,3	16,4	13,9
Angestellte	8,3	14,3	17,6	16,4	22,9	22,0	21,2	19,9	21,5
Darunter Einfache Angestellte	-	-	-	-	-	-	14,8	13,2	13,9
Mittlere Angestellte	-	-	-	-	-	-	5,0	5,0	5,4
Höhere Angestellte	-	-	-	-	-	-	1,5	1,7	2,2
Beamte	2,8	1,8	1,4	1,9	1,4	3,3	0,6	2,1	0,5
Selbstständige in freien Berufen	2,1	1,1	2,5	1,1	4,8	2,9	1,5	1,0	1,3
Andere Selbstständige	12,6	10,2	9,2	5,7	4,8	6,6	5,2	5,7	6,3
Mithelfender Familienangehöriger	0,6	0,7	0,9	0,9	1,6	0,6	0,2	0,6	-
Auszubildender									5,8

* Die Differenzierung der Angestellten wurde erst seit 2005 vorgenommen.
** 2008: Mit Auszubildenden, die 2008 in einer eigenen Kategorie erfasst wurden.

Tabelle 33: Haushaltsnettoeinkommen im Zeitvergleich (Prozentwerte) [219]

Einkommen in DM	1999	2000	2001	Einkommen in Euro	2002	2003	2004	2005	2006	2008
Unter 2.500,- DM	18,8	15,7	18,7	Unter 1.000 €	14,8	13,4	15,1	12,4	9,3	9,8
2.500 bis unter 5.000 DM	51,2	64,0	59,6	1.000 € bis unter 2.000 €	36,7	38,6	37,5	37,2	38,5	34,9
5.000 bis unter 7.000 DM	10,6	10,2	10,2	2.000 € bis unter 3.000 €	24,5	24,6	24,6	25,5	25,9	23,2
7.000 DM und mehr	1,4	1,9	6,1	3.000 € und mehr	11,5	10,1	9,6	5,6	9,0	10,8
Keine Angabe	18,1	8,2	5,4	Keine Angabe	12,5	13,4	13,2	19,3	17,4	21,3
Mittelwert in €	1.748,-	1.830,-	1.893,-		1.966,-	1.921,-	1.917,-	1.783,-	1.884,-	1.925,-

Tabelle 34: Wohnsituation im Zeitvergleich (Prozentwerte)

Wohnsituation	1999	2000	2001	2002	2003	2004	2005	2006	2008
Mietwohnung	72,8	74,9	68,2	65,8	66,0	68,2	61,3	61,8	59,6
Eigentumswohnung	8,9	8,9	10,9	12,2	12,9	13,4	13,6	13,2	14,8
Gemietetes Haus	12,7	6,4	7,6	8,2	6,4	4,9	8,6	6,4	5,4
Eigenheim	5,4	10,2	12,9	13,8	14,7	13,6	16,5	18,6	20,2

219 Zunächst wurde das Einkommen in DM, seit 2002 in Euro abgefragt. Um die Kategorisierung praktikabel zu halten, konnten die DM-Kategorien der vorangegangenen Befragungen nicht direkt in Euro-Kategorien umgerechnet werden, sondern es musste eine neue Unterteilung verwendet werden. Daher ist ein Vergleich der Daten nach Kategorien nicht möglich. Die Einkommensmittelwerte der Jahre 1999 bis 2001, deren Berechnung auf der Basis numerischer Angaben der Befragten und nicht auf der Basis von Kategorien erfolgte, konnten in Euro umgerechnet und somit verglichen werden.

Tabelle 35: Durchschnittliche Wohnungsgröße in Quadratmetern im Zeitvergleich

	1999	2000	2001	2002	2003	2004	2005	2006	2008
Wohnungsgröße in qm	-	-	-	-	-	85	87	87	90

* Die Wohnungsgröße wurde erst seit 2004 erhoben.

Tabelle 36: Plan zum Erwerb von Wohneigentum im Zeitvergleich* (Prozentwerte)

Wohnsituation	1999	2000	2001	2002	2003	2004	2005	2006	2008
Ja	-	-	-	50,1	50,1	42,2	31,1	32,8	30,8
Nein	-	-	-	37,2	37,2	46,1	58,9	61,0	60,9
Weiß nicht	-	-	-	7,5	12,1	10,9	9,5	5,7	8,3

Tabelle 37: Beurteilung der allgemeinen und eigenen wirtschaftlichen Lage im Zeitvergleich (Prozentwerte)

	Allgemeine wirtschaftliche Lage								
Einschätzung	1999	2000	2001	2002	2003	2004	2005	2006	2008
Gut	20,3	27,4	31,2	10,9	2,4	2,5	4,6	6,7	9,1
Teils/teils	41,2	51,6	51,3	21,2	15,2	15,6	13,4	16,0	26,6
Schlecht	31,6	21,0	15,6	65,7	81,4	81,5	81,4	74,9	60,8
	Eigene wirtschaftliche Lage								
Einschätzung	1999	2000	2001	2002	2003	2004	2005	2006	2008
Gut	30,7	37,3	31,2	16,9	12,7	14,1	17,8	17,3	21,6
Teils/teils	49,9	54,2	51,3	48,6	52,9	52,1	48,4	48,2	51,6
Schlecht	15,2	8,4	15,6	33,5	33,8	33,1	33,6	33,3	26,1

Tabelle 38: Rückkehrabsicht im Zeitvergleich (Prozentwerte)

Rückkehrabsicht	1999	2000	2001	2002	2003	2004	2005	2006	2008
Ja	26,4	21,5	20,7	22,8	28,5	32,1	32,5	33,4	33,6
Nein	63,1	60,1	69,6	63,5	61,9	56,9	59,0	59,9	58,7
Weiß noch nicht	9,0	17,9	9,5	13,0	9,5	11,0	8,4	6,6	7,1

Tabelle 39: Heimatverbundenheit im Zeitvergleich (Prozentwerte)

Heimatverbundenheit	1999	2000	2001	2002	2003	2004	2005	2006	2008
Türkei	41,4	31,7	35,0	36,6	38,5	39,2	40,7	37,8	35,7
Deutschland	22,0	21,1	31,9	27,3	31,0	30,9	22,9	21,8	23,1
Beide Länder	30,5	41,6	26,7	29,1	24,0	23,6	28,9	30,2	34,8
Keines der beiden Länder	4,0	4,7	5,1	5,5	5,3	5,8	7,2	9,5	5,1

Tabelle 40: Staatsbürgerschaft im Zeitvergleich (Prozentwerte)

Staatsbürgerschaft	1999	2000	2001	2002	2003	2004	2005	2006	2008
Deutsch	15,7	24,5	29,9	32,2	33,7	36,4	37,3	37,4	37,0
Türkisch	81,0	74,9	69,0	65,6	66,0	63,1	62,7	61,4	63,0

Tabelle 41: Absicht zur Einbürgerung im Zeitvergleich (Prozentwerte)

Absicht auf Einbürgerung	1999	2000	2001	2002	2003	2004	2005	2006	2008
Antrag bereits gestellt	11,2	7,9	6,7	6,1	5,0	5,6	3,6	3,8	1,7
Ja	25,3	30,1	26,6	22,4	26,6	21,6	11,7	22,6	14,9
Vielleicht	14,2	14,9	14,9	14,1	17,6	17,6	7,1	7,5	5,7
Nein	50,3	44,8	51,3	53,9	50,0	54,6	77,2	65,6	76,7

Tabelle 42: Erfüllung der Einbürgerungskriterien im Zeitvergleich* (Prozentwerte)

Erfüllung der Einbürgerungs-kriterien	1999	2000	2001	2002	2003	2004	2005	2006	2008
Ja	-	77,1	78,7	64,1	59,6	75,0	60,9	64,4	53,0
Nein	-	17,2	12,7	16,3	27,6	13,9	22,8	25,4	27,6
Weiß nicht	-	4,4	8,3	16,1	11,9	10,7	15,7	9,9	18,9

* Die Erfüllung der Einbürgerungskriterien wurde in der Untersuchung 1999 nicht erhoben.

Tabelle 43: Kontakte zu Deutschen in verschiedenen Lebensbereichen im Zeitvergleich (Prozentwerte)

Kontakte zu Deutschen	1999	2000	2001	2002	2003	2004	2005	2006	2008
Freundes- und Bekanntenkreis	76,9	74,6	73,5	75,5	71,9	76,1	75,0	74,6	74,3
Nachbarschaft	80,5	81,1	76,5	72,1	75,2	80,8	76,6	79,1	81,3
Arbeitsplatz	73,3	77,6	77,0	76,8	71,7	66,5	60,9	51,8	58,9
Familie	29,7	32,2	26,3	31,7	37,0	39,5	36,7	37,6	40,0

Tabelle 44: Häufigkeit des Freizeitkontaktes mit Deutschen im Zeitvergleich* (Prozentwerte)

Freizeitkontakt	1999	2000	2001	2002	2003	2004	2005	2006	2008
Nie/So gut wie nie	-	-	29,8	20,3	19,9	18,8	21,1	18,9	18,6
Selten/Mehrmals im Jahr	-	-	14,9	19,9	12,9	15,6	19,0	15,5	14,9
Manchmal/Mindestens einmal im Monat	-	-	18,3	20,1	22,5	23,1	22,5	25,4	26,7
Häufig/Mindestens einmal in der Woche	-	-	16,8	14,3	20,2	19,5	19,1	21,5	20,8
Jeden Tag/Fast jeden Tag	-	-	20,4	23,2	24,3	23,0	18,4	18,6	18,6

* Die Häufigkeit des Freizeitkontaktes wurde in den Untersuchungen 1999 und 2000 nicht erhoben.

Tabelle 45: Wunsch nach mehr Kontakt zu Deutschen im Zeitvergleich (Prozentwerte)

Wunsch nach mehr Kontakt zu Deutschen	1999	2000	2001	2002	2003	2004	2005	2006	2008
Ja	65,1	64,3	70,3	58,7	56,4	50,4	51,0	58,6	55,1
Nein	24,6	23,1	22,1	29,9	33,0	33,3	34,4	29,4	31,6
Weiß nicht	9,4	11,1	6,7	9,6	9,8	11,6	11,0	11,5	11,1

Tabelle 46: Ethnische Zusammensetzung der Wohngegend im Zeitvergleich (Prozentwerte)

Zusammensetzung der Wohngegend	1999	2000	2001	2002	2003	2004	2005	2006	2008
Überwiegend Deutsche	57,2	65,6	60,8	55,1	58,3	58,0	57,2	57,6	57,6
Deutsche und Türken gleichermaßen	17,4	13,2	14,1	18,3	17,4	14,5	16,9	16,2	17,4
Überwiegend Türken	21,3	18,3	19,8	22,8	19,8	21,5	20,8	19,6	19,4
Überwiegend andere Ausländer	4,5	2,9	4,9	3,8	4,4	5,8	5,2	6,4	5,1

Tabelle 47: Mitgliedschaft generell in Vereinen im Zeitvergleich* (Prozentwerte)

Mitgliedschaft	1999	2000	2001	2002	2003	2004	2005	2006	2008
Keine Mitgliedschaft	-	-	49,5	46,5	43,7	41,5	39,5	42,4	45,6
Nur in deutschem Verein	-	-	17,9	15	16,2	18,6	18,5	17,1	14,7
In deutschem und türkischem Verein	-	-	15,0	15,5	19,2	18,3	20,9	19,2	21,6
Nur in türkischem Verein	-	-	17,6	23,1	21,0	21,7	20,8	21,3	18,1

* Die Mitgliedschaften in Vereinen wurden in den Befragungen 1999 und 2000 nicht erhoben.

Tabelle 48: Mitgliedschaft in Vereinen im Zeitvergleich* (Prozentwerte)

Mitgliedschaft	1999	2000	2001	2002	2003	2004	2005	2006	2008
Deutsche Organisationen									
Sportverein	-	-	12,9	15,0	17,7	16,6	17,9	15,6	15,4
Gewerkschaft	-	-	16,7	10,1	13,6	16,4	15,7	15,4	12,5
Politische Vereinigung/Gruppe	-	-	2,7	2,2	1,8	2,5	2,6	2,7	4,5
Kulturverein	-	-	2,7	3,8	4,0	3,9	2,2	4,0	3,3
Bildungsverein	-	-	2,1	3,0	3,0	4,4	3,0	3,0	3,0
Berufsverband	-	-	4,1	2,4	3,1	3,2	2,3	2,4	3,0
Freizeitverein	-	-	1,8	0,9	1,6	1,9	1,4	1,2	1,9
Frauengruppe						0,9	0,9	1,2	1,1
Religiöse Organisation	-	-	0,4	0,4	0,5	1,2	0,5	0,8	1,1
Türkische Organisationen									
Religiöse Organisation	-	-	18,3	16,2	16,1	21,6	21,2	23,1	26,0
Kulturverein	-	-	9,1	11,1	19,7	11,8	13,5	11,0	8,7
Sportverein	-	-	6,8	7,0	8,7	9,3	7,5	7,4	4,3
Bildungsverein	-	-	2,4	10,4	5,5	5,3	3,5	3,1	4,2
Ethnische/ Nationale Gruppe	-	-	2,1	3,2	1,6	3,3	2,3	3,9	3,7
Politische Vereinigung/Gruppe	-	-	1,5	1,9	2,3	1,4	1,3	1,7	1,6
Frauengruppe						1,1	1,0	1,5	1,0
Freizeitverein	-	-	0,4	1,1	0,6	1,7	0,3	1,5	0,9
Berufsverband	-	-	0,9	0,6	0,6	0,8	0,9	1,2	0,5

* Die Mitgliedschaften in Vereinen wurden in den Befragungen 1999 und 2000 nicht erhoben.

Tabelle 49: Interesse an deutscher und türkischer Politik im Zeitvergleich (Prozentwerte*)

Interesse	Interesse an deutscher Politik								
	1999	2000	2001	2002	2003	2004	2005	2006	2008
Stark	10,5	11,4	13,3	13,6	13,5	11,9	11,5	13,3	8,6
Mittel	30,4	37,4	28,9	29,6	36,6	30,7	29,9	29,8	29,3
Gering	53,4	49,8	57,8	56,8	49,9	54,9	53,4	51,3	57,3

Interesse	Interesse an türkischer Politik								
	1999	2000	2001	2002	2003	2004	2005	2006	2008
Stark	29,0	21,4	17,3	21,8	20,0	18,6	18,3	22,7	20,0
Mittel	31,7	39,9	35,4	32,6	38,7	34,4	33,4	35,7	39,7
Gering	34,8	37,1	47,2	45,5	40,9	44,5	44,1	38,7	37,6

* Fehlend zu 100% = Keine Angabe

Tabelle 50: Interessenvertretung (voll und teilweise) durch Institutionen im Zeitvergleich (Prozentwerte)

Interessenvertretung	1999	2000	2001	2002	2003	2004	2005	2006	2008
Selbstorganisationen	39,8	45,0	28,7	30,8	32,1	30,1	29,6	32,0	38,1
Bürgermeister	-	-	-	-	-	-	-	-	37,9
Gewerkschaften	33,1	46,2	32,2	36,0	35,7	34,7	26,2	28,8	30,2
Integrationsräte	32,0	45,5	27,5	30,2	27,3	28,4	23,6	27,2	30,1
Deutsche Parteien	33,8	35,2	26,7	32,9	32,2	34,4	21,9	24,9	30,1
NRW-Regierung	26,9	34,4	23,0	24,6	20,7	26,2	19,7	20,5	30,0
Bundesregierung	32,9	37,2	28,1	30,4	32,1	35,3	13,1	16,2	28,1
Türkische Regierung	26,2	23,5	16,1	15,9	18,0	25,7	23,6	24,2	27,5
Bürgerinitiativen	22,5	39,2	24,8	24,8	25,3	26,0	15,3	20,6	22,4

Tabelle 51: Nutzung deutscher und türkischer Medien im Zeitvergleich 2001 und 2002 (Prozentwerte)

Mediennutzung	1999*	2000*	2001	2002	2003	2004	2005	2006	2008
Keine Mediennutzung	-	-	0,5	3,2	4,4	0,5	0,4	0,6	1,1
Nur deutsche Medien	-	-	5,2	6,2	4,1	2,0	2,6	3,5	2,7
Nur türkische Medien	-	-	6,9	6,9	3,8	3,5	7,2	9,4	9,8
Nutzung deutscher und türkischer Medien	-	-	87,3	83,7	87,7	94,0	89,8	86,6	86,4

* Vergleich nicht möglich, da anderes Frageformat (Einfachnennung).

Tabelle 52: Nutzung deutscher Medien nach Art der Medien im Zeitvergleich (Prozentwerte)

Medien	Deutsche Medien								
	1999*	2000*	2001	2002	2003	2004	2005	2006	2008
Fernsehen	-	-	89,6	85,4	86,7	91,8	90,7	86,4	83,7
Radio	-	-	24,4	29,0	26,4	28,3	13,8	15,7	14,0
Tageszeitung	-	-	58,2	52,3	49,6	47,3	42,4	46,4	48,2
Wochenzeitung	-	-	8,6	16,1	10,5	11,9	7,2	8,8	6,5
Internet	-	-	13,3	21,5	24,8	24,8	20,4	29,9	28,2

* Vergleich nicht möglich, da anderes Frageformat (Einfachnennung).

Tabelle 53: Nutzung türkischer Medien nach Art der Medien im Zeitvergleich
(Prozentwerte)

Medien	1999*	2000*	2001	2002	2003	2004	2005	2006	2008
				Türkische Medien					
Fernsehen	-	-	89,4	85,7	85,0	92,2	94,6	89,9	92,5
Radio	-	-	11,3	16,7	15,8	16,1	8,3	8,7	7,5
Tageszeitung	-	-	69,8	63,4	59,9	57,3	56,5	64,5	63,4
Wochenzeitung	-	-	1,4	4,7	4,4	5,0	3,2	2,8	2,3
Internet	-	-	7,1	11,5	16,0	17,7	15,0	24,9	26,3

*Vergleich nicht möglich, da anderes Frageformat (Einfachnennung).

Standardisierte Mehrthemenbefragung türkeistämmiger Migranten in Deutschland

**Fragebogen
für eine
CATI-Erhebung**

2008

**im Auftrag
des Ministeriums für Generationen, Familie, Frauen und Integration
des Landes Nordrhein-Westfalen**

Essen, August 2008

A) Kontaktaufnahme	weiter mit ⇩
A.1. Telefonischer Kontakt... Besetzt...............................1☐ Es hebt niemand ab........................2☐ Anrufbeantworter............................3☐ Telefonnummer falsch ('Kein Anschluss unter dieser...').....................4☐ Faxanschluss..................................5☐ Anderer Hinderungsgrund.................6☐ Telefonischer Kontakt kommt zustande...............9☐	*Falls < 9* → *Nächster Fall*

Begrüßungstext:

Guten Tag,
Zentrum für Türkeistudien in Essen, mein Name ist.................................
Wir führen im Auftrag des Ministeriums für Integration des Landes Nordrhein-Westfalen eine Befragung der türkischen Migrantinnen und Migranten zu verschiedenen Bereichen des alltäglichen Lebens durch. Wir wären Ihnen sehr dankbar, wenn Sie dieses Interview mit uns führen könnten.
Bei Nachfragen:
Welche Fragen?
Es werden Fragen zur Nachbarschaft, zur Zufriedenheit mit verschiedenen Lebensbereichen und zur Mediennutzung gestellt.
Auftraggeber?
Ministerium für Generationen, Familie, Frauen und Integration des Landes Nordrhein-Westfalen

Datenschutz?
Wir haben Ihre Telefonnummer zufällig aus dem Telefonbuch (CD: ClickTel 2008) gezogen. Ihre Telefonnummer und Ihr Name werden von Ihren Antworten getrennt und nach diesem Interview gelöscht. Dazu sind wir aufgrund des Datenschutzgesetzes verpflichtet. Niemand erhält Ihre Adresse oder Telefonnummer, auch nicht das Ministerium oder sonst eine Behörde. Ihre Antworten werden nur statistisch ausgewertet. Sie bleiben mit Ihren Antworten also anonym.
Ziel und Nutzen der Befragung?
Das Ministerium möchte gerne wissen, wie die türkeistämmigen Migrantinnen und Migranten über verschiedene Themen denken, welche Maßnahmen Sie für nötig halten, um die Ergebnisse der Befragung dann in die Politik einbeziehen und besser auf die Bedürfnisse der Migrantinnen und Migranten abstimmen zu können.

162

A.2. Persönlicher Kontakt...

Stimmt Interview zu....................................1☐

Kein Haushalt mit Personen türkischer Herkunft................................2☐

Lehnt Interview ab..................................3☐

Ist kein Privathaushalt, sondern Unternehmen, Vereine o.ä.................4☐

Jetzt keine Zeit, aber zu einem anderen Zeitpunkt............................5☐

Eltern/Erwachsene nicht anwesend..................................6☐

Anderer Hinderungsgrund..................................7☐

Falls > 1 → *Nächster Fall*

B) Auswahl des Befragten/Haushaltsstruktur

weiter mit ⇩

Zuerst benötigen wir noch einige Informationen zu dem Haushalt, in dem Sie wohnen.

B.1. Wie viele Personen leben in Ihrer Wohnung?
Zählen Sie dazu bitte sich selbst, Kinder bzw. Personen, die normalerweise hier wohnen, aber zur Zeit abwesend sind (z.B. im Krankenhaus, in Ferien).

Anzahl der Personen._____

B.2. Wie viele der Personen in Ihrem Haushalt sind türkischer Herkunft?
(unabhängig von Staatsbürgerschaft)

Anzahl der Personen._____

B.3. Wie viele von diesen sind volljährig?

Anzahl der Personen._____

B.4. Interviewer bitte ausfüllen!

Keine volljährige Person türkischer Herkunft im Haushalt vorhanden......0☐

Volljährige Person türkischer Herkunft im Haushalt vorhanden........1☐

Falls = 0 → *Nächster Fall*

B.5. Und wer hatte von den volljährigen Mitgliedern Ihres Haushaltes türkischer Herkunft

als letztes Geburtstag? Wir meinen damit nicht das jüngste Mitglied Ihres Haushaltes,

sondern die Person, die, wenn Sie die Wochen oder Monate zurückgehen, als letztes den

Geburtstag feiern konnte.

Dann möchte ich bitte mit ....sprechen.

Eventuell Begrüßungstext nochmals vortragen!

B.6. Reaktion der ausgewählten Person im Haushalt...

Stimmt Interview zu....................................1☐

Ist zur Zeit nicht anwesend................................2☐

Ist in den nächsten drei Wochen nie anwesend................................3☐

Lehnt Interview ab................................4☐

Jetzt nicht, aber zu späteren Zeitpunkt ab................................5☐

Anderer Hinderungsgrund................................6☐

Falls >1 → Nächster Fall

B.7. Möchten Sie dieses Gespräch in Türkisch oder in Deutsch führen?

Türkisch......1☐

Deutsch.......2☐

Falls = 1 → Form 2, Question 1

	weiter mit ⇩

C) Standarderhebungsteil

C.1. Interkultureller Kontakt/Gesellschaftliche Integration

C.1.1. Haben Sie persönlich Kontakte zu Personen deutscher Herkunft, und zwar –
(Bitte Bereiche einzeln abfragen!)
(Grußkontakte werden hier nicht als Kontakt verstanden. Unter Familie/Verwandtschaft fallen auch entfernte Verwandte)

	Ja	*Nein*	*Trifft nicht zu*	*Keine Ang.*
...in Ihrer eigenen Familie oder Verwandtschaft?	1☐	2☐	8☐	9☐
..an Ihrem Arbeitsplatz (Schule, Universität etc.)?	1☐	2☐	8☐	9☐
...in Ihrer Nachbarschaft?	1☐	2☐	8☐	9☐
...in Ihrem Freundes- und Bekanntenkreis?	1☐	2☐	8☐	9☐

C.1.2. Wie häufig verbringen Sie Ihre Freizeit auch mit Deutschen?

Jeden Tag – fast jeden Tag............................1☐

Häufig – mindestens einmal in der Woche........................2☐

Manchmal – mindestens einmal im Monat........................3☐

Selten – mehrmals im Jahr........................4☐

Nie, so gut wie nie........................5☐

Keine Angabe........................9☐

C.1.3. Wünschen Sie sich mehr Kontakt zu Deutschen?

Ja................................1☐

Nein................................2☐

Weiß nicht................................8☐

Keine Angabe................................9☐

C.1.4. Wohnen mehr Deutsche oder mehr Türkinnen und Türken in Ihrer näheren
   Wohngegend?
(Mit Wohngegend ist das Wohnhaus und andere Wohnhäuser in der Nähe gemeint!)

Überwiegend Deutsche....................................1☐

Hier wohnen Deutsche und Türkinnen/Türken in etwa gleichen Teilen.2☐

Überwiegend Türkinnen/Türken....................................3☐

Überwiegend andere Ausländerinnen/Ausländer....................................4☐

Keine Angabe....................................9☐

C.1. Interkultureller Kontakt/Gesellschaftliche Integration

C.1.5.1. Gehören Sie folgenden deutschen Vereinen oder Verbänden an?
(Bitte jeden Verein nachfragen! Mehrfachnennungen möglich!)

Gewerkschaft....................1☐

Berufsverband....................2☐

Sportverein....................3☐

Kulturverein (Musik, Tanz)....................4☐

Bildungsverein....................5☐

Freizeitverein (Jugendgruppe, Senioren)....................6☐

Frauenverband/-gruppe....................7☐

Religiöse Organisation....................8☐

Politische Vereinigung/Gruppe (auch deutsch-türkische Gruppen)........9☐

Partei....................10☐

Sonstiges....................11☐

Keine Angabe....................99☐

166

C.1.5.2. Gehören Sie folgenden türkischen (kurdischen) Vereinen oder Verbänden an? *(Bitte jeden Verein nachfragen! Mehrfachnennungen möglich!)*

Berufsverband............................1 ☐

Sportverein............................2 ☐

Kulturverein(Musik, Tanz)............................3 ☐

Bildungsverein............................4 ☐

Landsmannschaftlicher/nationaler Verein/Gruppe............................5 ☐

Freizeitverein (Jugendgruppe, Senioren)............................6 ☐

Frauenverband/-gruppe............................7 ☐

Religiöse Organisation............................8 ☐

Politische Vereinigung/Gruppe............................9 ☐

Sonstiges............................10 ☐

Keine Angabe............................99 ☐

C.2. Sprachkenntnisse

C.2.1. Wie schätzen Sie Ihre deutschen Sprachkenntnisse ein....?
(Bitte einzeln abfragen)

	Sehr gut	Eher gut	Mittel-mäßig	Eher schlecht	Sehr schlecht	K. Angabe
...beim Verstehen	1 ☐	2 ☐	3 ☐	4 ☐	5 ☐	9 ☐
...beim Sprechen	1 ☐	2 ☐	3 ☐	4 ☐	5 ☐	9 ☐
...beim Schreiben	1 ☐	2 ☐	3 ☐	4 ☐	5 ☐	9 ☐

C) Standarderhebungsteil

C.3. Zufriedenheit mit den Lebensbedingungen

C.3.1 Sind Sie mit Ihrer persönlichen Situation in den folgenden Lebensbereichen zufrieden oder unzufrieden?
(Bitte jeden Lebensbereicheinzeln abfragen!)

Teils/ Nicht- Triff K.
Zufrieden teils zufrieden nicht zu Ang.

Mit Ihren Wohnverhältnissen......1☐..2☐..3☐..7☐.9☐

Mit Ihren Berufschancen.........1☐..2☐..3☐..7☐.9☐

Mit den Angeboten zur Aus- und Weiterbildung...1☐..2☐..3☐..7☐.9☐

Mit Ihrem sozialen Umfeld*..........1☐..2☐..3☐..7☐.9☐

*(Gemeint sind Freunde, Bekannte, Verwandte, Kollegen)

C.5. Identität

C.5.1 Planen oder beabsichtigen Sie in die Türkei zurück zu kehren?

Ja......................................1☐

Nein...................................2☐

Weiß nicht...........................8☐

Keine Angabe.......................9☐

C.5.2 Welchem Land fühlen Sie sich heimatlich verbunden?

Der Türkei.................1☐

Deutschland.................2☐

Beiden Ländern.................3☐

Keinem der beiden Länder.................4☐

Keine Angabe.................9☐

C) Standarderhebungsteil

weiter mit ⇩

C.6. Politische Präferenzen und Interessen

C.6.1 Sagen Sie uns bitte, ob die folgenden Institutionen Ihre eigenen Interessen voll, teilweise oder gar nicht vertreten?
(Bitte Institutionen einzeln abfragen)

	Voll	Teil- weise	Gar- nicht	Weiß nicht	K. Ang.
Deutsche Parteien	1❏	2❏	3❏	8❏	❏
Integrationsräte	1❏	2❏	3❏	8❏	9❏
Gewerkschaften	1❏	2❏	3❏	8❏	9❏
Bundesregierung	1❏	2❏	3❏	8❏	9❏
Oberbürgermeister/Bürgermeister Ihrer Stadt	1❏	2❏	3❏	8❏	9❏
Bürgerinitiativen und Interessengemeinschafte	1❏	2❏	3❏	8❏	9❏
Türkische Selbstorganisationen	1❏	2❏	3❏	8❏	9❏
Türkische Regierung	1❏	2❏	3❏	8❏	9❏

C.6.2.1 Wie stark interessieren Sie sich für die Politik in Deutschland?

Stark.................1❏
Mittel...............2❏
Wenig...............3❏
Keine Angabe...............9❏

C.6.2.2. Wenn am nächsten Sonntag Bundestagswahl wäre, welche Partei würden Sie dann wählen?
(Parteien nicht vorlesen, Frage richtet sich an Alle, auch wenn nicht wahlberechtigt!)

SPD...........................1❏
CDU...........................2❏
Bündnis 90/Die Grünen...........................3❏
FDP...........................4❏
Linke/PDS...........................5❏
Andere Partei...........................6❏
Würde nicht wählen...........................7❏
Weiß nicht...........................8❏
Keine Angabe...........................9❏

C.6.3.1. Und wie stark interessieren Sie sich für die Politik in der Türkei?

Stark.................1☐
Mittel.................2☐
Wenig.................3☐
Keine Angabe..............9☐

.....

C.7. Staatsbürgerschaft und Einbürgerung

C.7.1. Welche Staatsbürgerschaft besitzen Sie?

Nur die deutsche Staatsbürgerschaft....................................1☐

Die deutsche **und** die türkische Staatsbürgerschaft..................................2☐

Nur die türkische Staatsbürgerschaft....................................3☐

Die türkische **und** eine andere Staatsbürgerschaft......................................4☐

Nur eine andere Staatsbürgerschaft....................................5☐

Keine Angabe....................................9☐

Falls <3 → *C.8.1.*

C.7.2. Erfüllen Sie die Voraussetzungen für die Einbürgerung nach dem neuen Staatsangehörigenrecht?

Ja....................................1☐

Nein....................................2☐

Weiß nicht....................................8☐

Keine Angabe....................................9☐

C.7.3. Beabsichtigen Sie, die deutsche Staatsbürgerschaft zu beantragen, bzw. würden Sie sie beantragen, wenn Sie könnten?

Ja....................................1☐

Vielleicht....................................2☐

Habe den Antrag auf Einbürgerung bereits gestellt....................................3☐

Nein....................................4☐

Keine Angaben....................................9☐

C.8. Politische und gesellschaftliche Problemwahrnehmung

C.8.1 Wie wichtig ist aus Ihrer Sicht die Bearbeitung der folgenden politischen Probleme?
(Bitte Probleme einzeln abfragen)

	Eher wichtig	Eher unwichtig	Weiß nicht	K. nicht Ang.
Arbeitslosigkeit	1☐	2☐	7☐	9☐
Ausbildungsstellenmangel	1☐	2☐	7☐	9☐
Fehlende Kindertagesstättenplätze	1☐	2☐	7☐	9☐
Wohnungsmangel	1☐	2☐	7☐	9☐
Gleichstellung von Frauen und Männern	1☐	2☐	7☐	9☐
Verschuldung des Bundes	1☐	2☐	7☐	9☐
Ausländerfeindlichkeit	1☐	2☐	7☐	9☐
Kriminalität	1☐	2☐	7☐	9☐
Unterrichtsausfälle an Schulen	1☐	2☐	7☐	9☐
Vorlesungsausfall an Universitäten	1☐	2☐	7☐	9☐
Verbesserung der Bildungschancen	1☐	2☐	7☐	9☐
Hemmnisse für Betriebs- und Existenzgründunge	1☐	2☐	7☐	9☐

C.8.2 Wie beurteilen Sie ganz allgemein die heutige wirtschaftliche Lage in Deutschland?

Gut.....................................1☐

Teils gut/teils schlecht.................................2☐

Schlecht.................................3☐

Weiß nicht.................................8☐

Keine Angabe.................................9☐

C.8.3 Wie beurteilen Sie Ihre eigene wirtschaftliche Lage heute?

Gut.....................................1☐

Teils gut/teils schlecht.................................2☐

Schlecht.................................3☐

Weiß nicht.................................8☐

Keine Angabe.................................9☐

C.8.4. Befürchten Sie, in naher Zukunft arbeitslos zu werden?

Nein...................1☐

Ja...................2☐

Bin arbeitslos (suche Arbeit, habe aber keine)..................3☐

Bin nicht erwerbstätig: Student/in, Hausfrau/-mann, Rentner/in.............4☐

Keine Angabe...................9☐

C.9. Diskriminierungserfahrungen

C.9.1. Haben Sie persönlich in den folgenden Lebensbereichen die Erfahrung ungleicher Behandlung von Deutschen und Ausländerinnen/Ausländern gemacht?
(Bitte Situationen einzeln abfragen)

	Ja, mehrmals	Ja, einmal	Nie	Keine Angabe/ Trifft nicht zu
Arbeitsplatz/Schule/Universität	1☐	2☐	3☐	9☐
Bei der Wohnungssuche	1☐	2☐	3☐	9☐
Bei der Arbeitssuche	1☐	2☐	3☐	9☐
Bei Behörden.	1☐	2☐	3☐	9☐
Beim Einkaufen	1☐	2☐	3☐	9☐
In Gaststätten/Restaurants/Hotels	1☐	2☐	3☐	9☐
Bei der Polizei	1☐	2☐	3☐	9☐
Beim Gericht	1☐	2☐	3☐	9☐
In der Nachbarschaft	1☐	2☐	3☐	9☐
In Discos	1☐	2☐	3☐	9☐
In Vereinen	1☐	2☐	3☐	9☐
Beim Arzt/bei der Ärztin	1☐	2☐	3☐	9☐
Im Krankenhaus	1☐	2☐	3☐	9☐
Sonstiges	1☐	2☐	3☐	9☐

C) Standarderhebungsteil

C.10. Mediennutzung

C.10.1. Über welche der folgenden deutschen Medien informieren Sie sich hauptsächlich?

Bezieht sich in erster Linie auf aktuelle Nachrichten und den Themenbereich Politik.
(Medien vorlesen, Mehrfachantworten möglich)

Über das Fernsehen..............1 ☐

Über das Radio................2 ☐

Über die Tageszeitung................3 ☐

Über eine Wochenzeitschrift................4 ☐

Über das Internet................5 ☐

Über sonstige Medien................6 ☐

Keine Angabe................9 ☐

C.10.2. Über welche der folgenden türkischen bzw. türkischsprachigen Medien informieren Sie sich hauptsächlich?

Bezieht sich in erster Linie auf aktuelle Nachrichten und den Themenbereich Politik
(Medien vorlesen, Mehrfachantworten möglich)

Über das Fernsehen................1 ☐

Über das Radio................2 ☐

Über die Tageszeitung................3 ☐

Über eine Wochenzeitschrift................4 ☐

Über das Internet................5 ☐

Über sonstige Medien................6 ☐

eine Angabe................9 ☐

	weiter mit ⇓
# E) Soziodemographischer Erhebungsteil	
E.1. Persönliche Merkmale der Befragten	
(Bitte eintragen, nicht nachfragen) **E.1.1. Geschlecht der Zielperson** Männlich................1☐ Weiblich................2☐	
E.1.2. Nun haben wir noch ein paar Fragen zu Ihrer Person. Wie alt sind Sie? _____Jahre	
E.1.3. Welchen Familienstand haben Sie? Verheiratet und lebe mit Partner/in zusammen....................1☐ Verheiratet und getrennt lebend....................2☐ Verwitwet....................3☐ Geschieden....................4☐ Ledig und mit Partner/in zusammenlebend....................5☐ Ledig....................6☐ Keine Angabe....................9☐	
E.1.4. Seit wie vielen Jahren leben Sie bereits in Deutschland? _____Jahre	
E.1.5. Was war Ihr Zuwanderungsgrund? Arbeitsuche/-verhältnis („Gastarbeiter/in')....................1☐ Flüchtling/Asylbewerber/in....................2☐ Familienzusammenführung als Ehepartner/in....................3☐ Familienzusammenführung als Kind....................4☐ Studium/Ausbildung/Akademikeraustausch....................5☐ Bin in Deutschland geboren....................6☐ Sonstiges....................7☐ Keine Angabe....................9☐	

E.1.6. Welcher Zuwanderergeneration fühlen Sie sich zugehörig?

Der ersten Generation....................................1☐

Der zweiten Generation.................................2☐

Der dritten Generation...................................3☐

Keiner....................................4☐

Weiß nicht....................................8☐

Keine Angabe....................................9☐

E2. Formale Bildungsabschlüsse

E.2.1. Wo haben Sie Ihren Schulabschluss gemacht (bzw. falls keinen Abschluss, wo haben Sie zuletzt die Schule besucht)?

Falls 1 oder 4 → E.2.3.

In der Türkei....................................1☐

In Deutschland....................................2☐

Anderswo (z.B. Griechenland, Bulgarien)..........3☐

Habe nie eine Schule besucht............................4☐

Keine Angabe....................................9☐

E.2.2. Welchen allgemeinbildenden Schulabschluss haben Sie in Deutschland (oder   anderswo) erworben?
Bei Angabe „Abitur" bitte nachfragen, ob auf einem normalen Gymnasium oder einer anderen Schule, sonst Fachabitur oder Fachoberschule eingeben!

Bin noch Schüler/in............................1☐

Kein Schulabschluss.........................2☐

Grundschule....................................3☐

Sonderschule....................................4☐

Hauptschulabschluss.........................5☐

Realschulabschluss/Mittlere Reife.....6☐

Fachoberschule/Berufskolleg............7☐

Fachabitur/Fachhochschulreife.........8☐

Abitur/Allgemeine Hochschulreife....9☐

Hochschulabschluss (Universität)....10☐

Anderen Schulabschluss...................11☐

Keine Angabe.................................99☐

→ E.2.4.

E.2.3. Welchen allgemeinbildenden Schulabschluss haben Sie in der Türkei erworben?

Habe nie eine Schule besucht......................................1☐

Keinen Schulabschluss..2☐

Ilkokul..3☐

Ortaokul..4☐

Lise..5☐

Universitätsabschluss..6☐

Anderer Abschlus...7☐

Keine Angabe...9☐

E.2.4. Welchen beruflichen Ausbildungsabschluss haben Sie?
(Nur letzten Berufsabschuss angeben lassen!)

Keinen beruflichen Ausbildungsabschluss.................................1☐

Berufsfachschulabschluss/Lehre (betriebliche und schulische Ausbildung).2☐

Meisterbrief/Techniker/in/Fachakademie.....................................3☐

Fachhochschulabschluss/Universitätsabschluss.............................4☐

Anderer Berufsabschluss...5☐

In beruflicher Ausbildung/im Studium/Schüler..............................6☐

Keine Angabe...9☐

E.3. Berufstätigkeit

E.3.1. Sind Sie zur Zeit erwerbstätig?
(Studenten und Zivildienstleistende bitte bei nicht erwerbstätig notieren, auch wenn sie einen Job haben, Auszubildende bitte bei Vollzeit erwerbstätig einordnen)

Vollzeit erwerbstätig (34 Wochenstunden oder mehr)...............................1☐

Teilzeit erwerbstätig (weniger als 34 Wochenstunden/mehr als 400 Euro)...2☐

Geringfügig beschäftigt (bis 400 Euro monatlich)....................................3☐

Nicht erwerbstätig...4☐

Keine Angabe...9☐

Falls
< 3
→
E.3.3.

E.3.2. (Falls nicht erwerbstätig): Zu welcher der folgenden Gruppen gehören Sie?
Nur eine Nennung möglich! Antwortvorgaben bitte vorlesen!
Bei Hausfrauen bitte nachfragen, ob arbeitslos gemeldet, falls ja, bei Arbeitslos eintragen!

Student/in/Schüler....................................1☐

Rentner/in, Pensionär/in...............................2☐

Arbeitslose/r....................................3☐

Hausfrau/-mann....................................4☐

Wehr-/Zivildienstleistender....................................5☐

Elternzeit....................................6☐

Aus anderen Gründen nicht vollzeiterwerbstätig....................................7☐

Keine Angabe....................................9☐

→
E.4.1.

E.3.3. Welche berufliche Stellung haben Sie?
Bei Selbständigen bitte nachfragen, ob hauptberuflich, sonst andere berufliche Stellung angeben!

Arbeiter/in (ungelernt/angelernt) ....1☐

Facharbeiter/in....................................2☐

Einfache Angestellte/r (Position auf der unteren Ebene)....................................3☐

Mittlere Angestellte/r (Position auf der mittleren Ebene)....................................4☐

Höherer Angestellte/r (Führungsposition)....................................5☐

Beamter/Beamtin....................................6☐

Selbständige/r in freien akademischen Beruf (Arzt, Rechtsanwalt etc.)........7☐

Selbständige/r in Handel, Gewerbe, Dienstleistung, Industrie....................................8☐

Mithelfende/r Familienangehörige/r....................................9☐

Auszubildende/r....................................10☐

Keine Angabe....................................99☐

E.4. Wohnräumliche Merkmale

E.4.1. Leben Sie in einem Ein- oder Mehrfamilienhaus?

Einfamilienhaus...................1☐

Mehrfamilienhaus...................2☐

Keine Angabe...................9☐

E.4.2. Wie viele Quadratmeter hat Ihre Wohnung/Ihr Haus (nur Wohnfläche, ohne Garten, Keller usw.)

_____ qm

E.4.3. Und wohnen Sie bzw. Ihre Familie zu Miete oder ist es Ihr Eigentum?

Eigentum...................1☐

Miete...................2☐

Keine Angabe...................9☐

Falls = 1 → E.5.1.

E.4.4. Planen Sie oder Ihre Familie, in naher Zukunft Wohneigentum in Deutschland (Haus oder Eigentumswohnung) zu erwerben?

Ja...................1☐

Nein...................2☐

Weiß nicht...................3☐

Keine Angabe...................9☐

E) Soziodemographischer Erhebungsteil	weiter mit ⇩

E.5. Religion

E.5.1. Welcher Glaubensgemeinschaft gehören Sie an?
Bitte Antwortvorgaben <u>nicht</u> vorlesen, aber bei Muslimen nachfragen!

Muslime, sunnitisch....................................1☐

Muslime, alevitisch....................................2☐

Muslime, schiitisch....................................3☐

Christen....................................4☐

Sonstige Glaubensgemeinschaften....................................5☐

Keiner Glaubensgemeinschaften....................................6☐

Keine Angabe....................................9☐

Falls > 5 → *E.6.1.*

E.5.2. Wie schätzen Sie den Grad Ihrer eigene Religiosität ein?

Sehr religiös....................................1☐

Eher religiös....................................2☐

Eher nicht religiös....................................3☐

Gar nicht religiös....................................4☐

Keine Angabe....................................9☐

E.6. Haushaltseinkommen

E.6.1. Wie hoch ist das monatliche Netto-Einkommen Ihres Haushalts insgesamt? Ich meine dabei die Summe, die nach Abzug der Steuern und Sozialversicherungsbeiträge übrigbleibt.

(Einschließlich Rente, Pension, Einkommen aus Vermietung, Kindergeld, Wohngeld und andere öffentliche Unterstützungen.)
(Bei Selbständigen nach dem durchschnittlichen monatlichen Netto-Einkommen, abzüglich der Betriebsausgaben fragen!)

EURO_____

Bei der Angabe „Weiß nicht und bei keine Angabe frei lassen

E) Soziodemographischer Erhebungsteil	weiter mit ⇩
E.6. Haushaltseinkommen	
E.6.2. Falls Angabe verweigert wird, bitte auf Anonymität hinweisen und Einkommensgruppen vorlesen! *Bitte Kategorie auch eintragen, wenn der Befragte den genauen Betrag nennt!* Unter 1000 Euro......................................1☐ 1000 bis unter 2000 Euro.......................2☐ 2000 bis unter 3000 Euro.......................3☐ 3000 Euro und mehr................................4☐ Keine Angabe..9☐	
ENDE *(Interviewer bitte dringend ausfüllen, ist wichtig für den Sprung zum nächsten Fall!)* Interview wurde normal beendet.....................1☐ Interview wurde abgebrochen.....................2☐	*Nächster Fall*

Vielen Dank für Ihre Unterstützung!

Abspeichern nicht vergessen!

Fehlertoleranztabellen, NRW, Deutschland

NRW

95,0 % ← Fehlertoleranztabelle bei einer Aussagewahrscheinlichkeit von
Diesen Wert können Sie frei wählen (max 99,9)

N= 630.000 ← Die Größe der Grundgesamtheit bitte eingeben

Beispiel: In einer Stichprobe von **1000** Personen aus der Grundgesamtheit mit nebenstehendem Umfang sei ein Anteil von 54% Männer ermittelt worden.
Dann liegt der wahre Wert der Grundgesamtheit mit der von Ihnen gewählten Wahrscheinlichkeit bei 54%± **4,4%**
In Feldern mit '----' beträgt das Konfidenzintervall mehr als die Hälfte des Anteils.
Die Tabelle basiert auf der Formel für das Konfidenzintervall bei Stichproben ohne Zurücklegen: $s(p) = t * \sqrt{(p(1-p)/(n-1)) * (1-n/N)} * \hat{u}2$

V 1.2 vdH/95

Anteilswerte in der Stichprobe

Größe der Stichprobe	5%	10%	15%	20%	25%	30%	35%	40%	45%	50%	55%	60%	65%	70%	75%	80%	85%	90%	95%
100	---	---	---	---	12,2%	12,9%	13,5%	13,8%	14,0%	14,1%	14,0%	13,8%	13,5%	12,9%	12,2%	11,3%	10,1%	8,5%	6,1%
200	---	---	7,1%	7,9%	8,6%	9,1%	9,4%	9,7%	9,8%	9,9%	9,8%	9,7%	9,4%	9,1%	8,6%	7,9%	7,1%	5,9%	4,3%
300	---	4,8%	5,7%	6,4%	7,0%	7,4%	7,7%	7,9%	8,0%	8,0%	8,0%	7,9%	7,7%	7,4%	7,0%	6,4%	5,7%	4,8%	3,5%
400	---	4,2%	5,0%	5,6%	6,0%	6,4%	6,6%	6,8%	6,9%	7,0%	6,9%	6,8%	6,6%	6,4%	6,0%	5,6%	5,0%	4,2%	3,0%
500	---	3,7%	4,4%	5,0%	5,4%	5,7%	5,9%	6,1%	6,2%	6,2%	6,2%	6,1%	5,9%	5,7%	5,4%	5,0%	4,4%	3,7%	2,7%
600	2,5%	3,4%	4,1%	4,5%	4,9%	5,2%	5,4%	5,6%	5,6%	5,7%	5,6%	5,6%	5,4%	5,2%	4,9%	4,5%	4,1%	3,4%	2,5%
700	2,3%	3,1%	3,7%	4,2%	4,5%	4,8%	5,0%	5,1%	5,2%	5,2%	5,2%	5,1%	5,0%	4,8%	4,5%	4,2%	3,7%	3,1%	2,3%
800	2,1%	2,9%	3,5%	3,9%	4,2%	4,5%	4,7%	4,8%	4,9%	4,9%	4,9%	4,8%	4,7%	4,5%	4,2%	3,9%	3,5%	2,9%	2,1%
900	2,0%	2,8%	3,3%	3,7%	4,0%	4,2%	4,4%	4,5%	4,6%	4,6%	4,6%	4,5%	4,4%	4,2%	4,0%	3,7%	3,3%	2,8%	2,0%
1000	**1,9%**	**2,6%**	**3,1%**	**3,5%**	**3,8%**	**4,0%**	**4,2%**	**4,3%**	**4,4%**	**4,4%**	**4,4%**	**4,3%**	**4,2%**	**4,0%**	**3,8%**	**3,5%**	**3,1%**	**2,6%**	**1,9%**
1100	1,8%	2,5%	3,0%	3,3%	3,6%	3,8%	4,0%	4,1%	4,2%	4,2%	4,2%	4,1%	4,0%	3,8%	3,6%	3,3%	3,0%	2,5%	1,8%
1200	1,7%	2,4%	2,9%	3,2%	3,5%	3,7%	3,8%	3,9%	4,0%	4,0%	4,0%	3,9%	3,8%	3,7%	3,5%	3,2%	2,9%	2,4%	1,7%
1300	1,7%	2,3%	2,7%	3,1%	3,3%	3,5%	3,7%	3,8%	3,8%	3,8%	3,8%	3,8%	3,7%	3,5%	3,3%	3,1%	2,7%	2,3%	1,7%
1400	1,6%	2,2%	2,6%	3,0%	3,2%	3,4%	3,5%	3,6%	3,7%	3,7%	3,7%	3,6%	3,5%	3,4%	3,2%	3,0%	2,6%	2,2%	1,6%
1500	1,6%	2,1%	2,6%	2,9%	3,1%	3,3%	3,4%	3,5%	3,6%	3,6%	3,6%	3,5%	3,4%	3,3%	3,1%	2,9%	2,6%	2,1%	1,6%
1600	1,5%	2,1%	2,5%	2,8%	3,0%	3,2%	3,3%	3,4%	3,4%	3,5%	3,4%	3,4%	3,3%	3,2%	3,0%	2,8%	2,5%	2,1%	1,5%
1700	1,5%	2,0%	2,4%	2,7%	2,9%	3,1%	3,2%	3,3%	3,3%	3,4%	3,3%	3,3%	3,2%	3,1%	2,9%	2,7%	2,4%	2,0%	1,5%
1800	1,4%	2,0%	2,3%	2,6%	2,8%	3,0%	3,1%	3,2%	3,2%	3,3%	3,2%	3,2%	3,1%	3,0%	2,8%	2,6%	2,3%	2,0%	1,4%
1900	1,4%	1,9%	2,3%	2,5%	2,8%	2,9%	3,0%	3,1%	3,2%	3,2%	3,1%	3,1%	3,0%	2,9%	2,8%	2,5%	2,3%	1,9%	1,4%
2000	1,3%	1,9%	2,2%	2,5%	2,6%	2,8%	3,0%	3,0%	3,1%	3,1%	3,1%	3,0%	3,0%	2,8%	2,6%	2,5%	2,2%	1,9%	1,3%
2500	1,2%	1,7%	2,0%	2,2%	2,4%	2,5%	2,6%	2,7%	2,8%	2,8%	2,8%	2,7%	2,6%	2,5%	2,4%	2,2%	2,0%	1,7%	1,2%
3000	1,1%	1,5%	1,8%	2,0%	2,2%	2,3%	2,4%	2,5%	2,5%	2,5%	2,5%	2,5%	2,4%	2,3%	2,2%	2,0%	1,8%	1,5%	1,1%
4000	1,0%	1,3%	1,6%	1,7%	1,9%	2,0%	2,1%	2,1%	2,2%	2,2%	2,2%	2,1%	2,1%	2,0%	1,9%	1,7%	1,6%	1,3%	1,0%
5000	0,9%	1,2%	1,4%	1,6%	1,7%	1,8%	1,9%	1,9%	1,9%	2,0%	1,9%	1,9%	1,9%	1,8%	1,7%	1,6%	1,4%	1,2%	0,9%
6000	0,8%	1,1%	1,3%	1,4%	1,5%	1,6%	1,7%	1,7%	1,8%	1,8%	1,8%	1,7%	1,7%	1,6%	1,5%	1,4%	1,3%	1,1%	0,8%
8000	0,7%	0,9%	1,1%	1,2%	1,3%	1,4%	1,5%	1,5%	1,5%	1,5%	1,5%	1,5%	1,5%	1,4%	1,3%	1,2%	1,1%	0,9%	0,7%
10000	0,6%	0,8%	1,0%	1,1%	1,2%	1,3%	1,3%	1,3%	1,4%	1,4%	1,4%	1,3%	1,3%	1,3%	1,2%	1,1%	1,0%	0,8%	0,6%
15000	0,5%	0,7%	0,8%	0,9%	1,0%	1,0%	1,1%	1,1%	1,1%	1,1%	1,1%	1,1%	1,1%	1,0%	1,0%	0,9%	0,8%	0,7%	0,5%
20000	0,4%	0,6%	0,7%	0,8%	0,8%	0,9%	0,9%	0,9%	1,0%	1,0%	1,0%	0,9%	0,9%	0,9%	0,8%	0,8%	0,7%	0,6%	0,4%
25000	0,4%	0,5%	0,6%	0,7%	0,7%	0,8%	0,8%	0,8%	0,9%	0,9%	0,9%	0,8%	0,8%	0,8%	0,7%	0,7%	0,6%	0,5%	0,4%

Deutschland Fehlertoleranztabelle bei einer Aussagewahrscheinlichkeit von

| 95,0 | %← | Diesen Wert können Sie frei wählen (max 99,9) |
| N= | 1.756.000 | Die Größe der Grundgesamtheit bitte eingeben |

Beispiel: In einer Stichprobe von **1000** Personen aus der Grundgesamtheit mit nebenstehendem Umfang sei ein Anteil von 54% Männer ermittelt worden.
Dann liegt der wahre Wert der Grundgesamtheit mit der von Ihnen gewählten Wahrscheinlichkeit bei 54%± **4,4%**
In Feldern mit "..." beträgt das Konfidenzintervall mehr als die Hälfte des Anteils.
Die Tabelle basiert auf der Formel für das Konfidenzintervall bei Stichproben ohne Zurücklegen: s(p) = t * û((p(1-p))/(n-1)) * û(1-n/N) * û2

V 1.2 vdH/95

	5%	10%	15%	20%	25%	30%	35%	40%	45%	50%	55%	60%	65%	70%	75%	80%	85%	90%	95%
100	---	---	---	---	12,2%	12,9%	13,5%	13,8%	14,0%	14,1%	14,0%	13,8%	13,5%	12,9%	12,2%	11,3%	10,1%	8,5%	6,1%
200	---	---	7,1%	7,9%	8,6%	9,1%	9,4%	9,7%	9,8%	9,9%	9,8%	9,7%	9,4%	9,1%	8,6%	7,9%	7,1%	5,9%	4,3%
300	---	4,8%	5,7%	6,4%	7,0%	7,4%	7,7%	7,9%	8,0%	8,0%	8,0%	7,9%	7,7%	7,4%	7,0%	6,4%	5,7%	4,8%	3,5%
400	---	4,2%	5,0%	5,6%	6,0%	6,4%	6,6%	6,8%	6,9%	7,0%	6,9%	6,8%	6,6%	6,4%	6,0%	5,6%	5,0%	4,2%	3,0%
500	---	3,7%	4,4%	5,0%	5,4%	5,7%	5,9%	6,1%	6,2%	6,2%	6,2%	6,1%	5,9%	5,7%	5,4%	5,0%	4,4%	3,7%	2,7%
600	2,5%	3,4%	4,1%	4,5%	4,9%	5,2%	5,4%	5,6%	5,6%	5,7%	5,6%	5,6%	5,4%	5,2%	4,9%	4,5%	4,1%	3,4%	2,5%
700	2,3%	3,2%	3,7%	4,2%	4,5%	4,8%	5,0%	5,1%	5,2%	5,3%	5,2%	5,1%	5,0%	4,8%	4,5%	4,2%	3,7%	3,2%	2,3%
800	2,1%	2,9%	3,5%	3,9%	4,3%	4,5%	4,7%	4,8%	4,9%	4,9%	4,9%	4,8%	4,7%	4,5%	4,3%	3,9%	3,5%	2,9%	2,1%
900	2,0%	2,8%	3,3%	3,7%	4,0%	4,2%	4,4%	4,5%	4,6%	4,6%	4,6%	4,5%	4,4%	4,2%	4,0%	3,7%	3,3%	2,8%	2,0%
1000	**1,9%**	**2,6%**	**3,1%**	**3,5%**	**3,8%**	**4,0%**	**4,2%**	**4,3%**	**4,4%**	**4,4%**	**4,4%**	**4,3%**	**4,2%**	**4,0%**	**3,8%**	**3,5%**	**3,1%**	**2,6%**	**1,9%**
1100	1,8%	2,5%	3,0%	3,3%	3,6%	3,8%	4,0%	4,1%	4,2%	4,2%	4,2%	4,1%	4,0%	3,8%	3,6%	3,3%	3,0%	2,5%	1,8%
1200	1,7%	2,4%	2,9%	3,2%	3,5%	3,7%	3,8%	3,9%	4,0%	4,0%	4,0%	3,9%	3,8%	3,7%	3,5%	3,2%	2,9%	2,4%	1,7%
1300	1,7%	2,3%	2,7%	3,1%	3,3%	3,5%	3,7%	3,8%	3,8%	3,8%	3,8%	3,8%	3,7%	3,5%	3,3%	3,1%	2,7%	2,3%	1,7%
1400	1,6%	2,2%	2,6%	3,0%	3,2%	3,4%	3,5%	3,6%	3,7%	3,7%	3,7%	3,6%	3,5%	3,4%	3,2%	3,0%	2,6%	2,2%	1,6%
1500	1,6%	2,1%	2,6%	2,9%	3,1%	3,3%	3,4%	3,5%	3,6%	3,6%	3,6%	3,5%	3,4%	3,3%	3,1%	2,9%	2,6%	2,1%	1,6%
1600	1,5%	2,1%	2,5%	2,8%	3,0%	3,2%	3,3%	3,4%	3,4%	3,5%	3,4%	3,4%	3,3%	3,2%	3,0%	2,8%	2,5%	2,1%	1,5%
1700	1,5%	2,0%	2,4%	2,7%	2,9%	3,1%	3,2%	3,3%	3,3%	3,4%	3,3%	3,3%	3,2%	3,1%	2,9%	2,7%	2,4%	2,0%	1,5%
1800	1,4%	2,0%	2,3%	2,6%	2,8%	3,0%	3,1%	3,2%	3,3%	3,3%	3,3%	3,2%	3,1%	3,0%	2,8%	2,6%	2,3%	2,0%	1,4%
1900	1,4%	1,9%	2,3%	2,5%	2,8%	2,9%	3,0%	3,1%	3,2%	3,2%	3,2%	3,0%	3,0%	2,9%	2,8%	2,5%	2,3%	1,9%	1,4%
2000	1,4%	1,9%	2,2%	2,5%	2,7%	2,8%	3,0%	3,0%	3,1%	3,1%	3,1%	3,0%	3,0%	2,8%	2,7%	2,5%	2,2%	1,9%	1,4%
2500	1,2%	1,7%	2,0%	2,2%	2,4%	2,6%	2,6%	2,7%	2,8%	2,8%	2,8%	2,7%	2,6%	2,5%	2,4%	2,2%	2,0%	1,7%	1,2%
3000	1,1%	1,5%	1,8%	2,0%	2,2%	2,3%	2,4%	2,5%	2,5%	2,5%	2,5%	2,5%	2,4%	2,3%	2,2%	2,0%	1,8%	1,5%	1,1%
4000	1,0%	1,3%	1,6%	1,8%	1,9%	2,0%	2,1%	2,1%	2,2%	2,2%	2,2%	2,1%	2,1%	2,0%	1,9%	1,8%	1,6%	1,3%	1,0%
5000	0,9%	1,2%	1,4%	1,6%	1,7%	1,8%	1,9%	1,9%	1,9%	2,0%	1,9%	1,9%	1,9%	1,8%	1,7%	1,6%	1,4%	1,2%	0,9%
6000	0,8%	1,1%	1,3%	1,4%	1,5%	1,6%	1,7%	1,8%	1,8%	1,8%	1,8%	1,7%	1,7%	1,6%	1,5%	1,4%	1,3%	1,1%	0,8%
8000	0,7%	0,9%	1,1%	1,2%	1,3%	1,4%	1,5%	1,5%	1,5%	1,5%	1,5%	1,5%	1,5%	1,4%	1,3%	1,2%	1,1%	0,9%	0,7%
10000	0,6%	0,8%	1,0%	1,1%	1,2%	1,3%	1,3%	1,4%	1,4%	1,4%	1,4%	1,4%	1,3%	1,3%	1,2%	1,1%	1,0%	0,8%	0,6%
15000	0,5%	0,7%	0,8%	0,9%	1,0%	1,0%	1,1%	1,1%	1,1%	1,1%	1,1%	1,1%	1,1%	1,0%	1,0%	0,9%	0,8%	0,7%	0,5%
20000	0,4%	0,6%	0,7%	0,8%	0,8%	0,9%	0,9%	1,0%	1,0%	1,0%	1,0%	1,0%	0,9%	0,9%	0,8%	0,8%	0,7%	0,6%	0,4%
25000	0,4%	0,5%	0,6%	0,7%	0,8%	0,8%	0,8%	0,9%	0,9%	0,9%	0,9%	0,9%	0,8%	0,8%	0,8%	0,7%	0,6%	0,5%	0,4%